古代歷史文化 研究輯刊

二 編

王 明 蓀 主編

第 6 冊

《商周交會在齊國：齊文化與齊學術的研究》
乙編：《戰國齊學術的特徵與影響》

陳 復 著

國家圖書館出版品預行編目資料

《商周交會在齊國：齊文化與齊學術的研究》，乙編：《戰國齊
學術的特徵與影響》／陳復 著 — 初版 — 台北縣永和市：花
木蘭文化出版社，2009〔民98〕
序 2+ 目 2+214 面；19×26 公分
（古代歷史文化研究輯刊 二編；第 6 冊）
ISBN：978-986-6449-83-3（精裝）
1. 先秦哲學 2. 戰國時代
121 98014108

ISBN - 978-986-6449-83-3

9 789866 449833

古代歷史文化研究輯刊
二 編 第 六 冊
ISBN：978-986-6449-83-3

《商周交會在齊國：齊文化與齊學術的研究》
乙編：《戰國齊學術的特徵與影響》

作 者 陳復
主 編 王明蓀
總 編 輯 杜潔祥
出 版 花木蘭文化出版社
發 行 所 花木蘭文化出版社
發 行 人 高小娟
聯絡地址 台北縣永和市中正路五九五號七樓之三
電話：02-2923-1455／傳真：02-2923-1452
網 址 http://www.huamulan.tw 信箱 sut81518@ms59.hinet.net
印 刷 普羅文化出版廣告事業
初 版 2009 年 9 月
定 價 二編 30 冊（精裝）新台幣 46,000 元

《商周交會在齊國：齊文化與齊學術的研究》
乙編：《戰國齊學術的特徵與影響》

陳　復　著

作者簡介

陳復，本名陳正凡，西元一九七二年（民國六十一年）出生於台北市，祖籍福建省南平市。國立台灣師範大學科學教育中心博士後研究員，國立清華大學歷史學博士與碩士，私立中國文化大學哲學博士候選人，私立東吳大學中文系學士（輔系歷史）。目前任教於國立交通大學與國立台灣科技大學，開設中國與東亞文明史課程。在學術圈師承於三位聲譽卓著的大師:陳啟雲教授，韋政通教授與陳鼓應教授。學術專業在歷史領域有中國上古史、中國思想史與中國文化史，並精於中國與台灣書院教育文化史；在哲學領域有先秦儒學、黃老思想與宋明儒學，尤精於陽明心學思潮；在科學教育領域因襄贊國家科學委員會從事於科教政策研究計畫，而精於台灣科學教育研究政策史。發願從事於生命實踐與振興文化的志業，長年在社會講授心學，積極引領受苦的人離開生命的幽谷。

提　要

本書計有五章：

第一章〈真理與制度：齊學的黃老思想〉：本章釐清夷商文化對鬼神的信仰，使得齊學產生特有的真理觀，這種真理觀常體現在對現實議題的關注，真理如何產生制度（道生法），這幾乎是齊學最主要的思想特徵，而「黃老」就是這種思想特徵的體現，這股思潮的產生，與田齊政權成立前後的政治需要有關。

第二章〈包容兼攝百家暨自由架構民主〉：本章討論齊人的自由意識，使得齊國表現出自利的國風，這更使得齊學能兼容並蓄百家的思想，並指出齊國民主思潮會產生的最原始因素，就在於統治者與受治者利益的平衡。

第三章〈真理觀如何孕育出兵學的思維〉：本章釐清深受齊學影響的五本兵書：《孫子兵法》、《孫臏兵法》、《吳子》、《六韜》與《司馬法》，冀圖瞭解其各自內蘊的真理觀，這些兵書都體現出「道生法」在人事佈局裡的務實態度。

第四章〈齊學其他層面的應用型態思想〉：本章討論齊學在應用型態的思想，舉出縱橫、經濟、醫學與科技這四個層面，指出齊學並不僅關注著實踐，其學術傾向確實有著濃厚的理論熱忱，能發展出抽象的知識，來對其實踐做出統攝。

第五章〈戰國齊學對當時與後世的影響〉：本章釐清戰國齊學對六國的影響，可由學術與政治這兩個層面來思考，前者宜注意鄒衍的陰陽五行說，後者可注意齊國中央官制的影響。齊學在經濟領域的理論與實踐同樣影響巨大。齊學的真理觀對於中華文化的蛻變，尤其架設符合秩序的社會，當發揮可觀的貢獻。

目次

自　序

　　筆者交出清華大學的歷史學博士論文後，民國九十六年三月，曾就哲學的角度，繼續針對齊文化如何發展出齊國的學術，這個學術有著如何的特徵，其如何體現在各種學術領域，並對當時與後世產生什麼影響，由這個脈絡，再展開探索與書寫。當日完稿後，由於其他研究工作緊接著展開，加上教學工作繁忙，不知不覺就擱置在電腦檔案的某個角落裡，並未再做整理，現在由於出版的需要，再度拾綴這部書稿，略經編葺，取名為乙編「戰國齊學術的特徵與影響」。

　　乙編最不同於甲編者，在甲編著重於歷史的考證，乙編則是筆者創發性的哲學詮釋。筆者在本書特別指出，齊文化（尤其是有關宗教信仰的型態）使得齊國學術發展出特有的真理觀，這種真理觀最重要的體現，就是黃老思潮的醞釀與發展，因此，齊學的真理觀，圍繞在「道生法」這個議題，意即宇宙的客觀法則如何發展出社會的客觀法則，更具體來說，這還包括管理政治需要仰賴的客觀法律，有關於真理的具體內容，則是筆者著墨的重點。

　　筆者這裡使用「真理觀」這個詞彙，與西洋哲學慣用的「真理觀」稍微有些差異，不能輕易劃上等號，但筆者持著這個詞彙，內裡有兩個原因：第一，齊學的真理觀，要放在中華文化的脈絡裡認識，尤其與楚學的混沌觀做對比，就更能凸顯出齊學確實反映出特有的真理意識；第二，西洋哲學常有中國思想並不存在認識論的見解，但，西洋哲學自身就有各種不同認知型態的真理觀，發掘齊學的真理觀，或能藉由這個後設的觀念架構，展開中西哲

學有關認識論的對話。

在乙編的附錄裡，筆者特別附上〈概論齊國政治孕育黃老思潮的崛起〉這篇論文，這是筆者在本書完稿後，隔年五月，再經沈澱與思量，仔細回顧齊國政治與黃老思潮相互激生的關係。本文首先澄清黃老學的實際意涵，就是高舉黃帝符碼，用客觀法則對老子思想展開轉化，並吸收其它能與這觀點結合的各家學說，繼而往宇宙至人生各層面去解釋與實踐。本文由齊國的政治意圖出發，來解釋黃老思潮的醞釀與發展，這是針對乙編本文有關黃老學的重要補充。

乙編由於書寫時間只稍後於甲編，這兩編的參考書目幾乎沒有差異，不過筆者考慮甲編與乙編畢竟已是兩本各自獨立的著作，因此後面還是把參考書目再附上。這本書藉由思想觀念與歷史事件的交相對照，指出齊學的真理觀如何在當日給齊國政治帶來某種程度的「民主」，這與筆者長年關注中華文化如何現代化的議題有關，筆者覺得齊學未能獲得全面闡發，其思維型態內含的民主元素被長期漠視，這是中華文化的損失，希望此番釐清，能重新獲得世人的重視。

感謝筆者的研究生葉震，在本書的出版過程裡，提供各種技術支援。這本書討論的議題相當多元，筆者自覺在議題的輕重拿捏上並未掌握得很精準，有些觀念的細節並沒有梳理得很周全，雖然稍微有些自認的創獲，卻很憂慮這都是自己的管窺陋見，不見得呈現出戰國齊學史的完整面貌，心底難免覺得很慚愧！只希望這本書對於釐清齊學的議題還有參考價值，後面的研究者如能因此看出齊學在中國思想裡的重要性，庶幾或稍能安撫筆者撰寫本書內藏的惶恐。

民國九十八年五月十二日寫於國立台灣師範大學科學教育中心研究室

乙　編

戰國齊學術的特徵與影響

第一章　眞理與制度：齊學的黃老思想

摘　要

　　眞理的本身本無言能說，它屬於第一性，「說出的眞理」則屬於第二性，這屬於第二性的存在是否已完整表達第一性，其思考鋪陳出的論點，就使得對眞理的解釋出現兩種迥然不同傾向的說法。第一種論點相信有眞理的存在，人的主體意識能透過知識的認知過程掌握眞理，這個知識的認知過程主要就由語言來做媒材，語言架構出的知識是一種客觀的中立物，主體透過這個客觀的中立物而不斷去逼視與貼靠眞理；第二種論點不相信有眞理的存在，宇宙的本質就是渾沌，當無物存在時，人的主體能意識什麼？即使人的主體能意識，依靠的媒材也不是語言這種人自認的客觀的中立物（意即其實這只是人自己假設出的理性），而是生命的感應去直通這宇宙的渾沌本質。齊學的眞理觀，就屬於第一種論點，然而卻發展出與西洋哲學不同的獨特型態。

　　齊學會產生眞理觀，固然與夷商文化共同都深信鬼神有關，更跟山東地區雖然東夷各部族雜居，其基本族性相通，文化差異並不懸殊有關，位居於統治階層的周人並未打壓夷商文化，而是因應其習俗只是稍微簡化其禮節，而周文化本身的宗教意蘊相對來說較淡薄，周人統治者並未採取與商文化的上帝意識（文獻或稱「禘」則更合宜）有任何敵對的立場，因此齊人面對的考驗並不是文化的衝擊，反而是環境的衝擊，這種衝擊除與商朝末期至西周末期中國北方的氣候持續由暖轉寒有關，更與齊地有大量的沼澤與鹹地，適合於漁獵與畜牧而不完全適合於農耕有關，這使得人不斷在面對著天給人的

考驗，會不斷去思索如何克服天給人帶來的環境難關，更會對天產生敬畏與緊張的心理，這種心理最容易產生對上帝的信仰，有上帝的信仰，就會產生真理觀。

齊學的真理觀不是沒有純粹真理議題的討論，只不過更常見其真理觀的思想常隱藏在現實議題（如政治與倫理）的關注裡，這種不同的思維傾向，前者稱做「形名」，後者稱做「刑名」，「形名」只是在純粹思維「名」與「實」的對應問題，「刑名」則在思考這種「名」與「實」的對應如何落實在政治與倫理，變做統治者的教化。我們翻看現在倖存在討論「名」與「實」議題的篇章，幾乎全出自齊學。譬如出身趙國的三位思想家：慎子、荀子與公孫龍子，他們都是來到齊國游學與講學，深受齊學真理觀的影響，而完成他們最主要的思想，由「形名」轉化出「刑名」，意即由純粹名實議題的思索，落實至具體制度的客觀規劃（這種客觀規劃制度（包括刑法）依據的真理原則，就稱做「刑名」），「刑名」思想最典型的思想家莫過於稍早於公孫龍子的尹文子。

其實，「形名」轉化出「刑名」，就是「道生法」，意即真理產生制度，這幾乎是齊學最主要的思想特徵，齊學的思想家很難說有哪個沒有「道生法」的觀點（只有表達深度與發展型態的差異），而「道生法」這詞彙首出於《黃帝四經》，這是否意味著黃老系統的道家影響齊學至深且鉅呢？這就牽涉我們對「黃老」的定義寬窄問題了。田氏會推崇黃帝，想來與黃帝曾經打敗過炎帝的歷史記憶有關，齊人只要記得這個傳說，就會對人民猜測田齊終將打敗姜齊的未來產生心理暗示，因此，田氏早在黃老思潮蔚然發展前，就已經在實踐黃老思想了，就是因為田氏的政治需要，纔有「黃老」的字義與內容的產生，當黃老思潮開始在戰國初期逐漸在各國散播開來，此時的田齊政權已經進入第二階段的擴張了，意即黃老思潮的流行是它統一六國的重要憑藉，目的在吸引各國士人都投奔於齊國。

齊學政治思想裡影響中國至深且鉅的陰陽五行觀念，這是中國思想極為獨特的自然律，這套自然律醞釀出政治的制度，屬於齊學的制度裡最具特色的表現。鄒衍闡發出的陰陽五行觀點，不僅包括其如司馬遷說的「閎大不經」，意即諸多具有編織聯想而深具視野的思維，屬於齊人風俗的極大化，更因其結合科學來議論人生，儘管這種思想的科學性與當前的科學有著迥異的性質，然而我們無法否認這種思想自具其解釋各種議題的邏輯，頗能自圓其說，

亦具實用性（尤其在命理與中醫領域至今都還在操作其原理），故而能影響中華文化各層面，齊國本有架構客觀制度的政治思想傳統（政道），現在加上鄒衍的五德終始說，使得解釋政治制度的變化更具有客觀性與先進性，不僅對當日各國影響甚鉅，更是齊學對兩漢以降中國政治的最大貢獻！

第一節　眞理與渾沌

　　現在，請容我們指出，這世間有兩種「眞理」，當然，這種說法本身就充滿矛盾性。眞理就是眞理，眞理具有唯一性，如何會有兩種「眞理」？眞理的本身本無言能說，它屬於第一性，「說出的眞理」則屬於第二性，這屬於第二性的存在是否已完整表達第一性，其思考鋪陳出的論點，就使得對眞理的解釋出現兩種迥然不同傾向的說法。第一種論點相信有眞理的存在，人的主體意識能透過知識的認知過程掌握眞理，這個知識的認知過程主要就由語言來做媒材，語言架構出的知識是一種客觀的中立物，主體透過這個客觀的中立物而不斷去逼視與貼靠眞理；第二種論點不相信有眞理的存在，宇宙的本質就是渾沌，當無物存在時，人的主體能意識什麼？即使人的主體能意識，依靠的媒材也不是語言這種人自認的客觀的中立物（意即其實這只是人自己假設出的理性），而是生命的感應去直通這宇宙的渾沌本質。很詭異在於這兩種眞理觀都意識出彼此的存在，「眞理的眞理」就是想打破渾沌去逼視最終極的實相，「渾沌的眞理」就是已經明白懷著眞理的信念去逼視眞理終究屬於緣木求魚的錯誤奮勉，它們對彼此的否認纔能確認出自己的存在，這種否認型態本身就使得被否認的對象永遠都具有存在的眞實性，只不過它得不斷當做否認者「被否認的對象」而已。中國的思想裡這兩種傾向的觀點都存在，後者主要體現在楚學，前者主要體現在齊學。〔註1〕

〔註1〕吾師陳啓雲先生就曾經指出「眞理觀」的重要性：「在先秦諸子思想中演變發展的，不是『道』這種約定俗成的觀念（idea）名辭（name，word），而是在這觀念代表名辭的基礎上發展建構出的『思想』『學說』（propositions）以及其所涵存的『眞理』內容。前者是低層次的基本認知表意的能力；後者是高層次的『眞理』思辨、論辯。前者是建築材料，如一磚一瓦；後者是設計建成的樓廈。從思想文化的本源來說，沒有磚瓦木材便不可能有高樓大廈。但從思想文化的成果而言，高樓華廈才代表了人類思想文化的高度成就。我們可以說高樓華廈，終究是一堆磚瓦，但不能說，一堆磚瓦便是高樓華廈。由於種種原因，國人論『道』，大多傾向於歸本還原，注重『正名』、『辨名』，

　　「渾沌的眞理」否認眞理的存在，這個否認本身就使得人生至善的境界因此而存在。《莊子‧應帝王》裡面曾說一則神話，就在指這種渾沌的人生境界：「南海之帝爲儵，北海之帝爲忽，中央之帝爲渾沌。儵與忽時相遇於渾沌之地，渾沌待之甚善。儵與忽謀報渾沌之德，曰：『人皆有七竅以視聽食息，此獨無有，嘗試鑿之。』日鑿一竅，七日而渾沌死。」〔註2〕渾沌的神境本無法強由孔竅的視聽食息而得捉摸，不論是儵與忽或北海與南海都象徵著具象的知識觀念（有時間或方位的觀念就是種人工設立的知識），這兩位神帝想透過祂們掌握的知識觀念來幫渾沌神開竅，讓混沌神變得像祂們能掌握知識而得快樂，結果當渾沌神眞被開出七個孔竅，渾沌神竟然就死掉了。這象徵著什麼？這表示渾沌的神境無法透過知識架構出觀念來掌握，這兩位神帝感知渾沌的神境的美好，想透過自己熟悉的辦法來更認識渾沌的神境，這個熟悉的辦法就是透過「鑿竅」來讓渾沌神能「視聽食息」，其實質的意思就是說主體透過感官經驗去把握客體世界的現象，並拿語言去架構出對感官經驗的儘可能客觀描寫，這種儘可能客觀描寫蘊生出對客體的認識，就是知識觀念。然而，渾沌無法被感官經驗藉由語言架構出知識來認識，渾沌神時常能對這兩位神「待之甚善」，不是依靠他的「視聽食息」，而是更高層的感應，得與兩位神去溝通。〔註3〕

　　因此被西方學者認爲是停留在基本認知『識名』的層次，而未達到思辯論辯『眞理』的層次。」見其《中國古代思想文化的歷史論析》伍〈『儒家』、『道家』在中國古代思想文化史中的定位〉，頁122。

〔註2〕　見《莊子纂箋‧內篇‧應帝王》第七，頁66。

〔註3〕　吾師陳啓雲先生曾經提出這樣的問題：「從『知識論』、尤其是根本的『心知』立場上說，人如何能夠從知其所不知或不可知，例如『混沌』或『混沌』以前的世界？人又如何能夠對其所不知或不可知的世界用『稱言』來『命名』論說？追根究底，無究無極無始（『未始有始』）的世界，到底是眞的『無究、無極、無始』呢？抑或只是人『無從認知』其『究，極，始』，因此是『認識論』上的『無』、『無究，無極，無始』？同樣問題，也發生在『太一』、『大一』、『混同一體』的『一』的觀念、名號、實體上。到底這個『一』是眞如實體或宇宙原本，抑或是人智之所不能『分析』，不可『剖裂』，因而『渾一』的？《莊子‧逍遙遊》『天之蒼蒼，其正色邪？』質疑的是：到底蒼蒼一色是實存的一色，抑或是天亦有許多色彩，不過因爲太遠太大，人看不清楚，所以人看起來，就像『蒼蒼』渾然一色了（人只能看到自己世界中的許多色彩）；而自天看人的世界，『其視下也亦若是則已矣』，恐怕也是渾然一色的——『知識論』中的混沌。這是中國古代思想家，包括孔、孟儒家和老莊道家所必要面對的共同問題。」見其《中國古代思想文化的歷史論析》參〈中華古代神話的『轉軸』理念和心態〉，四「本體與認知上的『終極』」，頁59。這裡面對

這兩位受制於感官經驗的神，不知道在感官上面還有感應的存在，意即衪們受限於自身的經驗，認為情感與理智是兩個對立的存在，後者更高階於前者，後者需控制前者並轉化出更成熟的抽象表達，人纔能完成對客體的認識。然而，渾沌本身既沒有主體更沒有客體，渾沌非理智非情感，渾沌既超越理智與情感，更合著理智與情感於一，這纔會名曰渾沌，渾沌其實沒有本質，如果還要強說，渾沌的本質就是靈性，靈性本不歸理智與情感的認知編派，但，如果還要強做語言的歸類，渾沌會由情感上升出靈性，這與理智控制情感的狀況不同，靈性不會去控制情感，靈性只是承認情感，並順應情感去感應對象的狀態，從而生出超越主體與客體，具有合一性的洞見瞭然，因此前面纔會說，「渾沌的真理」靠著否認真理的存在，放棄知識的架構慾望，不求理智去控制情感（然而，這並不是就此去讓情感散溢外放），使得人生至善的境界因此而存在。《老子》第十章說：「明白四達，能無知乎？」〔註4〕無知就是一種對真理的否認，靠著這種否認，人反而能明白四達，這種明白四達是什麼狀態？就是在感應。這種意識狀態充斥在屬於楚學的《老子》書裡，譬如《老子》第二十章說：「眾人皆有餘，而我獨若遺，我愚人之心也哉！沌沌兮！」〔註5〕眾人都希望能「擁有」大量的知識，我獨獨保持空虛不足的精神狀態，如同愚人般的本心，這就是渾沌。

人能直進渾沌的神境，老子提供的辦法就是保持愚人的本心。僅僅只是愚人的本心，如何就能直進渾沌的神境？這個保持愚昧的狀態首先就是避開知識的積累，老子認為知識使人迷惑，因為知識並不給人任何答案，只給人關於客體現象自認的儘可能客觀描寫，這種描寫本來用意是要去逼視真理，但，就不說人為的語言是否真能客觀描寫現象了，老子根本否認真理的存在，則這種描寫何益？承認真理的存在，常自然會承認上帝的存在，因為有個最終的實相，纔會讓人這個主體會奮勉去認識主體外的各種客體現象，希望給予各種客體現象最貼靠本質的認識，這個最終的實相有人或相信其有意志而產生宗教，或相信其沒有意志而產生科學，不論相信與否，基本上都相信有個最終的實相的存在，這是人類歷史裡宗教與科學常相互伴生的原因。然而，老子不認為有個終極的存在，老子相信宇宙來自渾沌這個無極，因此《老子》

陳啟雲先生有關於「人究竟如何認識真理」的問題，冀圖做出可能的回答。
〔註4〕　見陳鼓應《老子今註今譯》第十章，西元 2000 年，頁 82。
〔註5〕　見《老子今註今譯》第二十章，頁 124。

第二十一章說：「道之爲物，惟恍惟惚。惚兮恍兮，其中有象；恍兮惚兮，其中有物。窈兮冥兮，其中有精；冥兮窈兮，其中有信。」〔註6〕這個「惟恍惟惚」就是在說渾沌，就是在迷離曖昧難清的狀態裡，萬物因此而得化生。同樣的意思，還有《老子》第二十五章說：「有物混成，先天地生。寂兮寥兮，獨立不改，周行而不殆，可以爲天下母。」〔註7〕

這個「混成」爲「天下母」的渾沌，前面拿「眞理」去描寫它的狀態其實未免尚不盡精確，如果它還有個「理」能說清，且能拿語言去闡發具有最終極意蘊的「眞」，則稱呼做「眞理」自然無不可。問題端在渾沌如能拿語言去闡發，老子揭露出其不具有邏輯性的特徵，且無最終實相的存在，如何能說這是個「眞理」？更何況老子對渾沌的描寫充滿懷疑性，《老子》第四章說：「道沖，而用之或不盈。淵兮，似萬物之宗；湛兮，似或存。吾不知誰之子，象帝之先。」〔註8〕老子說大道的實質爲虛空，虛空因此或能無窮無盡；大道的淵深好像是萬物的源頭與宗主；大道的精湛好像它存在或不存在。老子唯一具有肯定語意的話，竟是說他不知道大道由誰蘊生而出，不過大道先於被人類命名的上帝而存在！在這裡，老子擊破上帝創天地的說法，他不否認上帝的存在，卻表示大道纔是創生天地的宗主，並先於上帝而存在。由於先秦諸子都在說大道，這個大道還不如說渾沌更能精確傳達老子的意思。我們究竟該如何理解老子說的渾沌？不如這麼說，有兩種存在，一種屬於宇宙的存在，這是實質的存在；一種屬於世界的存在，這是命名的存在。人意識著宇宙的存在，不斷奮勉拿世界的存在去疊合他意識出的宇宙的存在，然而，這種疊合的事實就已經使他「注定」在藉由世界的存在去認識宇宙的存在，這種認識已經不是宇宙的存在本身了。

語言給出的眞理，對老子來說就是個世界的存在，儘管闡發出眞理觀的人不斷想逼視眞理，這都只是個在世界的存在範疇內的奮勉，它都已經遠離宇宙的存在本身，永遠無法貼靠，因爲世界的存在終究只是它自己，儘管它因宇宙的存在而存在，它還是它自己，不會因此就變做宇宙的存在。《老子》第一章說：「道可道，非常道；名可名，非常名。無，名天地之始；有，名萬物之母。故常無，欲以觀其妙；常有，欲以觀其徼。此兩者，同出而異名，

〔註6〕 見《老子今註今譯》第二十一章，頁131。
〔註7〕 見《老子今註今譯》第二十五章，頁145。
〔註8〕 見《老子今註今譯》第四章，頁64。

同謂之玄，玄之又玄，眾妙之門。」〔註9〕老子顯然已經意識出筆者這層意思，宇宙的存在老子就稱做「無」；世界的存在老子就稱做「有」，宇宙的存在是最實質的存在，人只能不斷意識著它的存在，因此說「觀其妙」；世界的存在給予宇宙的存在名相的門徑，使宇宙的存在顯像化，因此說「觀其竅」。這兩者具有疊合性，因此會稱做「同出而異名」，也因此會有「有無相生」（見《老子》第二章）的狀態，因爲宇宙的存在具有無盡性，它只是實質的存在，卻不是現象的存在，現象的存在只有當世界的存在疊合在宇宙的存在裡，使某物因有名稱而變做現象，否則它的存在對人的意識來說如同不存在。世界的存在因宇宙的存在而生，這是就人類的意識的需要性來說；宇宙的存在因世界的存在而生，這是就人類的意識的實質面來說。否則不論人類的意識，沒有世界的存在，宇宙互古恆在。

　　因此，《老子》第四十章說：「天下萬物生於有，有生於無。」〔註10〕這就是在說天下萬物在人類意識裡因有名稱而變做現象，天下萬物有其現象的出現來自世界的存在，而世界的存在來自宇宙的存在，如果不做如此解釋，我們就無法瞭解「天下萬物生於有」究竟是什麼意思了（否則老子爲何不說「天下萬物生於無」，這自然要有個思維的流程）。然而，老子眞正標舉的美好境界當該是「棄有回無」，意即拋棄給予宇宙的存在賦予出世界的存在的慾望，拋棄名相的計較執著，直接回歸宇宙的存在的實質裡，因此他不鼓勵人發動心智，而認爲人該保持渾沌的精神纔能回歸宇宙的存在，《老子》第四十九章說：「聖人在天下，歙歙焉，爲天下渾其心。」〔註11〕處身在宇宙裡，如果聖人眞想掌握宇宙的源頭與宗主，就要收攝自己想尋覓眞理的慾望（其實就是想不斷給宇宙現象一個最精確的名字的慾望），去渾沌自己的本心，纔能懷抱整個宇宙最眞實的渾沌的神境。老子還認爲該由如此意識路徑去治國，譬如《老子》第六十五章說：「古之善爲道者，非以明民，將以愚之。」〔註12〕《老子》第三章則說：「是以聖人之治，虛其心，實其腹，弱其志，強其骨。常使民無知無欲，使夫智者不敢爲也，爲無爲，則無不治。」〔註13〕不瞭解老子的人，會認爲老子有濃厚的愚民思想，相較於晉學的商子（商鞅）眞正在愚民，老子只是要人回歸你最本

〔註9〕見《老子今註今譯》第一章，頁47。
〔註10〕見《老子今註今譯》第四十章，頁201。
〔註11〕見《老子今註今譯》第四十九章，頁228。
〔註12〕見《老子今註今譯》第六十五章，頁281。
〔註13〕見《老子今註今譯》第三章，頁60。

來的精神狀態，纔能真正認識宇宙裡的渾沌。

關於老子的背景，《史記・老子韓非列傳》記說：「老子者，楚苦縣厲鄉曲仁里人也。名耳，字聃，姓李氏。周守藏室之史也。」〔註14〕還說：「史記周太史儋見秦獻公曰：『始秦與周合，合五百歲而離，離七十歲而霸王者出焉。』或曰儋即老子。」〔註15〕雖然歷來對老子的其人其事眾說紛紜，不過由司馬遷提供的兩條背景線索來看，老子應該都生活在淮河中下游的地區，屬於楚國的最北緣，當時當地綿演至長江流域都還有大片原始森林，河流密佈其間，煙雲浩瀚繚繞（其中早期的雲夢大澤其名最堪稱典型），各種不同民族的住民在這裡錯雜生活，各種不同的文化交互碰撞，激生出的知識無窮，很容易引發人對宇宙的無盡遐思，會產生老子這種深具楚學性質的渾沌觀可想而知。錢穆先生則認為《史記》這部書晚出，他引在《史記》出書前的《莊子》數篇來考證，如《莊子・天運》記說：「孔子行年五十有一而不聞道，乃南之沛，見老聃。」〔註16〕《莊子・庚桑楚》則記說：「老聃之役庚桑楚者，偏得老聃之道，以北居畏壘之山。」〔註17〕同篇還記有庚桑子跟南榮趎說：「今吾才小，不足以化子。子胡不南見老子。」因此他表示雖然對於老子究竟是誰有不同看法，《老子》這部書亦是戰國末期的晚出書，不過老子該是居住於南方的人。〔註18〕不論居住在沛縣或苦縣，老子的生活環境大致來說都在淮河中下游，這裡的生活環境大背景沒有太大差異，都屬於楚學的影響範圍。

莊子或許生平晚於老子，然而他的《莊子》這部書不見得晚於《老子》這部書，他更全面繼承與發揮老子渾沌觀的思想，《史記・老子韓非列傳》記說：「莊子者，蒙人也，周嘗為蒙漆園吏。」〔註19〕這個蒙地點在哪裡呢？《史記索隱》在這裡記說：「《地理志》：『蒙縣，屬梁國。』劉向《別錄》云：『宋之蒙人也。』」蒙縣到底屬於梁國（魏國）還是宋國呢？《史記會注考證》則在這裡記說：「梁玉繩曰：『釋文作梁漆園吏，蓋以蒙屬梁國，據後為說也。』而《潛丘箚記》與《石企齋書》曰：『漆園有云在曹縣，在曹州者，二曹，皆春秋之曹國，宋景公滅曹于魯哀公八年，地故為宋有。』莊周亦宋之官，竊

〔註14〕見《史記會注考證》卷六十三，〈老子韓非列傳〉第三，頁853。
〔註15〕見同上，頁855。
〔註16〕見《莊子纂箋・外篇・天運》第七，頁117。
〔註17〕見《莊子纂箋・雜篇・庚桑楚》第一，頁183。
〔註18〕見錢穆〈中國古代傳說中之博大真人老聃〉，《莊老通辨》，西元1991年，頁11。
〔註19〕見《史記會注考證》卷六十三，〈老子韓非列傳〉第三，頁855。

以《史記》蒙漆園吏，蒙當作宋。」因此莊子是宋國人。宋國被我們大致畫做楚學影響的範圍，不過由政治疆域來說，宋國南臨楚國北臨齊國這件事情本身甚具意蘊，因爲宋國正就是商朝後裔建立的國家，齊學與楚學的醞釀都深受商文化的影響，宋國首都商丘屬商朝舊地，由地理交通來看自有道理，或許直至商朝滅亡後，宋國依然扮演著商文化輸出的角色，往北影響齊國，往南影響楚國，錢穆先生表示商人與周人在文化與性格都有明顯的不同，商人信仰鬼神與上帝，帶有濃厚的宗教氣息，與此相關者如商人好玄理，往往重理想勝過實際的人生，這些都被宋人承襲，我們如瞭解宋人一般的氣質，就更能瞭解莊周的爲人與其思想的大本。〔註20〕

　　雖然齊學與楚學都深受商文化的影響，不過顯然這種影響體現出的思維型態相當不同。商文化應該只是個某種時空的文化氛圍，這種文化氛圍的重點在相信鬼神，尤其相信鬼神裡至高的上帝，齊學與楚學則共同既受商文化的影響，再隨著各自特殊時空的發展，而逐漸在宇宙的究竟議題裡產生思維差異（這本是商文化尚未回答的議題，其與思想的發展進程有關），這就是眞理與渾沌的差異。楚學在演化的過程裡，楚國周遭與境內擁有數量龐大的各種民族，這些民族各有信仰的鬼神，各有極其繁複的信仰過程，恐怕使得生活在楚文化裡的人很難不對具有終極性的上帝信仰產生疑惑，而對究竟議題

〔註20〕見錢穆〈中國道家思想之開山大宗師莊周〉，《莊老通辨》，頁 1～2。錢穆先生在這裡說：「如春秋時的宋襄公，他守定了君子不重傷，不禽二毛，不鼓不成列，幾句話，不管當面現實，給楚國打敗了。春秋晚期，宋向戌出頭發起弭兵會，這還是宋人好驚於高遠理想之一證。」他還接著說：「但古人又說商尚質，周尚文。商人既帶宗教氣，重視鬼神重於生人，又好懸空的理想，而忽略了眼前的實際，如何又說他們尚質呢？因質是質樸義，又是質直義。大概商人抱定了一觀念，便不顧外面一切，只依照他心裡的觀念直率地做出來，不再有掩藏，因此說他們尚質了。在《孟子》書裡，有宋人揠苗助長的故事。在《莊子》書裡，有宋人資章甫適諸越的故事。在《韓非子》書裡，有宋人守株待兔的故事。在《列子》書裡，有宋人白晝攫金的故事。這些也可看出商人的氣質。他們心裡這麼想，便不再顧及外面的一切環境與情實。」錢穆先生在這裡說的應該屬實，不過我們同樣不能忽略夷夏（商周）長期處在衝突與融合的複雜背景，這個背景內蘊的民族失和與緊張，可能會使周人常易對宋人（商人後裔）抱持嘲諷的態度。胡適先生則對周人嘲諷殷人後裔的背景做如此表示：「況且新興的民族看見那老民族的滅亡往往由於文化上有某種不適於生存的壞習慣，所以他們往往看不起征服民族的風格。〈酒誥〉一篇便是好例：『王曰，封，我西土……尚克用文王教，不腆於酒，故我至于今，克受殷之命。』這是明白的自誇西土民族的勝利是因爲沒有墮落的習慣。」見《說儒》二，頁 18。

保持渾沌的態度，譬如純屬楚學最精緻呈現的屈原就在《楚辭・天問》裡用疑問的語調說：「曰遂古之初，誰傳道之？上下未形，何由考之？冥昭瞢暗，誰能極之？馮翼惟像，何以識之？明明暗暗，惟時何爲？陰陽三合，何本何化？」〔註21〕大意是說遠古渾沌未開的情況，沒有天沒有地，誰能去說到底曾發生什麼？誰能去考察呢？整個宇宙裡無晝無夜，渾渾沌沌的狀況，只有氣機如馬馳鳥飛般不斷游動，誰能去推究它的終極呢？誰能去認識呢？晝夜不斷交替，陰陽不斷變化，天地人三者鼎立交合，誰知道這是在什麼時間發生，由誰創造的呢？誰又知道何者是根本源頭，何者是由此化生出的現象呢？這是帶著虛無主義（nihilism）的態度去面對宇宙究竟議題。

虛無主義的拉丁文詞源爲「nihil」，意思就是「什麼都沒有」，作爲哲學意義，其認爲世界特別是人類的存在，沒有意義與目的，更沒有可被理解的眞相與其最本質的價值。在倫理中，虛無主義者被用來指徹底拒絕全部的權威，包括任何道德規範與各種社會習慣，或聲言要這樣做的人。通過拒絕全部既有的信仰，或是通過極端的相對主義或懷疑主義，虛無主義者會認爲那些對於權柄的掌控都是無效的奮勉，並且應該被對抗。在虛無主義者看來，道德價值的最終來源不是基於文化或理性，而是個體的認知。

莊子的思想則是這種虛無主義態度的不斷擴張，他帶著「肯定的態度」去說宇宙的究竟無法窮究，因此或可稱做「絕對的虛無主義」態度，〔註22〕《莊子・在宥》說：「至道之精，窈窈冥冥；至道之極，昏昏默默。無視無聽，抱神以靜，形將自正。必靜必清，無勞女形，無搖女精，乃可以長生。目無所見，耳無所聞，心無所知，女神將守形，形乃長生。愼女內，閉女外，多知爲敗。我爲女遂於大明之上矣，至彼至陽之原也；爲女入於窈冥之門矣，至彼至陰之原也。天地有官，陰陽有藏，愼守女身，物將自壯。」〔註23〕大道如果有終極，這個終極無法被知道，因爲宇宙本不說話，人與其浪費精神去探索這個終極，不如什麼都不看什麼都不聽，懷抱著專注的精神去清靜面對生命，如此人的身體自然會獲得端正。莊子的意思是說人的生命要獲得至樂，不是去窮盡視聽奮勉獲得關於宇宙的存在的知識，而當要安靜自己的精

〔註21〕見《楚辭注釋・天問》，頁198。

〔註22〕這種態度，如果用語言來認識眞理，就會有如此說法：「我不知道語言如何能認識眞理，我連我說的這段話，意即『我不知道語言如何能認識眞理』，我都不知道其語言是否內含眞理。」

〔註23〕見《莊子纂箋・外篇・在宥》第四，頁83。

神，清澈自己的本心，不要勞動人的身體，不要搖盪人的精神，如此纔能獲得長生。謹慎面對內在精神世界，關閉接受外在聲光的感官孔竅，吸收的知識越多，越會招來禍敗。閉靜的感應能將人送往清明裡，到達至陽的神境，閉靜的感應能將人送往幽寂裡，到達至陰的神境，天地日月星辰與金木水火土各有司管的神靈，陰陽交替各有司管的臟腑，注意修養你的身體，直通神境，萬物都將跟著自然壯大。

莊子「絕對的虛無主義」態度只是在對真理觀的否認，這個否認使其能建立出感應的渾沌觀，意即去感應宇宙的渾沌，而不該強去透過語言解析出自設的真理觀來詮釋宇宙。〔註24〕

《老子》這部書或許成於多人的手筆，使得其最晚成書至戰國晚期，然而《莊子》對渾沌的神境的探索，其表達卻遠比《老子》清晰而完整，甚至替後來道教的誕生開啓思想的遠源。不過，司馬遷說莊子繼承老子的思想不是沒有道理，同樣在《莊子・在宥》裡，莊子藉由鴻蒙這位神人的話說：「意，心養。汝徒處無為，而物自化。墮爾形體，吐爾聰明，倫與物忘；大同乎涬溟。解心釋神，莫然無魂。萬物云云，各復其根，各復其根而不知，渾渾沌沌，終身不離，若彼知之，乃是離之。無問其名，無闚其情，物故自生。」〔註25〕這些都完全是來自《老子》的思想與文字，卻比《老子》說得更清晰，其渾沌觀在最後很明白指出給予宇宙的存在相應的世界的存在，使得產生關於宇宙的存在的知識，如此就已離開宇宙的存在，這就是「若彼知之，乃是離之」的意思，因此，只有擱置世界的存在，不管宇宙的存在，尤其不要去在意宇宙的存在的實情，其實萬物（包括人自己）反而會各獲得長生，這種「無問其名」的態度，能使人進入渾沌的神境，莊子因此稱這種人做「神人」，《莊子・天地》藉由諄芒與苑風說：「願聞神人。曰：『上神乘光，與形滅亡，此謂照曠。致命盡情，

〔註24〕 吾師陳啓雲先生針對戰國中期至晚期（西元前308年至西元前280年）的思想指出：「如果從中國思想傳統本身的『認識論』基礎而論，這階段中最重要的發展則是在《莊子》書中所揭示的『基於論辯的無絕對性、語言文字的非完美性，及真理是屬於體悟的問題』的想法，因而對名辯所採取的排拒態度，以及由此態度而發展出『無窮與有限』兩立、『絕對與相對』並存、『是非、大小、勝負、禍福相依』的『多元相對、無限包容』的『認識論』立場。」見其《中國古代思想文化的歷史論析》肆〈中國古代思想發展的認識論基礎〉，頁97。如果我們能繼續演繹陳啓雲先生的說法，就會說莊子的觀點還是一種認識論，只是不再是「認識真理」，而是「感應混沌」的認識論。
〔註25〕 見《莊子纂箋・外篇・在宥》第四，頁85。

天地樂而萬事銷亡，萬物復情，此之謂混冥。』」〔註26〕神人會駕馭光明，其外在形象已經滅亡，這稱做朗照曠遠，神人極於天命善盡情性，與天地同樂，萬物自歸其本，這都是處在渾沌玄冥的神境。

筆者認為老子與莊子都住在楚學影響範圍的最北緣，其實自有其意蘊。如果老子與莊子真住在楚國更南的環境，大量與各種信仰迥然不同的民族共同生活，而完全不接觸相對來說人文意蘊更濃厚的周文化，恐怕老子與莊子就只能成為渾沌觀的實踐者，而不會有機會去做渾沌觀的闡釋者，楚學的渾沌觀開啟中國修心養性思想的序曲，尤其提供後世道教型態的修養路徑最大量的精神營養，其與齊學的修養路徑有什麼不同？尤其莊老系統的楚學道家，與黃老系統的齊學道家有什麼差異？請見下面的繼續討論。

第二節　齊學的真理

真理本來就是真理，不會有屬於誰的真理這種說法，真理觀用傳統的術語來說就是「道觀」，不過，既然前面拿渾沌觀來與真理觀對應，並特別指出面對宇宙究竟議題，戰國四大學術系統裡的楚學有其自成系統的渾沌觀，顯然真理是否具有普遍性至此已發生問題，這使得真理觀變成只是「某一種」道觀的呈現，因此，我們現在專門來認識齊學的真理觀。

齊學會產生真理觀，固然與夷商文化共同都深信鬼神有關，還跟山東地區雖然東夷各部族雜居，其基本族性相通，文化差異並不懸殊有關，齊文化的蘊生並未如楚文化得要去面對各種迥然不同的民族風俗習慣，它相對來說具有文化的統一性，加上位居於統治階層的周人並未打壓夷商文化，而是因應其習俗只是稍微簡化其禮節，而周文化本身的宗教意蘊相對來說較淡薄，周人統治者雖然與商人為敵，卻並未採取與商文化由東夷文化裡更推展其信仰，而由眾神裡抽出的上帝意識（文獻或稱「禘」則更合宜）有任何敵對的立場（更何況周人做為文化的後進國，其不僅尚在各種禮法層面都還有學於商文化，「周文化」做為具有人文傾向的獨特文化風格，其型塑的時間亦大略要晚在周公旦「制禮作樂」的時期，而此時姜太公正在推行其「因其俗，簡其禮」的政策，逐漸發展出周文化的亞型，浸染具有濃厚人文傾向的周文化深度恐遠不及魯國，因此西周早期在齊國的周人恐怕只是政治的統治者，卻是文化的學習者與摸索者），

〔註26〕見《莊子纂箋·外篇·天地》第五，頁99。

因此齊人面對的考驗並不是文化的衝擊，反而是環境的衝擊，這種衝擊除與前面曾說商朝末期至西周末期中國北方的氣候持續由暖轉寒有關，更與齊地有大量的沼澤與鹹地，適合於漁獵與畜牧而不完全適合於農耕有關（氣候的轉寒更加劇此種效應，直至東周平王末年纔重新回暖），這使得人不斷在面對著天給人的考驗，人既會不斷去思索如何克服天給人帶來的環境難關，更會對天產生敬畏與緊張的心理，這種心理應該是產生上帝的信仰的間接原因。

至於信仰上帝的直接原因，則還是要完整回溯商朝的文化傳統。根據義大利學者安東尼奧・阿馬薩里先生的研究指出，商朝甲骨文裡上帝的「帝」字本是指處在森林裡的大地中央，最高的樹木頂端的那個「人」的名稱，至於神木，夏朝人將松樹奉為神木，周朝人將栗樹奉為神木，商朝人則是將柏樹奉為神木，《山海經・中山經》則把那神木頂端稱作「帝休」，意指上帝休息的處所。〔註27〕他還表示，這位高居於參天樹頂的上帝，世界中心的標誌，更接近於人的世界，上帝召喚從各個基本方位吹來的風，這些風不管其是冷風還是熱風、濕風還是乾風、強風還是微風，都報導一年裡不同的季節，透過風聲，上帝宣布季節的更替順序，這四種風還可細緻再梳理出八種風，上帝透過風而跟人的生活連結在一起。至於後來的鳳凰則是風的轉型。儘管上帝沒有「人的外形」，但已能發號施令，降災賜福，懲罰罪惡，接待祖先的神靈，掌管風雨、命運和生命，並能命令白晝、夜晚甚至日月星辰。上帝不是一個住在遙遠天國裡的帝，而是眞正的「宇宙的中心」，宇宙並不是被畫作「地上」、「天上」和「陰間」這三個截然不同的世界，就其本質而言，上帝具有獨一無二的眞實性，森林中心那棵上帝居住的大樹並不是宇宙的樹，更不連接天地間的梯子，而是上帝與人同住，雖然商人基於政治的原因，認可崇拜對象的擴大，接受地方神和部落神，並且尊崇上帝本身的多重性（東南西北四帝），還同時把祖先奉若神明，直至周朝，雖然把上帝改稱作「天」，其依舊是最高的崇拜對象。〔註28〕有上帝的信仰，就會產生眞理觀。

〔註27〕《山海經・中山經》說：「又東五十里，曰少室之山，百草木成困。其上有木焉，其名曰帝休，葉狀如楊，其枝五衢，黃華黑實，服者不怒。」見《山海經・中山經》第五，袁珂《山海經校注・山經柬釋》卷五，頁146。

〔註28〕詳細的論證，見其《中國古代文明——從商朝甲骨文刻辭看中國上古史》第二章〈上帝——森林、人類和宇宙的上帝〉，西元1997年，頁19～67。再見同書附錄一〈新論題：上帝與天〉，頁68～82。張光直先生同樣表示：「在商人的世界裡，神的世界與祖先的世界之間的差別，幾乎微到不足道的程度。」見其〈商周神話與美術中所見人與動物關係之演變〉，《中國青銅時代》，

　　爲什麼有上帝的信仰，就會產生眞理觀呢？錢穆先生曾對此問題有過精闢看法。他表示各地文化精神的不同，其根源最先還是由於自然環境有差異，而影響其生活的型態。人類文化由源頭來看，不外三種類型：其一，游牧文化；其二，農耕文化；其三，商業文化。游牧文化發源於高寒的草原，農耕文化發源於河流灌溉的平原，商業文化發源於濱海地帶與近海的島嶼。這三種自然環境，產生三種生活型態，醞釀出三種文化，而三種文化又區隔出兩類，游牧與商業文化屬於同一類，農耕文化自己屬於一類。游牧與商業文化常起於內部資源不足，內部資源不足則需向外尋覓，因此常表現出流動與進取的態度。農耕文化能自給，不需外求於資源，能持續在一塊地面反覆不捨的耕耘，因此常表現出靜定與保守的態度。生活在草原與濱海地區的人，由於常苦於維生，因此遂有強烈的「戰勝與克服」的慾望，這種慾望會產生深刻的「工具感」，譬如草原民族最早的工具是馬，濱海民族最早的工具是船，不憑藉著工具則無法克服外面的自然環境來獲得生存。因此草原與濱海民族先天就對外具有敵意，即使對自然亦復如此。這種民族的內心深處，無論其世界觀或人生觀，都有一種強烈的「對立感」，其對自然就會產生「天」與「人」的對立，對人類則會產生「敵」與「我」的對立，醞釀出其哲學心理的理論則爲「內」與「外」的對立，很容易就會因此「尚自由」與「爭獨立」，這種文化常見的特性爲「征伐」與「侵略」，這些都與前面說戰勝與克服的慾望相互呼應。〔註29〕

　　筆者繼承此說，還要進而去說，草原與濱海民族會因「內」與「外」的對立暨「人」與「天」的對立，而滋生出「主」與「客」的對立。

　　意即是說，只有當人發覺外在世界充滿著不利於自己的因素，出於自利的原始需要（生存就是自利的最原始需要），纔會開始把外在世界給對象化，視外在世界爲客觀的物件，如何透過自身這個主體去認識外在的客體，求取個最終的答案來掌握這個客體，化不利的因素爲有利的結果，這個最終不會

　　西元 1983 年，頁 346。蒲慕州先生則說：「從商人占卜之頻繁，所問問題範圍之廣的事實來看，我們也可說，對於商人而言，活人、祖先、神祇都生活在同一個世界之中，彼此有密切的關係，商人可以隨時藉卜問而與祖先和神明往來。人、祖、神生活在同一世界中，對他們而言，是一個無可否認的事實，至少，沒有證據可以顯示商人對於祖先、神明的存在和可交通性有過任何懷疑。」見其《追尋一己之福：中國古代的信仰世界》第二章〈殷商及西周時代之宗教信仰〉，頁 50～51。筆者猜測商人這種上帝與自己「具體同在」的觀念，可能就間接影響後來齊學的眞理觀的實用特徵。

〔註29〕見《中國文化導論·弁言》，頁 2～3。

改變的答案就是眞理，這種關於「認識自身這個主體」如何能因「認識外在的客體」而「認識出眞理」的思維辦法，就會稱做認識論（不同於更狹義的知識論，後者在西洋哲學裡有更嚴格的知識意涵，且這種知識意涵會受到語言分析的架構）。齊學會產生眞理觀，顯然由這個角度來立論會深覺相應，游牧與商業爲夷商文化早期維生的主要型態，不論是騎馬或乘船，都是生活在這裡的東夷人主要交通工具，後來的齊學會順應產生出眞理觀，顯然並不奇怪。然而，我們不該把齊學的眞理觀視作眞理觀的典型（如同西洋文化理的眞理觀，而有具抽象觀念思維性質的西洋哲學的產生），其因素甚爲複雜，或如中文本身就不屬於抽象觀念思維的語言，使用中文思考的人自然很難產生完全抽象的觀念邏輯，這點在早期中文思想典籍裡常見哲人使用「譬喻」或「寓言」這種具象意境來闡釋較抽象的義理即可作證，不過，最主要的原因端在齊文化本來就不是個如歐亞內陸或環地中海般純粹游牧與商業的文化，早期生活在山東濱海的東夷人或許還能較純粹，生活在山東西部丘陵不斷的東夷人，則與更西部的農耕民族並不是決然毫無來往，更何況東夷人自身早期就有某種較低程度的農耕？

尤其要注意者，當我們開始議論「齊學」的時候，這個齊國已經是個東夷人與周人合作經營的國度，統治階層裡或許貴族是周人，而擔任各種具體職務者則多有東夷人，更不要說具有廣大聲音的國人（他們對於貴族來說是受治者，卻對野人與奴隸來說同屬統治階層）都是東夷人，再加上齊國一直不斷在號召各國的賢人來投奔，各國的商人更蜂擁來齊國經商與生活，而自春秋早期開始，隨著黃河流域的氣候回暖，齊國統治階層大舉開渠灌溉獎勵農耕，這使得此時醞釀出的齊學，其眞理觀不見得純然是天與人的對立。現在能考察齊學的眞理觀的文獻，最典型體現在《管子》這部書裡，這部書的著作時間由收集原件至潤飾完稿恐怕由春秋早期至戰國晚期都有，其間齊國社會則由游牧與商業社會轉型做農工商各業兼具的社會，因此其反映的眞理觀就具有複雜性，這種複雜性體現在《管子》這部書議論的範圍由農業至商業都有，而議論的基點都在冀圖掌握客觀規律，譬如《管子‧宙合》說：「左操五音，右執五味，懷繩與准鉤，多備規軸，減溜大成，是唯時德之節。春采生，秋採瓜，夏處陰，冬處陽，大賢之德長。」〔註30〕意思是說國君應該如樂師操作五音與廚師操作五味般精確選拔賢人，還該如工匠測量直平曲使

〔註30〕見《管子今註今譯‧宙合》第十一，上冊，頁194。

用的準繩與量鉤，備妥測量圓的規與測量方的矩，使得各種人材都能儲備齊全，這就是按照宇宙運行的客觀規律（如時節）去做政治的事情，纔能符合德性的標準，如同農夫春天要採收春生的五穀，秋天要採收瓜果，夏天人要住在陰涼的地點，冬天要住在陽和的地點，完全順著該有的時序而動靜舉止。

這段話的內容不長，卻已涵蓋農工商甚至藝文各業（廚師或屬做生意的行業，而樂師則屬於純粹表演的行業），這已可看出齊國生活型態的豐富性，致使作者徵引的素材能如此多樣，不過，作者都在冀圖掌握各行業裡的精確性，這個精確性就來自客觀規律。這種類似的內容實在太多了，再如《管子·臣乘馬》就記說：「筴乘馬之數求盡也，彼王者不奪民時，故五穀興豐，五穀興豐，則士輕祿，民簡賞。彼善爲國者，使農夫寒耕暑耘，力歸於上；女勤於纖微，而織歸於府者；非怨民心，傷民意，高下之筴，不得不然之理也。」〔註31〕這個「乘馬術」就是在指國家的經濟政策，行王道的君王不會奪取人民的農作時間，讓農業獲得妥善發展，因此五穀興豐，五穀興豐，大家的衣食不虞，則在齊國這個商業社會裡，金錢的意義就不會太過擴張，譬如士人就不會太看重俸祿，人民就不會太看重賞賜，善於統治國家的君主，就要使農夫冬天就開始耕地夏天已經在耘地，願意把他的收穫交給上司，並使女人能勤於織布，願意把她的收穫交給府庫，這裡就有調節調度的政策，而執行這個政策要依循著不得不然的客觀規律，纔不會激生民怨。我們在《管子》這部書裡常會看見管仲如何建議桓公獎勵農耕的內容，雖然這些內容不見得是當日管仲與桓公對話的原始文獻，而可能出自稷下先生潤飾過的手筆，然而合理的推測爲如果早在春秋早期齊國已經是個發展成熟的農業社會，管仲何需殫精竭慮再去建議桓公如何獎勵農耕？而由這裡還獎勵女人織布可知當日齊國的私營手工業應該相當繁榮。

《管子·四時》記說：「管子曰：令有時，無時，則必視順天之所以來，五漫漫，六惛惛，熟知之哉？唯聖人知四時。不知四時，乃失國之基。不知五穀之故，國家乃路故天曰信明，地曰信聖，四時曰正，其王信明聖，其臣乃正。」〔註32〕這段話的意思是說王者發佈命令要注意時機，沒有按照時機，也必須順應天道的意旨去做事，對於四時運行的道理，我跟你都很茫然不知，還有誰知道呢？只有聖人知道。君臣如果不明白四時運行的道理，就會違背

〔註31〕見《管子今註今譯·臣乘馬》第六十八，下冊，頁986。
〔註32〕見《管子今註今譯·四時》第四十，下冊，頁689。

立國的根本；不瞭解五穀生長的原因，就會導致國家的敗亡。因此，能順應天道去做事就稱做英明，能順應常法去做事就是聖人，王者具有聖人的英明，其臣子纔能貞正。這裡按照四時運行的天道去做事的態度，就是齊學的眞理觀。《管子·四時》還說：「是故陰陽者，天地之大理也，四時者，陰陽之大經也。刑德者，四時之合也。刑德合於時，則生福；詭則生禍。」陰陽交合變化這裡內蘊著天地運行的眞理，春夏秋冬四時的運行則是陰陽的具體呈現，萬物枯萎爲刑，萬物生長爲德，刑德配合著四時運行而不斷生生滅滅，萬物的枯萎與生長合於四時則生福，萬物的生長與枯萎不合於四時則生禍，這就是不易的眞理。討論齊學的眞理觀無法擺脫齊國的社會環境，無法忽視齊國的文化來獨立抽象的議論，甚至無法離開齊國的生活環境來認識眞理（如果人生活在瘴癘滿佈於森林的楚國，環境充滿著不易掌握的變數，恐怕就不易在早期社會裡產生眞理觀），由這點就可看出齊人看重眞理不是因爲純粹知識的興趣，而是生活實用的需要，這就充滿著齊學的特點。

或許，這更反映著整個中華文化裡面對眞理議題的最大特色！

當然，齊學不是沒有純粹眞理議題的討論，只不過我們更常見具有眞理觀的思想常隱藏在現實議題（如政治與倫理）的關注裡，這種不同的思維傾向前者稱做「形名」，後者稱做「刑名」，「形名」只是在純粹思維「名」與「實」的對應問題，「刑名」則在思考這種「名」與「實」的對應如何落實在政治與倫理，變做統治者的教化。我們翻看現在倖存在討論「名」與「實」議題的篇章，幾乎全出自齊學。譬如出身趙國的三位思想家：愼子、荀子與公孫龍子，他們都是來到齊國游學與講學，深受齊學眞理觀的影響，而完成他們最主要的思想，否則按照他們本來出身於晉學的背景，生活在四境皆是烽火的趙國，求取生存尚且自顧不暇，如何還能產生這種「局部脫離現實」的眞理觀？能沈思靜慮客觀思考問題的人，要能已經脫離生存的威脅，這是眞理觀會產生的共同背景，古希臘的哲人尤其爲典型。我們現在來略論這三位思想家的思想。愼子說：「夫道，所以使賢無奈不肖何也，所以使智無奈愚何也，若此，則謂之道勝矣。」〔註33〕（《愼子·逸文》二十九）這段話的意思是說，在眞理的面前，探索道德的問題與智慧的問題並沒有特別的意蘊。道德上的賢能與不肖，或智慧上的聰明與愚拙，只有在那個命題裡面纔有高低的差異。然而，眞理的存在，就是要超越這些人世上的命題，直接得到最客觀的認知。

〔註33〕見陳復《愼子的思想》附錄一〈《愼子》文句輯本〉，西元 2001 年，頁 323。

一旦進入眞理的範疇，則賢能的人無法再拿道德問題與不肖的人比較；聰明的人無法再拿智慧問題與愚拙的人比較，完全只有由眞理的標準來檢視，人世的命題的熄滅，可說是由於眞理的認知的昌盛。〔註34〕

因此，愼子會說：「道勝，則名不彰。」〔註35〕（《愼子·逸文》三十）筆者往日的理解僅停留至此。不過，筆者現在還進而發現，習慣編派愼子具有道家傾向的說法，並不是完全沒有道理。這段話我們還能再做解釋說，如果完全掌握宇宙的存在，則世界的存在就不需要存在了，這是具有道家傾向的思想家都會有的經典型論點，然而，因爲愼子的思想沒有心性的觀念，不能如莊老系統去直接感應宇宙的存在，他如何完全掌握宇宙的存在呢？他自己的辦法是建立客觀的標準來認識宇宙的存在，他說：「夫投鉤以分財，投策以分馬，非鉤策爲均也，使得美者，不知所以德，使得惡者，不知所以怨，此所以塞願望也。」〔註36〕（《愼子·咸德》）要得到絕對的客觀極爲困難，「鉤」或「策」也不見得就一定能使財產或馬匹完全分配平均。然而只要牽涉到人，受限於他的身體，尤其感官慾望，就必然會有主觀，不同的人運用主觀來理解同樣的東西，共識則絕對無法產生。因此，援引一個能不受身體限制的「他物」來查檢，來進行主觀的超越，這種邁向客觀的過程本身，就已經促使共識成爲可能。他還說：「故蓍龜，所以立公識也；權衡，所以立公正也；書契，所以立公信也；度量，所以立公審也；法制禮籍，所以立公義也。凡立公，所以棄私也。」（《愼子·咸德》）愼子相信，設計能超越人主觀的各種物質（蓍龜權衡書契度量法制禮籍……）來做公共標準，度塞住人的各種私欲有被放縱的空間，這就促使眞理能被探索，人就能完全掌握宇宙的存在了。〔註37〕果眞如此嗎？

愼子說的公識公正公信公審公義，這些難道不是人的語言給出的意蘊，只要通過人的語言，不就在立出名相，在宇宙的存在前面賦與世界的存在？

在「名」與「實」的議題上，愼子冀圖建立最客觀的認知，使得「實」能被完整呈現，而「名」的有無就僅屬於個人稱謂的編派，就不顯得重要了。

〔註34〕見《愼子的思想》第三章〈客觀標準的建立〉，第一節「對眞理的認知：『道——公』」，頁60。

〔註35〕見《愼子的思想》附錄一《愼子》文句輯本〉，頁323。

〔註36〕見同上，頁315。

〔註37〕見《愼子的思想》第三章〈客觀標準的建立〉，第一節「對眞理的認知：『道——公』」，頁62～64。

因此莊子學派的人士在《莊子・天下》裡會如此認識愼子說：「愼到聞其風而悅之，齊萬物以爲首，曰：『天能覆之而不能載之，地能載之而不能覆之，大道能包之而不能辯之。』知萬物皆有所可，有所不可，故曰：「選則不偏，教則不至，道則無遺者矣。」〔註38〕這裡說愼子要「齊萬物」，這並不是要潛除萬物的差異，而是要設計一個客觀標準，來公正檢視萬物的差異，他認爲人如果能接受這個客觀標準，人就不會用主觀來區隔萬物，而會客觀認識萬物的差異。莊子學派的人士不相信愼子這種說法，《莊子・天下》記說：「夫無知之物，無建己之患；無用知之累，動靜不離於理，是以終身無譽。故曰：『至於若無知之物而已，無用賢聖，夫塊不失道。』豪桀相與笑之曰：『愼到之道，非生人之行，而至死人之理，適得怪焉。』」《莊子・天下》指出，愼子想要離開世界的存在給與人名相的負擔，想要人直接藉由客觀標準來進入宇宙的存在，這使得自我不再有意義，人也不再需要架設自我這種意識了。什麼意思呢？自我其實由語言給出，是因爲我們觀看宇宙的存在，設法要表達出我們的觀看，這種緊張感的进出，於是說話者便會意識到自身的存在。如果我們不再想藉由語言來表達觀看，那就不再會有自我，而只有宇宙的存在。純粹在宇宙的存在裡，因爲沒有語言，所以便沒有屬於人的得失毀譽，而只有客觀規律的運作。

　　人依循著客觀規律來認知，並發展出現實社會裡的行動，這種態度對人而言，就是把客觀視爲標準。把客觀視爲標準，難道眞能不經由語言給出嗎？

　　愼子沒有回答這個問題，但，我們發覺，就算客觀標準得藉由語言給出，我們依然要注意愼子不斷在提醒人應該直接進入無須語言的宇宙的存在，客觀規律的運作其實就是宇宙的存在，並不是宇宙的存在的本質爲客觀規律的運作，如果宇宙的存在具有「本質」可言，這種議論就已經不是宇宙的存在，而變做世界的存在了。推到極致，如果完全沒有語言，那根本什麼都不存在，因此，如果完全拋開世界的存在，那我們絕對無法認知宇宙的存在，可是，人應該使用語言而不被語言侷限，使用語言只是在方便進入宇宙的存在，卻不在意是否會建構一個世界的存在，或者，就算意識到已經建構一個世界的存在，卻因爲重點在於進入宇宙的存在，而不惜隨著客觀規律的運作而不斷放棄世界的存在，這是愼子的思考理路。因此，在宇宙的存在裡，因爲「賢」與「聖」的意義屬於世界的存在，那對愼子而言，接受這個意義，或不接受

〔註38〕見《莊子纂箋・雜篇・天下》第十一，頁274～276。

這個意義，或改變這個意義，其實都沒有關係。但，他確實有採取一個行動，那就是否定「賢」與「聖」的道德意義，而把這兩個詞彙改變成真理意義，因為如此符合客觀標準，使得語言不再曲折塑造自身，而能立即接引出他意會到的宇宙的存在。接受「賢」與「聖」的道德意義，便會產生納入這個意義的自我，因為道德勾發出自我，而自我會想實踐道德，如果不能實踐，自我會感到痛苦，然而，開出「賢」與「聖」的真理意義，卻使得人有沒有自我無所謂，因為真理不會隨著人而存廢，真理的絕對不二，會促使人其實一旦接受，也不容易勾發出那有分別的自我。

莊子學派的人士，認為慎子這種輕視人主觀的情性，只要人依循客觀規律的思考，是在把「生人」當做「死人」，生人的行為如果得要不斷掛心是否有符合真理，導致主觀的情性帶來的生命意趣盡失，那跟死人有什麼不同呢？因此，《莊子‧天下》這麼批評慎子說：「慎到不知道。雖然，概乎皆嘗有聞者也。」莊子學派的人士認為慎子其實並沒有真正認識出宇宙的存在，他只是「聽見過」關於宇宙的存在的言說，他自己沒有心的意識，因此無法直接進入宇宙的存在裡去掌握其究竟。〔註39〕這些都是筆者往日的說法，不過，筆者現在得要稍做修正，莊子說的宇宙的存在，應該對慎子來說得要透過不可信任的人主觀去掌握，因此充滿著方法論層面的不信任感，卻對莊子自身來說，直接掌握宇宙的存在靠得不是人主觀的情性，而是超越主觀與客觀對立的靈性，這個靈性不依靠人的感官，而是放棄感官後對生命的直接感應，因此纔會有前面幫渾沌神開竅，使其具有「視聽食息」的感官，而這個神卻竟然死掉的寓言。如果我們不受到家派意識的限制，就會發現慎子其實是影響荀子甚深的思想家（不論是正面或反面的影響），這點筆者往日已經有過討論，〔註40〕不過，荀子顯然已經意識到慎子太過重視客觀，因此無法接受人

〔註39〕見《慎子的思想》第九章〈戰國諸子對慎子思想的評價〉，第二節「莊子」，頁258～267。

〔註40〕這是筆者的重要論點，見《慎子的思想》第九章〈戰國諸子對慎子思想的評價〉，第一節「孟子與荀子」，頁249～258。當然，在百家齊聚於齊國論學的環境裡，晚出的荀子思想來源當甚為複雜，學者蔡德貴先生即認為荀子師承於淳于髡，其主要論點在於荀子融合儒道墨法諸家思想，尤其儒家與法家為重，而這點恰是受到淳于髡的影響，見蔡德貴〈試論荀子和淳于髡的師承關係〉，《齊魯學刊》，西元1985年，第一期（總計第六十四期），頁69～72。筆者覺得這種傾向正是慎子所具，慎子重視「禮」與「法」的並行，還有兩者背後共通的客觀規律，更能證成荀子受慎子影響，淳于髡則受限於文獻，很難遽然做此判斷，

性其實在各方面受到主觀情緒層面的影響甚鉅，這包括我們自認為的認知客觀眞理過程，其中受到主觀心理的幽微面牽引，不僅涉及對客觀眞理的認知都已經有某種預設，甚至認知本身就具有主觀的心理企圖性質，就算型塑出對客觀眞理的認知，那其實依然只是一種人主觀的認知。〔註41〕

　　因此，荀子在《荀子・天論》裡說：「萬物為道一偏，一物為萬物一偏，愚者為一物一偏，而自以為知道，無知也。」〔註42〕當我們說「人在思考」，我們常會相信思考超越人而存在，可是，如果思考必須要使用語言，那麼思考永遠得藉由人來發出自身，因此，思考並未超越人而存在，它只是人這個主體在運用語言建構其信仰的世界，這個世界固然活在理念裡，卻也是我們對宇宙的存在的眞實給出。當我們認為語言架構的世界具有客觀眞理，而我們卻得要面對人在思考永遠無法跨越的主觀，我們是否該承認，我們會不會很弔詭地根本無法對客觀的眞理有任何認知呢？荀子就是因為已經思考到這層問題，使得他會說出這段任何認知都只通向眞理的片面的話。然而，面對著宇宙的存在，人究竟該如何去完成眞實的認知呢？荀子在《荀子・正名》裡說：「今聖王沒，名守慢，奇辭起，名實亂，是非之形不明，則雖守法之吏，誦數之儒，亦皆亂也。若有王者起，必將有循於舊名，有作於新名。然則所為有名，與所緣以同異，與制名之樞要，不可不察也。」〔註43〕荀子具有典

且淳于髡即使展現出這種融合傾向，那應該只是齊學的「共法」，而不見得是淳于髡的創見，因為就現存的文獻來看，淳于髡並不是個有創發性思想的人（學無宗主），不像慎子在這個共法裡還有自己獨特觀點，要談淳于髡的思想會進而影響何人就不是很恰當了。由慎子影響荀子的角度做轉軸，進而認識荀子對管子思想的吸收與消化，就會比較能理解，因為慎子是齊學具體而微的表現，管子則是齊學集大成的表現，譬如學者于孔寶先生就認為管子與荀子都是「禮法並舉」，從而認為這是管子對荀子的影響，然而筆者認為這正是慎子留給齊學重要的思想資產，從而被管子學派吸收與消化，見其〈管仲對荀子的影響〉，《齊魯學刊》，西元1991年，第五期（總計第一○四期），頁33～38。

〔註41〕然而，我們還是不可忽略荀子對客觀精神的重視，吾師韋政通先生曾說：「荀子自覺地向外轉，表現客觀精神，故隆禮又復言法。蓋言客觀精神，不是一句話，亦不只是一客觀傾向，或一客觀姿態，它必通過若干具有客觀意義的概念而構造，而展開。隆禮義，法後王，知統類一系列的觀念，就是為構造此客觀系統而展開的。法也是如此，而且法是在實際上與被治的人民關聯起來的，故云：『法者，治之端也。』（君道篇）見其《荀子與古代哲學》第一章〈荀子「禮義之統」系統的解析〉，五「禮與法」，西元1992年，頁25～26。這可與筆者的觀點相互映證。

〔註42〕見王先謙《荀子集解》卷十一，〈天論篇〉第十七，西元1991年，頁213。

〔註43〕見《荀子集解》卷十六，〈正名篇〉第二十二，頁276。

型儒家內聖外王的思考架構，他表示現在聖王衰落，人對名相的堅持產生怠慢，使得各種奇詭的詞彙層出不窮，導致「名」與「實」產生各種混亂的現象，是非變得混淆，如此使得遵守法律的官員與誦習真理的儒者都不免處於混亂的處境。如果能有王者興起，必然會恢復舊有的名相，並創制新名相，然而為什麼需要名相，名相與名相彼此間的差異，與創制名相的原則，這些問題都不能不詳加考察。

這段話顯然認為不精確按照宇宙的存在去釀就世界的存在，這是世界會發生混亂的癥結，意即人夾雜的私欲自行去給予世界的存在，使得此世界的存在與宇宙的存在脫節，無法反映真實的宇宙，而讓真理黯淡蒙塵，世界跟著沒有是非公論可言。儒家的經典型論點就在使宇宙的存在因世界的存在而有現象，使世界的存在因精確複製宇宙的存在而產生安穩的社會秩序，如果人類處身於宇宙，其舊有的情境已經有相應的名相，我們就應該尊重（這就是在尊重傳統），如果情境已經發生劇烈的變化，我們就應該創制新名相來扣住此際宇宙的存在，後者如周公的制禮作樂，前者如孔子的恢復周禮，荀子對設立世界的存在有著強烈的使命，顯見他是個有濃厚儒家關注傾向的思想家。他還在《荀子·正名》裡說：「異形離心交喻，異物名實玄紐，貴賤不明，同異不別；如是，則志必有不喻之患，而事必有困廢之禍。故知者為之分別制名以指實；上以明貴賤，下以辨同異。貴賤明，同異別；如是，則志無不喻之患，事無困廢之禍，此所為有名也。」不同的宇宙的存在離開人的意識要能獲得比較與言說，使其蘊生出世界的存在，這是不可能的事，因為沒有人的意識，就沒有任何現象存在，而人只能通過人的意識去認識宇宙的存在，這種認識的機制就注定著人的侷限，使得人永遠只認識其意識裡的宇宙的存在，既然如此，真正的問題不是人的侷限性，而是沒有在人的意識裡建立意識的共通標準，使得貴賤異同無法獲得釐清（起碼是人意識裡的世界的存在的釐清），則人間就難免會有禍害了。

荀子舉好幾個例子，來指出「名」與「實」發生錯亂的事情，他在《荀子·正名》裡說：「『見侮不辱』，『聖人不愛己』，『殺盜非殺人也』，此惑於用名以亂名者也。驗之所以為有名而觀其孰行，則能禁之矣。『山淵平』，『情慾寡』，『芻豢不加甘，大鍾不加樂』，此惑於用實以亂名者也。驗之所緣無以同異而觀其孰調，則能禁之矣。『非而謁，楹有牛，馬非馬也』，此惑於用名以亂實者也。驗之名約，以其所受，悖其所辭，則能禁之矣。凡邪說辟言之離

正道而擅作者，無不類於三惑者矣。故明君知其分而不與辨也。」〔註44〕荀子說世間如此混亂，來自聰明人製造三種「名」與「實」的迷惑：其一，說被人欺負不該認爲有羞辱，或說聖人不會愛自己，或說殺強盜不是殺人，這就是拿名詞來惑亂名相，我們驗證人要發明名相的道理，看看這種惑亂是否行得通，就能禁止這種弊病。其二，說高山與深淵一樣平，或說人的情慾趨向於寡淺不趨向於多濫，或說家畜的肉不甘美與敲鐘的聲不悅聽，這是自己迷惑於事實，再拿被自己迷惑的假象來惑亂名相，我們只要驗證各種五官的感受的異同，看看感官是否與他人有協調的共識，就能禁止這種弊病。其三，說他人有錯誤，人卻需向他謁見請益，或說廊柱木條裡藏著一頭牛，或說白馬不是馬，這就是自己被名詞迷惑，再拿該名詞來惑亂事實，我們只要觀看事實有沒有和說者的語言相互違背，就能禁止這種弊病。凡是離開正道，秉持著邪說僻言去擅自創作的人，沒有不出於這三種迷惑，因此一位明白事理的君主，會知道這種區隔，而不浪費精神去同人辯說。

　　拿筆者的說法來看，荀子指出的三種迷惑，都是不管宇宙的存在，按著自己心意隨意編派出世界的存在，這種行不通的妄作，只會製造世間的混亂。荀子比慎子要務實，他解除慎子製造的觀念矛盾，他不認爲撤銷或淡化世界的存在就能釀出客觀的標準，他甚至不認爲人能直接進入宇宙的存在裡，由其「異形離心交喻」的說法可知，人只能在「人的有限意識」裡去認識宇宙的存在，而這個「人的有限意識」依然還得要有認識的客觀性，如此他纔會說「貴賤明，同異別」，如何能區隔出貴賤同異呢？他在《荀子‧正名》裡說：「然則何緣以同異？曰：『緣天官。』凡同類同情者，其天官之意物也同；故比方之疑似而通。是所以共其約名以相期也。形體色理以目異，聲音清濁調竽奇聲以耳異，甘苦鹹淡辛酸奇味以口異，香臭芬鬱腥臊洒酸奇臭以鼻異，疾養滄熱滑鈹輕重以形體異，說故喜怒哀樂愛惡欲以心異。」〔註45〕他還說：「心有徵知，徵知，則緣耳而知聲可也，緣目而知形可也，然而徵知必將待天官之當簿其類，然後可也，五官簿之而不知，心徵之而無說，則人莫不然謂之不知，此所緣而不以同異也。」〔註46〕荀子說同異區隔意識的發生來自人的官能，同類同情的東西，人的官能對其測度相同，能經由相互比較而相

〔註44〕見同上，頁 279～280。
〔註45〕見同上，頁 276～277。
〔註46〕見同上，頁 277～278。

互知曉，而通過共同都接受的名稱（這就是世界的存在）來使人的認識產生
交會。形體色理靠眼睛來區隔，聲音的清濁寬狹奇異的聲音與否拿耳朵來區
隔，甘苦鹹淡辛酸奇異的味道用嘴巴來區隔，香臭芬鬱腥臊洒酸奇異的氣味
拿鼻子來區隔，痛癢冷熱滑澀輕重用肌膚來區隔……

　　最後，荀子說悅錮喜怒哀樂愛惡欲這些情感靠心來區隔。尤其是人的心，
心能徵驗外在物質而獲得知識，心的徵驗依據耳朵知道聲音，依據眼睛知道
形體，能徵驗外在物質必須要靠人的官能與相應其官能的物質做接觸，荀子
相信人只要依據共有的官能，自然能辨識這世間各種現象的異同。荀子這種
說法的邏輯其實反過來暗示著一件事：如果外在的物質無法對應於人的官
能，人就無法徵驗出它的存在了！我們相信荀子明白這點，不過荀子並不在
意，他只在意人能意識的宇宙的存在，他與慎子的不同，在於他有「心」的
概念，他認為人只要依據人的官能的共通性，尤其是拿心來徵驗各種能與官
能相應的物質，由裡面架構出世界的存在即可（這應稱作「認知心」），因此，
客觀標準的架構來自人類共有的心，此心來自五官對外在物質的觸感，其觸
感會有普遍性，如果有人蓄意破壞這種普遍性的觸感，隨意玩弄詞彙惑亂人
對事實的認知，荀子認為聖王要能有效制裁這種搗亂滋事的人，這就是「形
名」轉做「刑名」的重要背景，《荀子‧正名》記說：「故王者之制名，名定
而實辨，道行而志通，則慎率民而一焉。故析辭擅作名以亂正名，使民疑惑，
人多辨訟，則謂之大姦；其罪猶為符節度量之罪也。故其民莫敢託為奇辭以
亂正名，故其民愨；愨則易使，易使則公。其民莫敢託為奇辭以亂正名，故
壹於道法而謹於循令矣，如是則其跡長矣。」〔註47〕王者制訂名詞，名相一
旦蘊生，事實就能被清晰辨識，大道就能通行，人與人的意思就能獲得溝通，
因此就率領人民統一遵從這些名相，這是架構社會秩序來安穩人心的辦法。

　　如果有人很會分析詞彙，擅自去創作名相來惑亂已經被端正的名相，使
人民感覺很疑惑而增加辯訟，這就是大姦，他的罪過如同私造符節度量一樣
的嚴重，因此人民就不敢依賴這些奇詭的詞彙來惑亂已經被端正的名相，使
得人心重歸誠謹，容易被官家役使，社會能恢復公正，更重要在於人民能重
歸依據真理而制訂的法律，謹慎服膺長官的命令，如此治國就容易有績效。
荀子反對去玩弄詞彙的對象，我們幾乎沒有理由說不是在指公孫龍子（譬如
荀子前面對「白馬非馬」的評論），即使公孫龍子不是當時唯一在論說詭辭的

<hr>

〔註47〕見同上，頁275～276。

思想家（當然，還有稷下先生田巴，見《藝文類聚》引《新序》），他恐怕亦是其中最具典型意蘊且最負盛名的思想家，公孫龍子會被筆者放至齊學來論說，恐怕往日並未有此說，我們亦沒有他曾經來過齊國的直接證據，然而我們如不把公孫龍子放進齊學，則我們會很難給公孫龍子一個合適的定位，難道要說他的思想屬於晉學？這恐怕會使人對晉學的認識產生高度混淆。雖然他出身於趙國，且受知於趙國平原君，然而他的名家思想在趙國可謂毫無師承與淵源，更與晉學好權術霸政功利現實的觀點完全不相應，相反地，我們卻能看出他與齊學有關的思想家曾有諸多交往與被影響的跡象。譬如他曾與鄒衍在平原君家裡見面，兩人曾有過激烈爭辯，最後使得平原君罷黜公孫龍子，《史記・平原君虞卿列傳》記說：「平原君厚待公孫龍，公孫龍善爲堅白之辯，及鄒衍過趙言至道，乃絀公孫龍。」〔註48〕顯然在兩人交鋒的過程裡，公孫龍的詞鋒不如鄒子來得有說服性。

　　《史記集解》這裡引劉向《別錄》，把鄒衍對公孫龍子的評論，其思路流程說得更仔細：「齊使鄒衍過趙，平原君見公孫龍及其徒綦母子之屬，論白馬非馬之辯，以問鄒子。鄒子曰：『不可。彼天下之辯，有五勝三至，而辭正爲下。辯者，別殊類使不相害，序異端使不相亂，杼意通指，明其所謂，使人與知焉，不務相迷也，故勝者不失其所守，不勝者得其所求，若是，故辯可爲也。及至煩文以相假，飾辭以相悖，巧譬以相移，引人聲使不得其意，如此害大道，夫繳紛爭言而競後息，不能無害君子。』坐皆稱善。」鄒子在這裡表示，辯論最糟糕的就是觀念正確卻讓世人更感疑惑，眞正的辯論，要使各種類別區隔出異同，條理任何極端的說法，不要使他們彼此混亂，解開各種詞彙實質的指稱，明白彼此義理的究竟，使人因此獲得知識，而不再有迷惑，使得勝利者不會迷失自己的觀念，失敗者能因此獲得眞知，如此辯論纔能進行。如果辯論已經變做操作很繁複的詞彙來交互困擾，掩飾銳利的詞彙來交互殘害，善用譬喻來轉移觀點，引誘人掉進邏輯的陷阱裡使人忘記自己本來想明白的意思，如此陷害大道的呈現，使得眞理的瞭解要透過各種引發紛爭的語言而後纔停止，眞理不見得能因此被瞭解，卻絕對於君子的精神有傷害。這裡可看出鄒子對公孫龍子的觀點有過深度瞭解，而且其陰陽五行說顯然也對公孫龍子產生影響，譬如《公孫龍子・通變》記說：「而且青驪乎白，而白不勝也。白足之勝矣，而不勝，是木賊金也。木賊金者碧，碧則非正舉

<hr>

〔註48〕見《史記會注考證》卷七十六，〈平原君虞卿列傳〉第十六，頁957。

矣。」〔註49〕這段話是什麼意思呢？

公孫龍子表示，如果把青色與白色相混雜，則白色不能勝過青色，白色如果有足夠大的量，就有可能勝過青色，如果還不能勝過，這就好比青色的木傷害白色的金，這違反五行相生的道理，白色的金竟然會被青色的木傷害，就變做混雜的碧綠色，本來白色的金與青色的木都各有它自己的「自性」（這意指物質永遠就只是它自己，而不會是其它），現在竟然有混雜的碧綠色出現，我們不能說絕不會有這種現象，然而這就已經不是恰當的舉例了，因為這已經離開物質自性的議題。我們先不論公孫龍子這套關於物質內涵的變與不變的觀點，這裡的徵引就能看出他已吸收鄒衍五行相生的思考。公孫龍子曾與孔子的六世孫，在齊國擔任稷下先生的孔穿同樣在平原君家裡辯論，〔註50〕《呂氏春秋·淫辭》記說：「孔穿、公孫龍相與論於平原君所，深而辨，至於藏三耳，公孫龍言藏之三耳甚辯。孔穿不應，少選，辭而出。明日，孔穿朝，平原君謂孔穿曰：『昔者公孫龍之言甚辯。』孔穿曰：『然，幾能令藏三耳矣，雖然難。願得有問於君，謂藏三耳甚難，而實非也，謂藏兩耳甚易，而實是也，不知君將從易而是者乎？將從難而非者乎？』平原君不應。明日謂公孫龍：『公無孔穿辯。』」孔穿與公孫龍子辯論的議題很艱深而難辯，講到燕齊間的奴隸有三個耳朵，公孫龍子說得頭頭是道，孔穿不再回答，告辭而離開。第二天孔穿上朝見平原君，孔穿對平原君說如此真能使燕齊的奴隸有三個耳朵了，公孫龍的說法很自成其理實際上卻錯誤，燕齊的奴隸只有兩個耳朵屬於真實卻沒有什麼特別，不知平原君要相信哪個？

平原君要公孫龍子不要再和孔穿辯論了，這是因為平原君知道孔穿說得很正確，希望制止公孫龍子浪費精神去強詞奪理？還是說他覺得孔穿沒有瞭解公孫龍子區隔「名」與「實」的用意（奴隸有兩隻耳朵，這是個事實的存在，意即宇宙的存在，「耳朵」這個詞彙則因人給予稱謂而有世界的存在，兩個耳朵的事實加上耳朵這個名相，合起來會有關於耳朵的三個存在），因此要公孫龍子不要再去跟聽不懂他意思的孔穿去辯論了？我們不知道答案是何者，公孫龍子與孔穿當日的辯論應該有很大規模的議題交手，《公孫龍子·跡

〔註49〕見陳癸淼《公孫龍子今註今譯·通變》，西元1991年，頁98。

〔註50〕林麗娥先生引《孔叢子·公孫龍》表示孔穿字子高，戰國末魯人，孔子六世孫，見《先秦齊學考》第四章〈先秦齊國學者考〉，第二節「外國學者」，頁211。

府》還記有一段內容說：「龍與孔穿會趙平原君家。穿曰：『素聞先生高誼，願爲弟子久；但不取先生以白馬非馬耳。請去此術，則穿請爲弟子』。龍曰：『先生之言悖！龍之所以爲名者，乃以白馬之論爾。今使龍去之，則無以敎焉。且欲師之者，以智與學不如也。今使龍去之，此先敎而後師之也。先敎而後師之者，悖。』他還直攻孔穿做爲孔子後裔的狀況去說話：「『且白馬非馬，乃仲尼之所取。龍聞楚王張繁弱之弓，載忘歸之矢，以射蛟兕於雲夢之圃。而喪其弓，左右請求之，王曰：『止！楚王遺弓，楚人得之，又何求焉？』仲尼聞之曰：『楚王仁義而未遂也。亦約人亡弓，人得之而已，何必楚！』若此，仲尼異楚人於所謂人。夫是仲尼異楚人於所謂人，而非龍異白馬於所謂馬，悖。先生修儒術，而非仲尼之所取，欲學，而使龍去所敎，則雖百龍，固不能當前矣。』孔穿無以應焉。」〔註51〕由孔穿幾度「無以應」可合理推測，他恐怕確實不大暸解公孫龍子說的意思。

　　因此，《公孫龍子・跡府》記公孫龍子對孔穿說：「子知難白馬之非馬，不知所以難之說。」〔註52〕意思是說孔穿只知道反對白馬非馬，卻不知道自己反對的論點該是什麼，這大概是孔穿最大的難堪了！

　　其實，公孫龍子在這裡舉孔子的例證來說自己的意思，恐怕還有藉孔子的言語來打擊其後人的政治用意。〔註53〕不過，公孫龍子本意說白馬不是馬，因爲馬的概念大於白馬的概念；楚人不是人，因爲人的概念大於楚人的概念，這點兩者意蘊確實相同，然而，前者的重點在於觀念的釐清，後者的重點則在於心量的寬窄，產生其名相區隔的思路與原因不同，豈能錯放去做類比？公孫龍子顯然還受著尹文子的影響，《公孫龍子・跡府》有一大段徵引尹文子與齊宣王的談話，譬如該篇記公孫龍子對孔穿說：「先生之所以敎龍者，似齊王之謂尹文也。齊王之謂尹文曰：『寡人甚好士，以齊國無士何也？』尹文曰：『願聞大王之所謂士者。』齊王無以應。尹文曰：『今有人於此，事君則忠，事親則孝，交友則信，處鄉則順。有此四行，可謂士乎？』齊王曰：『善。此

〔註51〕見《公孫龍子今註今譯・跡府》，頁4。
〔註52〕見同上，頁8。
〔註53〕當然，孔子並沒有說過「楚人不是人」這種觀念語言，他只是認爲就擴大心胸的角度而言，不需要在意是不是楚人拿到楚王的弓，任何國家的人拿到楚王的弓，那都是好事，這內蘊著「人類一家」的想法，本與「白馬不是馬」的意理不同，不過，公孫龍子在這裡轉過來替自己的理論張目，就古希臘哲學的角度來說，這委實是種很高明的修辭學（rhetoric）和論辯術（dialectic），只是公孫龍的意思裡還是有其合理的辯證法（dialectic）脈絡。

真吾所謂士也。」〔註54〕公孫龍子應該很熟悉尹文子的言論，東漢高誘注《呂氏春秋‧正名》裡特別說：「尹文，齊人，作名書，在公孫龍前，公孫龍稱之。」能讓公孫龍子稱許的尹文子，應該有相當深刻的「名」與「實」的思想吧？確實如此，公孫龍子的思想有受尹文子的啓發，請容我們後面再接著討論。不過，直接影響公孫龍子的人，應該是齊國稷下先生兒說，因爲他持著「白馬非馬」的說法就是在承襲兒說。《韓非子‧外儲說左上》記說：「兒說，宋人，善辯者也，持白馬非馬也。服齊稷下之辯者，乘白馬而過關，則顧白馬之賦。」〔註55〕兒說還在教授弟子，如《呂氏春秋‧君守》記說：「魯鄙人遺宋元王閉，元王號令於國，莫之能解，兒說之弟子請往解之。」

因此，錢穆先生在《先秦諸子繫年》裡考證指出兒說是惠施公孫龍兩人間的人，兒說弟子替宋元王解閉，此事距惠施死亡已超過十年，距公孫龍說燕尚有十五年，由此可知兒說上承惠施下接公孫龍，公孫龍「白馬非馬」的說法就是受兒說的啓發。〔註56〕筆者認爲這段說法很重要，不論兒說對公孫龍而言是嫡傳的師承或私淑的師承，兒說都是解開公孫龍爲何身做趙人，尚未有直接證據指出其來過齊國，卻完全不受晉學影響的關鍵人。由兒說在稷下能說服辯者，且有弟子師事可知他應該是個待在齊國的稷下先生，然而，兒說本來就是個宋人，前面已經指出宋國承襲著商文化，位居地理的交通中樞，雖然自身國家積弱不振，不足獨立醞釀出深刻的學術思想，累積深厚的商文化背景，卻使它成爲往南影響楚學往北影響齊學的輻射點，宋國比齊國更純粹在承襲商文化，因此，兒說在自己國家承襲著商文化有上帝信仰的背景，很容易就滋生出眞理觀的想法，而且這種眞理觀的想法比齊國本土的眞理觀還要抽離於人事，能純粹在抽象的思維裡張開觀念性質的釐清，可惜這種特色的思想隨著商文化長年逐漸被日趨強大的周文化給消化或吞噬（齊文化其實還屬周文化的亞型，雖然它是融合商文化的周文化，這可稱做消化，而魯文化則完全壓制商文化繼續在國內流傳，這就是吞噬），而幾乎沒有純粹發展的機會，只能蘊生出兒說這種極罕見的思想家。因此，深受兒說啓發的公孫龍子，究竟是已經越臻至成熟的齊學的受澤者，還是古老的商文化的受澤者呢？這不僅是兒說的問題，更是公孫龍子的問題。

〔註54〕見同上，頁7。
〔註55〕見《韓非子今註今譯‧外儲說左上》第五卷，下冊，頁555。
〔註56〕見《先秦諸子繫年‧宋元王兒說攷》卷四，頁402～404。

如果只生活在齊國，兒說絕不可能產生這種純粹解析「名」與「實」議題的思想；如果只生活在宋國，面對古老禮俗猶在卻精神相對貧瘠的國度，他恐怕決無法產生如此獨特的思想。齊國的兼容並蓄提供兒說開展其思想的機會，這應該是個無庸置疑的事實。同樣地，公孫龍子如果不曾受過兒說的啓發，而純粹只生活在趙國，經歷著趙國各種戰火流離的患難，深受晉文化的浸染，他恐怕該要產生緊急應付事變的權謀智術，而不會有餘暇思考純粹抽象觀念的議題。因此，按著這個脈絡來探索思想家的養成教育，筆者認爲如果不把公孫龍子視作廣義的齊文化的受澤者，我們會無法瞭解他產生其思想的背景原因，再者，齊學的影響會比隱微的商文化影響一個思想家會來得更具體些，而且夾帶齊學在影響公孫龍子的人，不僅只有兒說，還有鄒衍子與尹文子。

第三節　形名與刑名

我們現在應該要來好好認識公孫龍子的思想了。前面公孫龍子自己指出：「龍之所以爲名者，乃以白馬之論爾。」〔註57〕（《公孫龍子・跡府》）因此，我們就拿白馬論來做爲進入公孫龍子思想的管道。《公孫龍子・白馬論》記說：「『白馬非馬，可乎？』曰：『可。』曰：『何哉？』曰：『馬者，所以命形也。白者，所以命色也。命色者，非命形也，故曰白馬非馬。』」〔註58〕套用學者陳癸淼先生的說法，公孫龍子並不是由客觀的物實去說白馬不是馬，他說「馬」是一個形象的概念，「白」則是一個顏色的概念，顏色的概念異於形象的概念，顏色加上形象形成的概念（意即白馬）異於純粹形象的概念（意即馬），因此白馬不是馬。〔註59〕筆者換個更簡單的說法，就是「白」這個名詞加上「馬」這個名詞變做一個複合名詞，這不會等於純粹「馬」這個名詞。然而，與他辯論的人似乎常站在事實的眼光來反駁他的說法，《公孫龍子・白馬論》記說：「曰：『有白馬，不可謂無馬也。不可謂無馬者，非馬也？有白馬爲有馬，白之非馬，何也？』」〔註60〕意思是說只要有白馬的存在，就不能說沒有馬的存在，既然不能說沒有馬的存在，就意味著白馬的存在就是有馬

〔註57〕見《公孫龍子今註今譯・跡府》，頁4。
〔註58〕見《公孫龍子今註今譯・白馬論》，頁18。
〔註59〕見同上，頁19。
〔註60〕見同上，頁20。

的存在。公孫龍則站在黃馬與黑馬都被馬包括在內，黃馬與黑馬卻不被白馬包括在內，因此白馬不是馬的角度回答說：「曰：『求馬，黃黑馬皆可致。求白馬，黃黑馬不可致。使白馬乃馬也，是所求一也，所求一者，白者不異馬也。所求不異，如黃黑馬有可有不可，何也？可與不可其相非明。故黃黑馬一也，而可以應有馬，而不可以應有白馬，是白馬之非馬審矣。』」

公孫龍子表示如果白馬是馬，就意味著白馬與馬沒有任何區隔，然而，當人要尋覓黃馬與黑馬的時候，黃馬與黑馬可被馬包括在內，卻不可被白馬包括在內，而可與不可顯然正好相反，你能說黃馬與黑馬都是馬，卻不能說黃馬與黑馬都是白馬，因此白馬不是馬的意思就很明白了。其實，這兩人的對話注定無法有任何交集，因為他們在相互「誤解」其語意（或者這是當日觀念用語的尚不豐富而產生的誤解），與他辯論的人把「白馬非馬」的「非」這個字由「異於」或「不等於」的意思曲解做「不是」或「無關」的意思，公孫龍子同樣沒有瞭解與他辯論的人的意思，把「白馬是馬」的「是」這個字由內容的「確知」與類與類「包含於」的意思曲解做「相等於」的意思，尤其在他說「所求一者，白者不異馬」裡的「一」與「不異」這兩者都有「相等於」的意思，與他辯論的人卻不察自己的立論已經被公孫龍子曲解，還繼續與他各說各話，殊不知如果由名相來說，「白馬非馬」是真實，「白馬是馬」是虛假，如果由事實來說，「白馬是馬」同樣是真實，「白馬非馬」是虛假，這是個同真又同假的矛盾相容關係，兩人立論的基礎不同，使得這種爭論無法有結論。陳癸淼先生表示，這個辯論已經接觸到「概念」與「類別」暨「共相」與「殊相」的問題，這種問題都是理則學概念論的主要課題，公孫龍子已經能熟練應用它們來辯論問題了。儘管如此，他對這些問題還停留在能實踐而不能自覺其立論的根據是什麼，由此自覺翻轉上去，點出內容與外延，指出這些操作語言的邏輯範疇，由實用的階段生出一套客觀的理論。〔註61〕

陳癸淼先生借用羅素的術語來說，公孫龍子的思想屬於第一序的學問，尚未能由不自覺的實踐階段，反省並釐清自己正接觸的問題，凸顯其層次，使其成為第二序的學問。他認為理則學的不出現實為中國文化發展過程裡的一大缺憾，公孫龍子的學問如果能由第一序逆覺出第二序，順此而產生中國的理則學並非不可能，因此替當時的學術領域開闢一條新的路徑，就能彌補這項缺憾了。如果拿筆者的語言來說，白馬是個世界的存在，這個世界的存在自然得套在白

〔註61〕見同上，頁36～40。

馬的事實的存在，意即其宇宙的存在；馬是個世界的存在，這個世界的存在自然得套在馬的事實的存在，意即其宇宙的存在，兩個世界的存在各自獨立呼應其宇宙的存在，因此白馬不是馬這種說法能成立。然而，馬這個宇宙的存在因有相應的世界的存在而產生現象，就這個現象來說馬不可能沒有顏色，因此人稱呼「馬」或稱呼「白馬」其差異只在於同類指稱範疇的寬窄，而不屬於不同類的指稱，馬的範疇大於白馬，白馬在馬的範疇裡，甚至，我們還能在同屬於白馬的範疇裡，區隔出「健壯的白馬」與「瘦弱的白馬」，白馬的範疇大於瘦弱的白馬，我們豈能跟著去說瘦弱的白馬不是白馬？現象來自宇宙的存在與世界的存在的交會，因為有世界的存在，宇宙的存在因此有現象，不同的詞彙創造出不同的現象，然而我們不能說馬的現象不同於白馬的現象，因為這兩個現象有內交集，意即後者隸屬於前者，而前者不隸屬於後者，這就是為什麼「白馬是馬」與「白馬非馬」這兩種說法能同時成立的原因。

　　公孫龍子站在「前者不隸屬於後者」的角度來立論，重點並不在於白馬究竟是不是馬，重點端在他已經能細緻區隔出名相與事實的關係，這在當日的時空來說恐怕實屬罕見，使得他能讓「白馬非馬」的說法成立，他人卻不能由同樣的概念解析的路徑來指出「白馬是馬」，僅能情緒性批評他善做詭辭扭曲名實，卻遠不能搆著其思維的高度，殊不知公孫龍子其實正在細緻釐清名實，而不是在扭曲名實，這是難得的觀念突破，只不過他選擇站在其中一偏去釐清（或許如此去說更容易「成名」，這有著社會效益的評估），在這種高度裡，他難道會不知道還有著矛盾卻相容的其他一偏存在？這種對名相與事實的細緻釐清稱做「形名」，公孫龍子顯然是個首屈一指的形名大家，公孫龍子對名實問題的獨到見解，奠立在純粹崇尚人文的周文化已經式微，崇尚天帝的商文化有復甦跡象，然而各國整體處於思想混亂價值失序的時空裡，對於釐清各種千絲萬履糾纏一團的思想問題有釐清的方法論需要，不過，不論這個需要性有多強，生活在戰國晚期的公孫龍子，都無法完全離開實用的觀點來鋪陳他的思想，譬如《呂氏春秋‧淫辭》記說：「空雄之遇，秦趙相與約。約曰：『自今以來，秦之所欲為，趙助之，趙之所欲為，秦助之。』居無幾何，秦興兵攻魏，趙欲救之，秦王不說，使人讓趙王曰：『約曰：『秦之所欲為，趙助之，趙之所欲為，秦助之。』今秦欲攻魏，而趙因欲救之，此非約也。』趙王以告平原君，平原君以告公孫龍，公孫龍曰：『亦可以發使而讓秦王曰：『趙欲救之，今秦王獨不助趙，此非約也。』』」

　　秦國與趙國相約要互相幫忙成全彼此的需要，結果秦國想攻打魏國，趙國卻想援救魏國，趙國不成全秦國的需要，秦國更不成全趙國的需要，這究竟是誰在違約呢？這種相互矛盾卻共同成立的命題，就是公孫龍能提供智慧的管道，相信這纔是平原君會願意供養公孫龍子做食客的重要原因，因爲他的思想還是有相當的實用性，尤其可用於兩國外交談判折衝的處境裡。這種需要性逐漸發生思想層面的轉化，就是由「形名」轉化出「刑名」，意即由純粹名實議題的思索，落實至具體制度的客觀規劃，這種客觀規劃制度（包括刑法）依據的眞理原則，就稱做「刑名」。「刑名」思想最典型的思想家莫過於稍早於公孫龍子的尹文子，不過尹文子只是年齡較前，主要活躍在齊宣王在位的前後，其實這兩人都算是同時期的人，〔註 62〕由「形名」轉化出「刑名」並不意味著何者較成熟，後者可謂前者在應用層面的開展，前者自身在原理層面的深索則在公孫龍子後無人踵繼。尹文子是筆者目前所見的先秦諸子裡最清晰展現由「形名」轉化出「刑名」這個思考痕跡的思想家，〔註 63〕《尹文子・大道上》記說：「大道無形，稱器有名。名也者，正形者也。形正由名，則名不可差。故仲尼曰：『必也正名乎！名不正，則言不順』也。大道不稱，眾有必名。形生於不稱，則群形自得其所圓。名生於方圓，則眾名得其所稱也。」〔註 64〕這能與筆者「宇宙的存在」與「世界的存在」的認識論觀點相互印證。大道本來沒有任何形象，因有稱謂形象的需要而產生名相，名相就是在使形象被端正出大道，因此名相得要有精確性，不得有誤差。

　　關於這個精確性，尹文子表示各種形象自有其或方或圓的事實，名相如果能因應這個事實而生，則精確性就獲得成全，意即世界的存在就能精確反映宇宙的存在。反過來說，《尹文子・大道上》記說：「有形者必有名，有名者未必有形。形而不名，未必失其方圓黑白之實。名而不形，不尋名以檢其差。故有名以檢形，形以定名，名以定事，事以檢名。察其所以然，則形名之與事物，無所隱其理矣。」〔註 65〕學者伍非百先生認爲「有形者必有名」

〔註 62〕見《先秦諸子繫年・先秦諸子繫年通表》，「附諸子生卒年世約數」，頁 618～619。還可見於《先秦諸子繫年・尹文攷》卷三，頁 378～380。
〔註 63〕現在流傳的《尹文子》書即可明顯看出由「形名」轉出「刑名」，學者伍非百先生表示：「班固《藝文志》作一篇。魏仲長氏分爲上下二篇。後因之。今按上篇多形名之言，下篇多法術之語。」見其《先秦名學七書・尹文子略注・大道上》，西元 1984 年，頁 472。
〔註 64〕見同上，頁 472～473。
〔註 65〕見同上，頁 474～475。後面引伍非百先生的觀點同見於此。

這是具體名詞；「有名者不必有形」這是「抽象名詞」。具體名詞有「實體」存在於「名詞」外，雖不拿名詞來指稱，猶不失其爲實體。譬如黑色與白色，雖然不拿語言來指稱，依然能拿眼睛來目示，縱令黑白名詞互換，其實質依舊不會改變，即使啞巴不能說黑色與白色的名詞，卻依舊能得知黑色與白色的實體。然而抽象名詞本無實體能指稱，因觀念而創造名詞，更因名詞而繫住觀念，如此輾轉相生。如果除去名詞，則觀念會消失，無法自增與自解，因此抽象名詞彼此能相持而存在，相說而共喻，不外拿觀念來架構觀念，名詞來解釋名詞，此種名詞如果不確立界說，嚴密去做分析，則往往會生出差誤。無論有形的具體名詞或無形的抽象名詞，都得詳查其指稱的「實」與給出的「名」是否相符，具體名詞拿實體來檢驗名詞，抽象名詞拿名詞來確立事物，如此詭辯者無法馳騁其辭，而正名就能獲得成全。伍非白先生這裡的說法似乎有個矛盾，他不是說抽象名詞本無實體能指稱嗎？如何還能說具體名詞與抽象名詞都得詳查其指稱的「實」與給出的「名」是否相符呢？

　　這裡就牽涉「實」的意思究竟是什麼。筆者認爲伍非百先生把名詞區隔爲具體名詞與抽象名詞甚有問題，這會使得我們很難在具體議題上去辨識這兩者的差異，伍非百先生似乎把「實」解做「有實體的實」與「無實體的實」，前者指具體可見的東西，後者指抽象不可見的觀念，如此纔會有具體名詞與抽象名詞的出現。拿黑色與白色來舉例說，這是個抽象的觀念，而黑色的馬與白色的馬則是具體的東西，然而，我們豈能說黑色與白色沒有可見的事實，不管這個事實會依附在哪個物質上？相反地，黑色的馬與白色的馬在沒有實際去看兩馬的情境裡（譬如筆者現在只在書面去談論兩馬），它難道沒有變成抽象的觀念？再如情人彼此會說「我愛你」，這三個字本身沒有任何實體，沒有任何一種實體能被指稱做「我愛你」，它應該是個抽象名詞，然而情人在說這三個字時，他們必須要有感應彼此相愛的事實，我們豈能說感應出這種相愛的氣氛就不具有實體性？更不要說這個實體會表現在他們相處的各種肢體互動裡了。伍非百先生的論點並不是完全錯誤，只是筆者覺得這種區隔來自人精確認知與界說的需要，然而面對實存的情境卻偏偏有著無法按此辦法去精確的盲點，更無法徹底解釋通尹文子這裡說的意思。因此，我們應該如何解釋這段話呢？筆者覺得，尹文子這裡說的「形」就是前面我們在說的現象，現象來自宇宙的存在與世界的存在結合而產生，如果沒有世界的存在，則只有事實的存在，因爲人沒有感知而給予名相，因此其沒有任何現象（形象），

這是個基礎性的瞭解。

　　尹文子表示每個現象都必然有他相應的名相，名相如果沒有依據事實，則就不見得會產生現象，假設只有現象而沒有名相（雖然這是不可能發生的事），並不會失去其方圓黑白的事實，只有名相而沒有現象，無法按著名相去檢驗事實，這就表示我們的世界的存在無法與宇宙的存在相應，就會產生嚴重的誤差。因此有名相我們纔方便去檢查事實（尹文子在這裡把事實稱做現象，其語言會使得認知變得太糾纏），事實限制住名相不致隨意發展，名相能產生抽象的事情（任何事情都來自名相的蔓演，沒有透過名相來認知與行為，就沒有事情），事情的完成與否能使我們反過來檢驗給出的名相是否精確。觀察名相為何會如此給出的原因，則使得名相與事實的關係被釐清，無法隱匿其依據的真理。相同的意思，還有《尹文子・大道上》記說：「名者，名形者也。形者，應名者也。然形非正名也，名非正形也，則形之與名居然別矣。不可相亂，亦不可相無。無名，故大道不稱，有名，故名以正形。今萬物具存，不以名正之，則亂。萬名具列，不以形應之，則乖。故形名者，不可不正也。」〔註66〕名相就是使存在的事實有現象，現象就是名相對事實的呼應，如果現象不是來自端正的名相，名相不去端正存在的事實，使得名相竟然無法產生正確的現象，這就有很大的危險了。名相與現象不能交互混淆，更不能交互否定，沒有名相，則大道就無法對稱的顯像，萬物都靠著名相來精確呈現自己，因此形名議題的釐清有著極關鍵的重要性，相信這是「形名」會轉出「刑名」的重要原因。

　　尹文子同樣有對名相給出三種界說，《尹文子・大道上》記說：「一曰命物之名，方圓黑白是也。二曰毀譽之名，善惡貴賤是也。三曰況謂之名，賢愚愛憎是也。」〔註67〕筆者覺得尹文子給出的名相不該被區隔出三類，因為方圓黑白這個「命物之名」該當做屬性認知的名相；善惡貴賤與賢愚愛憎這兩個「毀譽之名」與「況謂之名」該同當做價值認知的名相，後兩者如何能區隔出兩類呢？然而，這種不由名相自身的性質來立言，而由名相指稱的對象來立言，尹文子顯然對此自有深意，因為他重視使用名相的效益，他檢視名相的目的端在「求治」而本不在「求知」，因此「毀譽之名」與「況謂之名」對他來說自然就有差異，《尹文子・大道上》記說：「名稱者，別彼此而檢虛

〔註66〕見同上，頁477。
〔註67〕見同上，頁476。

實者也。自古至今，莫不用此而得，用彼而失。失者，由名分混。得者，由名分察。今親賢而疏不肖，賞善而罰惡。賢不肖善惡之名宜在彼，親疏賞罰之稱宜屬我。我之與彼，各復一名，名之察者也。名賢不肖爲親疏，名善惡爲賞罰，合彼我之一稱而不別之，名之混者也。故曰：『名稱者不可不察也。』」〔註68〕這段話他由「名稱」轉至「名分」來立說，就可看出他帶著眞理觀應用至人事規劃的態度，他相信人事規劃要按照眞理原則去做，先要區隔出何謂賢何謂不肖，何謂善何謂不善，這些觀念的給出就使得社會有很清晰的標準，接著去「親賢而疏不肖」與「賞善而罰惡」，就能使社會在賢人的統治裡回歸善政。尹文子在制度層面的具體規劃請讓我們在後面繼續討論，這裡的探索旨在認識尹文子如何把「形名」轉至「刑名」。

　　不論是「形名」或「刑名」何種思想的探索，都反映出齊學迥異於其他三學的思想特徵，這就是眞理觀的意識。同樣在思考政治管理問題，晉學會站在統治者的角度構思如何佈達命令與駕馭臣民，基本上充滿著專制主義的統治態度（不論是集權專制或開明專制）；楚學則會站在天道的角度思考統治的最高境界在於君王無爲而人民自化，基本上這種態度反映著無政府主義的價值觀，認爲最好的政治就是沒有政府，或有政府而人民感覺不出它的存在；魯學則會站在禮樂教化的角度去面對政治管理問題，希望藉由禮樂的涵養陶冶，使得人民因具備文化涵養，而使得國家整體素質提升，國家自然臻於強盛。「形名」思想的出現，意味著齊學思想家開始站在更高眞理的視野去構思制度議題，當然，魯學與晉學並不是沒有思想大家在探索「刑名」，但，有沒有眞理觀的意識，就使得這種探索的路徑各自顯得很不同，譬如魯學的孟子與齊學的荀子，雖然兩人同屬儒家思想的脈絡，同樣推崇禮樂教化，且同待過齊國，然而前者更重視心性的覺醒，後者更重視制度的約束，這正與眞理觀的有無有重大關係，更細緻拿宇宙的存在與世界的存在來論較兩人的差異，雖然身爲儒者，兩人同樣重視人對宇宙的負責，不能只是感應宇宙的存在而與此存在精神合一，更要給出世界的存在而得安頓其社會，孟子對於宇宙終極議題的態度很模糊，他不具備眞理觀的清晰意識，更不具有渾沌觀，他的安頓辦法側重於藉由心性的涵養來架構出世界的存在，意即人的內在修持能對外在環境發生端正與淨化的效益，這是思孟學派的特徵。

　　荀子的態度呢？他的思想顯現出齊學的典型特徵，意即面對宇宙的存

在，人得要藉由制度的規劃來架構出世界的存在，使人人安於自己的角色與職位，並通過客觀的賞罰來建立制度的威信，避免無謂的詭辭爭論消耗國家的能量，這種相信制度的觀點，使得儒家的外王思想獲得完整發揮，《周禮》這部書最晚成書於戰國中晚期，就可看出儒家在齊國發展其禮制建國的理想，而成書更晚的《公羊傳》，更是荀學在制度層面的思考反映。

第四節　黃老的擴張

　　接著，我們要開始討論齊學的黃老思想了。相對於莊老系統的道家，黃老系統的道家長期處於模糊難辨的狀態，司馬遷在介紹先秦諸子的學術淵源時常會說其「學本於黃老」（如《史記‧老子韓非列傳》說申子），往日我們只知道這個名詞，並不知道其實際指稱的意思，直至民國六十二年（西元 1973 年）底在湖南省長沙市馬王堆三號漢墓挖出失傳已久的《黃帝四經》與兩種版本的《老子》，終於使得學者確知「黃老」是流行在戰國中期的學術思潮，而黃老系統的道家其思想的究竟終於能讓學者展開很清晰的面目。雖然《黃帝四經》出土於湖南這個楚學核心的範圍，亦有學者如王博先生認爲這部書屬於被楚學影響的越國作品，〔註 69〕不過多數學者卻指出該書大量反映稷下道家的思想，應屬後來流傳在楚地的齊學著作，譬如學者唐蘭先生就指出《黃帝四經》和《管子》兩書相同或相近的段落有二十三處，吾師陳鼓應先生則指出《黃帝四經‧經法‧道法》開首便指出「道生法」，顯現這派學說由老子道論做其哲學理論而融入齊法家的形名法度思想，而「黃老」就是黃帝與老子的合稱，老子固然不用說，黃帝則是其寓托來做現實政治的改革，它昌盛於齊國，被稷下道家提倡，並在學宮百家爭鳴的過程裡取得主導地位，這點當無疑義。〔註 70〕陳鼓應先生的說法自有其道理，如果純粹由「道生法」這個觀點來看，則黃老系統的道家影響甚多稷下諸子，譬如前面說過的慎子與尹文子，甚至田駢，〔註 71〕尤其《管子》保留的各派思想，都能使我們看出

〔註 69〕見王博〈論《黃帝四經》產生的地域〉，陳鼓應主編《道家文化研究》，第三輯，西元 1993 年，頁 223～240。

〔註 70〕見陳鼓應《黃帝四經今註今譯》，〈先秦道家研究的新方向：從馬王堆漢墓帛書《黃帝四經》說起〉，三「《黃帝四經》和《管子》的關係」，西元 1995 年，頁 6～9。

〔註 71〕《淮南子‧道應訓》說：「田駢以道術說齊王，王應之曰：『寡人所有，齊國也。道術雖以除患，願聞國之政。』田駢對曰：『臣之言無政，而可以爲政。譬之

這種影響的巨大痕跡。

而且，吾師陳鼓應先生指出，相對於老莊對知識的態度常偏向詮釋其機心巧詐的一面，稷下道家不但糾正老學的缺點，而且正面肯認思想知識的可貴。〔註72〕陳鼓應先生還指出，稷下道家不同於老莊，呈現出重「智」的思想傾向。他還更細緻區隔在古籍中常通用的「知」與「智」兩字的細部含意，如「知」著重於指向意識中的認識內容；而「智」則是指認識內容徹底內化於認識主體，進而影響其身心。前者有知識義，後者則是智慧的彰顯。〔註73〕吾師陳鼓應先生這裡的說法，能替我們指出齊學特殊的眞理觀（主客不離），鋪出義理相通的思想脈絡。他還指出《黃帝四經》裡「道」和「法」的結合，就是「古代民主與法制」的結合，〔註74〕這同樣支持我們齊國會有早期民主的觀念與實踐背後的思想脈絡，儘管「道生法」這個義理的事實出現應該要早於《黃帝四經》的文字紀錄。

不過，「道生法」這個觀點，意即由眞理觀發展出客觀的應世法則（尤其是政治制度）幾乎是齊學最主要的思想特徵，齊學的思想家很難說有哪個沒有「道生法」的觀點（只有表達深度與發展型態的差異），這是否就意味著黃老系統的道家影響齊學至深且鉅呢？這就牽涉我們對「黃老」的定義寬窄問題了。吾師陳鼓應先生表示黃老思想的誕生與田齊政權有重要關係，田齊取替姜齊，由於姜齊自稱是炎帝的後裔，田齊取得政權後，為與前朝姜齊做區隔，故而明確宣稱自己是「高祖黃帝」的後裔，這使得統治階層就已有依託

若林木無材，而可以爲材。願王察其所謂，而自取齊國之政焉已。己雖無除其患害，天地之間，六合之內，可陶冶而變化也。齊國之政，何足問哉！此老聃之所謂『無狀之狀，無物之象』者也。若王之所問者，齊也；田駢所稱者，材也。材不及林，林不及雨，雨不及陰陽，陰陽不及和，和不及道。』」可見田駢同樣在講黃老，他自承自己要說的不是政事，卻能幫忙治理政事，不能除去國家具體的禍患，卻能上通天地間的奧秘，下究天下內的問題，能陶冶萬物且應對萬端變化，區區齊國的政事，又如何值得掛齒呢？再對照齊國百姓評論他如同不嫁人的姑娘卻有七個孩子，來諷刺他自認的清高（卻在齊國做官），他的思想確實是那種應對於人事攻於心機（術），且帶有整套複雜而抽象的宇宙觀（道）的黃老「道術」。見《淮南子譯注・道應訓》第十二卷，頁544。

〔註72〕見陳鼓應《管子四篇詮釋：稷下道家代表作》第二部分〈《管子》四篇注譯與詮釋〉，「〈內業〉注譯與詮釋」，西元2003年，頁100。

〔註73〕見《管子四篇詮釋：稷下道家代表作》第二部分〈《管子》四篇注譯與詮釋〉，「〈心術上〉注譯與詮釋」，頁134。

〔註74〕見陳鼓應《黃帝四經今註今譯》，〈關於帛書《黃帝四經》成書年代等問題的研究〉，頁30。

黃帝的背景；再者，田氏本是陳國公子完的後裔，而老子本來也是陳國人（雖然苦縣後來被楚國兼併），因此田氏家族與老子應該有著特殊的關係，陳鼓應先生徵引學者侯外廬先生的看法表示道家本來起源於楚陳宋這些南方國家，後來可能就隨著陳國的流亡貴族將思想傳至齊國。〔註 75〕因此，要認清黃老思想的蘊生，就不能脫離田齊政權的政治需要，意即早在田齊政權建立前的姜齊，田氏家族累世為替篡奪政權架構出一套具有合法性的思想論述，就已經開始禮事與厚聘士人，來幫忙整合出指導思想，這套指導思想有兩大特點：其一，它得具有「陰柔性」，在顛覆能量未具前，不能立即與姜齊政權對衝槓上，卻能漸進腐蝕姜齊的統治根基；其二，它得具有「客觀性」，使得士人與廣大人民都能信服這套思想的領先性，並深信田氏是這套思想的執行者。陰柔性與客觀性都與信仰天道的夷商文化能相互契合，筆者揣測這是黃老思想會蘊生為這種型態的根本因素。

　　田氏會推崇黃帝，推測與黃帝曾經打敗過炎帝的歷史記憶有關，齊人只要記得這個傳說，就會對人民揣想田齊終將打敗姜齊的未來產生心理暗示，這同樣具有腐蝕性。而老子的思想既符合田氏家族在齊國安身作客卿的處境，卻更隨著田氏家族在齊國的生根與深耕，意即逐漸本土化而發生轉化，這種轉化主要就表現在化主動於被動裡，不動聲色地逐漸控制齊國的權柄，最後終至把齊君的地位徹底架空，如同傀儡般受田氏宰制，直至田氏確信自己已能真正登大位，而不會激起無法壓制的政治風暴為止。因此，田氏早在黃老思潮蔚然發展前，就已經在實踐黃老思想了，就是因為田氏的政治需要，纔有「黃老」的字義與內容的產生，當黃老思潮開始在戰國初期逐漸在各國散播開來，此時的田齊政權已經進入第二階段的擴張了，意即黃老思潮的流行是它統一六國的重要憑藉，當各國君王都只留戀於權謀鬥爭，獨有齊國高標「道生法」的客觀法則去架構政治制度，難道不會吸引各國士人都投奔於齊國嗎？而田齊政府大舉吸納各國士人來投奔，不就是這種思想的繼續應用嗎？這就如同當田氏還只是個大夫，卻已使得齊國的士人都心向田氏般，當各國的人材都投奔到齊國做官或論學，不就間接已讓六國都得風行景從於齊國？這就是黃老思想的繼續擴張應用。而黃老思想其實就是齊學風格的思想更具體在指政治層面時的變稱而已，因為沒有齊學就不可能會有黃老思想，如果老子思想只流傳在楚國，其蘊生的楚學絕不可能變異為如此具體的政治

理念，如果老子思想流傳至三晉或魯國，其還有發生變異的機會嗎？

　　老子思想不可能沒有傳播至三晉或魯國，其沒有早在春秋末葉即產生具體而強大的變異，實與周文化剛強進取的人文氣息有關，不容易吸納進本有的思潮裡，卻通過具有開放性的齊文化的吸收消化，而變出更具政治實用性的黃老思想，這就對各國產生思想巨大的撞擊與吸引，而在戰國早期至中期蘊生出經過更新的法家與儒家，位處三晉的法家因受晉文化的影響，特別吸收黃老思想裡陰柔性的層面，而更擴張其權謀鬥爭的技術；位處魯國的儒家因受魯文化的影響，特別吸收黃老思想裡客觀性的層面，而產生對禮教制度的深層思索，甚至更由裡面變異出拿科學技術來替宗教使命服務的墨家。因此，沒有齊文化，就不會有黃老思想，而齊文化更通過黃老思想而影響六國，變成流傳甚廣的黃老思潮。通過這樣的脈絡認知，我們就會說《黃帝四經》這部書的完書與傳世，應該要稍微晚於黃老思潮的流行，時間大約在戰國中晚期，因爲這部書的論點與結構完整，屬於一人一時的作品，這本屬於戰國中晚期的常見現象（如荀子的作品），如果沒有通過長時期的思想醞釀，斷然無法產生如此成熟的作品，如此說完全不會折損《黃帝四經》的價值，因爲就如同出於戰國晚期的《韓非子》這部書在總結晉學法家的思想，《黃帝四經》的存在意蘊在總結齊學的黃老思潮，否則司馬遷說齊學的愼子或甚至晉學的申子都深受黃老的影響就顯得不通了，因爲我們無法看出這些諸子的思想有直接出自現在刊出的《黃帝四經》的任何證據（這主要在指文字的重複），儘管《申子》與《愼子》這兩部書現在都只剩斷簡殘篇。

　　《申子》與《愼子》都只剩斷簡殘篇，並不影響我們做如此判斷，因爲如果這兩部書與《黃帝四經》有任何的思想淵源，即使只是斷簡殘篇，都該有個如蛛絲馬跡般的脈絡能看見。然而，我們目前只看見《申子》在講君王懷著陰謀統御臣民的思想；同樣只看見《愼子》在講如何由宇宙自然的客觀法則發展出社會人世的客觀法則，最後再發展出成文的客觀法律，這兩大諸子的思想特徵只能看出受廣義的黃老思潮的影響，卻不見得直接受《黃帝四經》的影響，當然，愼子的思想與《黃帝四經》在講的「道生法」其大方向的實質意義確實無二，然而這在全部齊學的思想家來說誰不如此？經過這些討論，我們當能看出由齊國的黃老思想變成六國的黃老思潮，黃老思想的陰柔性與客觀性使得黃老思潮理應各自發生四種傾向的發展：第一，散播至晉學的黃老思潮，特別著重於陰柔性，因此影響重視權謀的法家，我們不能說

全部晉學的法家都因此而獲得孕育，譬如考察《商子》這部書，商鞅本人或其學派就未曾受其影響，因此其思想只有集權法而沒有客觀法的觀念，然而申子就已能看出內蘊著黃老的觀念（後面會再詳論）；第二，散播至魯學的黃老思潮，特別著重於客觀性，因此影響重視科技的墨家，原本墨子本身（或言《墨子》無關於《墨經》的內容）只有呈現「天志」這種帶有宗教性的觀念，至後期的《墨辯》（或稱《墨經》，主要是指《經》上下、《經說》上下與《大取》和《小取》六篇）則已有各種抽象觀念與應用觀念，包括認識論和理則學，甚至已有天文學、幾何學與光學的內容。

　　第三，停留在齊國本土的黃老思潮，則繼續維持其陰柔性與客觀性兼具的特徵，不過大抵能察覺齊學的黃老思潮其客觀性的意蘊大於陰柔性，而《黃帝四經》就是這種傾向的反映，而變成黃老系統的道家，使得該書的思想與莊老系統的道家大異其趣，由前面對《莊子》這部書的討論就可使我們明白這種差異性實在很大（後面會繼續做申論）；第四，黃老思潮散播至楚學，楚學的黃老思潮其陰柔性的意蘊大於客觀性，我們在《鶡冠子》這部書當能看出其端倪，不過，楚學的黃老思潮的陰柔性，不同於晉學的黃老思潮的陰柔性，前者只是種面向宇宙發展至人生的應世態度而已，政治理念則具有客觀性，後者則如前面所說，並沒有發展出客觀的政治理念，其宇宙觀即使具有真理意蘊，則該稱作混沌觀。這四種發展，都可視作黃老思想的擴張。

　　齊學的黃老思潮同樣如此，不過兩者只是在表現程度稍有強弱差異，而且我們得知道楚學的黃老思潮並不是楚學的思想主流，莊老思潮繞是主流。我們現在應該已有完整的背景知識來認識《黃帝四經》這部書了。《黃帝四經・經法・道法》說：「道生法。法者，引得失以繩，而明曲直者也。故執道者，生法而弗敢犯也，法立而弗敢廢也。故能自引以繩，然後見知天下而不惑矣。」這段話的意思要得善解，我們得繼續看後面的文字：「故同出冥冥，或以死，或以生；或以敗，或以成。禍福同道，莫知其所從生。見知之道，唯虛無有。虛無有，秋毫成之，必有刑名，刑名立，則黑白之分已。故執道者之觀於天下也，無執也，無處也，無為也，無私也。是故天下有事，無不自為刑名聲號矣。刑名已立，聲號已建，則無所逃匿正矣。」吾師陳鼓應先生在這裡把「刑名」直接改做「形名」，筆者覺得或會無法完整認識其意思。〔註76〕《黃

────────────────

〔註76〕吾師陳鼓應先生說：「『刑名』，即形名。形，指客觀事物的形體、狀態。名，
　　　　指事物的名稱、概念。形名之說，原是就事物的形體和名稱的關係而言，認

帝四經》說「道生法」有雙義性，不僅意指由宇宙的存在生出世界的存在，更意指這個世界的存在的完滿端賴法律制度的支撐，法律制度的制訂就像繩墨能讓人辨別曲直，而影響事情的成敗得失。因此掌握宇宙的存在的人，會由其間生出世界的存在，給出名相，並給出維持名相得要有的典章與綱紀，而不敢有絲毫違背或廢除，拿典章綱紀做各種行為舉止的繩墨，如此就能完整洞見世界的存在，而不再有任何疑惑。筆者覺得如此說纔能完整看清作者的意思，這更與其後面的話有關，後面的話已經給出作者整套宇宙觀與認識論，而不僅是在說「刑名」而已。

　　這個「冥冥」就是模糊難清的渾沌，生死成敗禍福都因此而生，然而人們卻不知道渾沌的究竟。《黃帝四經》會被我們稱做黃老系統的道家，而不僅是個黃老思想而已，正因其反映出典型道家型態的宇宙觀，也就是渾沌的宇宙觀。渾沌的宇宙觀如何會有真理的意識？這就來自齊學的黃老系統道家的特殊觀點。重點就在這裡的「見知之道，唯虛無有」，人這個主體能認識客體獲得知識，只有「虛無有」自己這個主體，「虛無有」並不是放棄主體或沒有主體，而是把主體給客體化（客體化不是客觀化），使得主體與客體無二，即使連秋天的毫末如此細微的東西都能察覺，因此，黃老系統的道家有兩重相信：其一，宇宙的本質是沒有本質的無盡渾沌；其二，即使如此，人還是能由無盡渾沌裡得出真理，這就是虛無有自己的主體，進入這個渾沌裡。道家都相信前者，然而，莊老系統的道家不是不認同後者，意即不是不認同人該進入這個渾沌，只是莊老系統的道家不是在虛無有這個主體，而是完全放棄主體，放棄主體自然就不會有世界的存在，名相的有無對莊老系統的道家來說毫無意義。黃老系統的道家認為人意識出宇宙的存在，因為主體與客體的相融無間，沒有主體更沒有客體，只有一體，順著這一體的洞見自然就會給出世界的存在，並形成客觀的典章與綱紀，使得黑與白區隔得清清晰晰。因此，融進宇宙的存在裡的人，面對世界的存在，不可能有任何私我的執著，因此他給出的名相都能精確相應，包括管理政治需要給出的名義與職位，這使得整個世界都被他端正，邪淫的事情都無法有任何隱匿。

　　黃老系統的道家不同於莊老系統的道家，最重點就在黃老有明確的政治觀點，莊老則沒有明確的政治觀點，帶著隱退保身的思想，常有反政治，或

　　　　為事物標誌的『形』和事物稱謂的『名』必須相當。」見《黃帝四經今註今
　　譯・經法・道法》第一，頁 56～59。

稱作無政府主義（Anarchism）的論政態度。這種思維型態的差異，來自他們對存在的不同感受或認知，莊老系統的道家反對或根本不在意生出世界的存在，對此筆者有很明確證據，如《莊子・天道》說：「古之明大道者，先明天而道德次之，道德已明而仁義次之，仁義已明而分守次之，分守已明而形名次之，形名已明而因任次之，因任已明而原省次之，原省已明而是非次之，是非已明而賞罰次之。」〔註77〕這裡不論其對道德仁義有什麼特殊的見解（自然當與儒家頗不同），「形名」的掌握都是很枝節的事，這裡的「形名」是指什麼呢？《莊子・天道》說：「故《書》曰：『有形有名。』形名者，古人有之，而非所以先也。古之語大道者，五變而形名可舉，九變而賞罰可言也。驟而語形名，不知其本也；驟而語賞罰，不知其始也。」這裡已經說得很明白了，莊子說「形名」的觀念古來就有，然而這不是根本（意指世界的存在不是宇宙的存在本身），要經歷五度變化纔會說到「形名」，要經歷九度變化纔會說到跟「刑名」有關的賞罰。突然去說「形名」是不知根本，去說「刑名」就更不知掌握宇宙神境的起點。《莊子・天道》還說：「倒道而言，迕道而說者，人之所治者也，安能治人！驟而語形名賞罰，此有知治之具，非知治之道，可用於天下，不足以用天下，此之謂辯士，一曲之人也。」顛倒大道去強說話，忤逆大道去強說話，人誤認如此就能治理天下，這豈能做到呢！

　　莊子的看法是說，賞罰只是讓人產生管理政治的知識工具，或許能役使世界的存在（這是莊子前面說的天下），卻不足以應付自如真實活在宇宙的存在裡（這是莊子後面說的天下），語言只產生一些很會操作詞彙的辯士，這些人都是門徑狹窄看不見真知的人。莊老系統的道家帶著對真理的強烈懷疑，不相信人給出的語言能認識真理，或者反過來說，人給出的語言只能認識人給出的真理，因為真理本身就是語言的產物，而這個真理跟宇宙的存在無關，它甚至是宇宙的存在的對立體，因為宇宙的存在只是無盡的渾沌，渾沌能感應而不能強說。黃老系統的道家同樣相信宇宙的存在只是無盡的渾沌，不過他們相信渾沌能被語言給出的真理認知，因為這個語言既來自人這個主體，但，這個主體是個虛無有而與客體融合的主體，因此給出的世界的存在不會與宇宙的存在對立，而是合一。這種觀點使得《黃帝四經》需要大談修心養性，因為修養越高者就越能看見真理，故而《黃帝四經・經法・道法》就在前面說完後接著說：「公者明，至明者有功。至正者靜，至靜者聖。無私者知，

〔註77〕見《莊子纂箋・外篇・天道》第六，頁106～107。

至知者爲天下稽。」〔註78〕心懷公正的人能獲得清明（這是態度），清明的人纔能與宇宙的存在合一，而因此獲得完整的知識，這就是至知。要至知的人要至靜（這是工夫），能至靜而至知的人會成爲天下學習的典範（這個「稽」字就有標準的意思），當人能完整展開名相給出世界的存在，就能成爲聖人。黃老系統的道家這種把涵養人格與認識眞理結合的觀點，雖然與西洋哲學主客離立的思維型態具有相當的對立性，確實是其特有的眞理觀。

　　齊學是個具有眞理意識的學問，雖然齊學諸子的眞理觀各自差異很大，有的眞理觀沒有修養人格的意識（如愼子的眞理觀），有的則有修養人格的意識（如荀子的眞理觀），不過這都是廣義的黃老思潮，《黃帝四經》只是後期道家有修養意識的眞理觀的成熟呈現而已，這種具有眞理意識的觀點逐漸傳播至各國，雖然其影響層面各有不同，不過黃老思潮的擴張，都可視作眞理觀的擴張。

第五節　制度與權謀

　　筆者認爲齊學與楚學是對宇宙議題思考得最透徹，相互差異性也最大的兩種思考路徑。相反地，深受周文化影響的魯學與晉學，對於宇宙議題的討論顯然就沒有前兩者來得細緻與豐富，而且我們會發現，對於宇宙議題毫不關注的晉學，其思維的現實性與功利性也最強烈，因此會出現幾乎只講機詐鬥爭來處事應人的政治思想（如申子的思想），這確實其來有自。如果沒有受黃老思潮的影響，晉學很難避免其思想的貧瘠。制度與權謀兩套脈絡如同兩條平行線般沒有交集，強調權謀，則制度就無由建立；強調制度，則權謀就無由作祟，制度與權謀各來自一套價值觀：前者相信眞理；後者相信權柄。當人懷著眞理至上的想法，就容易超越眼前現實的利害，去構思理想上的制度架構；當人懷著權柄至上的想法，就容易只關注眼前現實的利害，藉由鬥爭與他利益相衝突的敵人，來鞏固他的地位。然而，現實的政治如果只論制度，則人與人的各種無可避免的競爭將無法被承認與舒張；如果只論權謀，則團體或政府將毫無攸關長期利害的客觀體制來維持人與人權責的平衡，因此，齊學與晉學，雖然各自政治思想的最大特色就是強調制度與強調權謀（前者稱做政道，後者稱做治道），使得我們想認識制度與權謀的關係莫過於去對比這兩種學問，不過因應極其複雜的政治現實，齊學同樣有權謀層面的思想；

〔註78〕見《黃帝四經今註今譯・經法・道法》第一，頁63。

晉學同樣有制度層面的思想，纔能提供政權運作完整的需要。現在我們就藉由齊學與晉學的交叉對比，來認識制度與權謀的詳細內容，在對比時很能各當做典型的思想家，莫過於齊學的慎子與晉學的申子。

晉學的申子（申不害）是權謀思想最具象徵性的人，我們由君臣互動的角度來觀察，就會發現他的權謀與稍後的商子（商鞅）不同，前者完全站在統治者的角度來思考問題，後者則把權謀當做統治者與受治者都能行使的治世手腕，申子在《申子·大體》裡說：「明君使其臣並進輻湊，莫得專君焉。」〔註79〕他認為君主要讓其大臣都能拿他做思考任何問題的中樞，而不能讓任何一個大臣運用詭辭專擅君主的視聽。商子認為權謀是政治活動裡不得不有的潤滑，如果放棄權謀，則政治就會混亂，《商子·算地》說：「臣主失術而不亂者，未之有也。」〔註80〕意指臣子與君主的互動如果沒有通過鬥爭的過程，那反而會使得政治這種遊戲因過程的粗糙而生出混亂，這有點「鬥爭即是真理」的意思。韓非子繼承申子的觀點，他在《韓非子·定法》裡說：「術者，因任而授官，循名而責實，操殺生之柄，課群臣之能者也，此人主之所執也。」〔註81〕按照人各自的才幹來授與官職，按照這個官職的名位來督責其實質是否稱職，然而權謀只能由君主掌握，掌握這種殺生由我的思考，君主會冀圖節制群臣中特別傑出的人，不讓他伺機反控君主，由此得知韓非子已有「刑名」的思考。韓非子同時批評申子由於未察覺用法律治國的意蘊，而只知道使用權謀，結果臣子有樣學樣，根本控制不住臣子暗中跟著拿權謀來對付君主，《韓非子·定法》記說：「申不害不擅其法，不一其憲令，則姦多。故利在故法前令，則道之；利在新法後令，則道之。新故相反，前後相悖，申不害雖十使昭侯用術，而姦臣猶有所譎其辭矣。」

韓非子評論申子絲毫不尊重法律，無法彰顯法律的威信，不斷因應狀況的改變而更換法律，並讓後面的命令顛覆前面的命令，如此很容易產生姦佞的事端。申子面對法律與命令的時候，如果實施舊法前令對自己有利益，他就按照舊法前令來辦，如果實施新法後令對自己有利益，他就按照新法後令來辦，然而新法與舊法相反，前令與後令相背，申子雖然不斷督促韓昭侯實施權謀，然而其邪惡的官吏還是有各種詭辯使壞的機會。經由韓非子這種評

〔註79〕見陳復《申子的思想》附錄二〈《申子》文句輯本〉，西元 1997 年，頁 226。
〔註80〕見朱師轍《商君書解詁定本·算地》第六，西元 1979 年，頁 27。
〔註81〕見《韓非子今註今譯·定法》第一卷，上冊，頁 71～73。

論，我們就更加明白申子的思想宗旨就在權謀，認識申子關於君臣互動時的想法，對釐清申子的權謀具有相當的重要性。申子在《申子・大體》裡說：「明君如身，臣如手；君若號，臣如響。」〔註82〕意思是說君主與臣子的關係就像是一個人的身體與手，必須要懂得互相搭配合作，可是，合作也有主客的差異，君主就像是吹號的喇叭主體，臣子就要做發出聲響的客體。因此，面對政治議題，君主要做的是比較根本的規畫，而臣子要做的是如何付諸實施：「君設其本，臣操其末；君治其要，臣行其詳；君操其柄，臣事其常。」（同上）君主掌握根本臣子掌握末稍，君主掌握重點臣子掌握細節，君主掌握事情的樞紐臣子掌握事情的過程，這個基本態度，使申子把君主與臣子的功能與任務截然畫開：君主只需要勞動其精神，而臣子只需要勞動其身體。只勞動精神的人，會不會無法瞭解勞動身體的人負責的工作呢？申子認爲絕對不會，他說：「鼓不與於五音，而爲五音主。有道者不爲五官之事，而爲治事之主。」（同上）

他認爲道不主五官的具體事情，卻能成爲統攝所有具體事情的宗主，可見人不見得只有靠勞動身體纔能瞭解身體的需要。他還說：「君守其道也，官知其事也。十言十當，百爲百當者，人臣之事也，非人君之事也。」（同上）君主掌握道的奧秘而發出指令，臣子跟著去執行即可，這個道對申子來說並不玄遠，就是完成事情背後的理路，由於這個理路只有君主個人纔能通曉究竟，而君主要指使臣子去執行事情，他不能讓臣子窺破他的企圖，而對大局有任何影響，因此他得要隱瞞臣子他下令做事的眞正目的，臣子更不能越權好奇去探問，這個完成事情背後的理路充滿著「術」，也就是權謀。其實，申子設計的君臣互動模型，並不是單方面的制約，而有著嚴格的職能限制。對君主來說，他表示：「君天下而不恣睢，命之曰以天下爲桎梏。」〔註83〕（《申子・逸文》三）他認爲當君主的人不但不能放縱，甚至還要主動把對天下的責任拿來捆綁自己。因此，君主的勞心，並不是在勞自己利益多寡的心，而是在勞君主這個器位所能發揮的職能的心。當然，在申子權謀的思考脈絡裡，君主的利益與職能有時很難有區隔。在這種職能限制裡，我們得進而討論「名」與「實」在申子的思想裡究竟有什麼意義，他在《申子・大體》裡說：「爲人君者，操契以責其名。名者，天地之綱，聖人之符。張天地之綱，用聖人之

〔註82〕見同上，頁227。
〔註83〕見同上，頁228。

符，則萬物之情無所逃之矣。」〔註84〕這裡顯見他依然受到黃老思想裡客觀性層面的影響，面對宇宙的存在，聖人只要能掌握名相來做網子，則萬物各種生命情態都將無法遁逃出聖人的意識。

申子呈現黃老思想一貫的態度，視名相爲役使宇宙的存在的符契，君主特別掌握這種符契釀出的名義來治世，則臣子都會因爲自己做事的名義是由君主給與，而聽從君主的指揮，申子說：「主處其大，臣處其細，以其名聽之，以其名視之，以其名命之。」（同上）君主依靠名義來指揮臣子，也不是毫無限制，他必須踏實審視這個名義的範圍，不超過名義來命令臣子，臣子纔會願意接受命令，在命令的範圍內認真做好事情。申子還說：「名自名也，事自定也，是以有道者因名以正之，隨事而定之也。」（同上）申子說聖人會不斷隨著事情的變化而給與精確對應的名義，有正確（精確）的名義，事情纔能被處理妥當，他舉例指出聖君堯與暴君桀同樣在使用名義，卻因爲前者使用符合正常範圍的名義，而後者卻是在濫用名義，使得兩人都是在治天下，結果卻不同：「昔者堯之治天下也以名，其名正則天下治，桀之治天下也亦以名，其名倚而天下亂，是以聖人貴名之正也。」（同上）從這上面的引文裡，我們能看出申子也有聖人的思想，這個聖人在筆者來看有兩層意思：其一，這個聖人是能精確面對宇宙的存在，給出世界的存在的人，而且，這種給與有強制性，意即給出後人人都只有遵從，並在其被歸屬的名相內認真負責；其二，這個聖人如果借用理學的說法，是一種外王的聖人，不但是藉由世俗功業來成聖，並且只有君主能當聖人，致使君主的命令就是宇宙的存在的顯相。因此申子有「聖君」的觀念，他說：「百世有聖人，猶隨踵而生。」〔註85〕（《申子‧逸文》二）

只要君主藉由給出世界的存在來讓臣民認真執行就能變成聖人，那聖人自然量如牛毛，一個接著一個蘊生。目前能見的《申子》這本書，雖然有「名」的討論，卻沒有提及「分」這個字眼，意即給與人某個名相相應的執行責任，不過依照我們的觀察，他的「名」其實就含有「分」的意思。名義這個符碼，凡是遇到對應階層裡受役使的人，該人就對該符碼負有責任。負有責任的態度就是「分」的意思。君主有君主該負的責任，這個責任就是下達精確的命令，臣子也有臣子該負的責任，這個責任就是執行君主的命令，申子就是在這種觀念裡，設計出他認爲理想中的君臣互動，這就是「刑名」的意思。因此，申子

〔註84〕見同上，頁 227。
〔註85〕見同上，頁 228。

的「刑名」觀念並沒有什麼特殊的創見，他只是承襲黃老思想一貫的見解，他的特殊點端在於應用這個「刑名」觀念至權謀思想裡，意即君主要掌握宇宙的存在，並給出世界的存在，但，君主不能告知臣子其給出的世界的存在的原因，意即這個給出即使具有客觀性卻兼攝有陰柔性，不能告知臣子給出的源由，免得臣子揣測君主的心思導致國家的混亂。更何況君主的給出不見得具有客觀性，或者說，不論有沒有客觀性都不是重點，重點端在這是君主的命令，只要是君主的命令就得要服從。韓非子認為申子「不擅其法」，我們不禁要問到底申子有沒有法律的思想呢？申子的確認為君主需要重視法律，他說：「君必有明法正義，若懸權衡以稱輕重，所以一群臣也。」〔註86〕（《申子·逸文》六）君主如果能夠端正法律背後的道理，就像是懸著權衡的器具來秤輕重，能齊一群臣的心志，不會滋生人事的糾葛。

　　申子還說：「堯之治也，善明法察令而已。聖君任法而不任智，任數而不任說。黃帝之治天下，置法而不變，使民安樂其法也。」（《申子·逸文》七）一個如同聖人一樣的君主，依靠的是法律而不是他的私智，依靠的是客觀的規律而不是片面的言詞。因此，黃帝治理天下，不會動輒更動法律，重點在於如何把法律制訂的合理，使人民安樂地守法。他還說：「失之數，而求之信，則疑矣。」（《申子·逸文》十六）這「數」字就反映出其還是有某種程度的真理意識。申子的法律思想，大致反映出黃老思潮希望將觀察自然得出的客觀規律應用至社會人世，然而這裡有兩個問題：其一，申子的法律概念顯然只停留在君主的私法層次，這使得他認知的法律常跟君主的「命令」意思混淆不清。前面雖說他有依靠客觀規律的想法，然而他還有說：「君之所以尊者令，令之不行，是無君也，故明君慎令。」（《申子·逸文》八）他一向從統治者的立場思考，雖然他告誡君主不能有私智，但，君主公佈的法律依舊是私法，這只是私智轉化一個名目，而客觀的公法永遠無法建立。其二，儘管申子將權謀限設立在君主管理群臣的範圍，但，這種思考完全依靠人的介入，而這跟法律希望脫離人情，建立物質性的衡量精神相互矛盾。申子沒有解決自己思想的矛盾，很可能跟著影響到他治國的措施，《韓非子·定法》說他：「故託萬乘之勁韓，十七年而不至於霸王者，雖用術於上，法不勤飾於官之患也。」〔註87〕這是說申子雖然憑藉著萬輛兵車的強大韓國，經過十七年的

〔註86〕見同上，頁229。
〔註87〕見《韓非子今註今譯·定法》第一卷，上冊，頁73。

奮勉，卻依舊不能稱霸，這是因為君主在上面實施權謀，然而其因應各種需要設立的法律，卻無法阻擋下面的臣子不斷玩法帶來的弊端。

韓非子說申子「不擅其法」，相信我們現在已能看出：申子不是沒有法律的思想，甚至他還意識到眞理的存在，只是「意識其存在」跟「實踐其存在」還是有差異，他沒有建構眞正具有客觀性的法律思想，卻因為他的權謀反而攪得君主在玩法，臣子更在偷偷玩法，這使得他的權謀不但撼動他的政績，更限制住他的思想。因此，我們會視黃老思想對他的影響，只是種順應時潮的附和，而欠缺眞實的理解，致使思考脈絡無法貫通成首尾相應的系統（說詳見後）。

申子給君主設計的權謀，其舉止常要「表現出」無所作為的樣子，藉此模糊化他眞正的企圖。因此，申子會說：「故善為主者，倚於愚，立於不盈，設於不敢，藏於無事，竄端匿疏，示天下無為。是以近者親之，遠者懷之。」〔註88〕（《申子・大體》）他認為善於當君主的人，要裝做很愚笨，表現很謙虛，透露出怯懦，心意藏得不動聲色，意即要故意向天下宣示自己是個沒有做為的人。君主為什麼要這樣掩飾自己呢？他說：「示人有餘者人奪之，示人不足者人與之。剛者折，危者覆，動者搖，靜者安。」（同上）向人宣示自己很富厚，則易啓人妒忌的情緒，而過來搶奪；向人宣示自己很匱乏，則易啓人憐憫的情緒，而過來給與。不論什麼情緒，都會影響他人對你的觀感，然而，統治者不能給人任何觀感，君主唯一要給人的觀感，就是莫測高深的感覺，故而他的權謀思考，放置在體會「靜」的生命情態。他認為凡有動作都是種「示現」，如果人採取不動作，意即拿不示現為示現，這就會增加更寬闊的示現空間。權威感的建立，就是其中君主對臣子最能發揮的示現效益：「鏡設精，無為而美惡自備，衡設平，無為而輕重自得。凡因之道，身與公無事，無事而天下自極也。」〔註89〕（同上）君主要把自己當做鑒別美惡的鏡子或度量輕重的天平，時時保持清明與公正，而不要把自己當做能被測知美惡或輕重的物體。也就是說，君主不應該對任何現象有動作，因為一切動作都應該由臣子負責，君主如果干擾臣子的職能，那就是逾越權責，不但會讓臣子心生怨懟，臣子也容易揣摩出君主的喜好，而跟著對君主有評價。

反過來說，君主如果懂得因任臣子的職能來做事，而自己不參與實際的行

〔註88〕見《申子的思想》附錄二《〈申子〉文句輯本》，頁 227。
〔註89〕見同上，頁 228。

動，如此他不但容易暗中評量臣子的長短，自己也因爲不涉入任何人事，而取得超然的權威地位。因此，君主的無爲，就是臣子的大有可爲，君主因具有對群臣舉止最後的裁決地位，使他取得超然的權威感，穩固掌握統治群臣的實權。因此申子說：「上明見，人備之，其不明見，人惑之。其知見，人惑之，不知見，人匿之。其無欲見，人司之，其有欲見，人餌之，故曰：吾無從知之，惟無爲可以規之。」〔註90〕（《申子・逸文》十三）他認爲君主如果表現出思慮很清晰，則臣子就會懂得防備，君主如果表現出思慮不很清晰，則臣子就會懂得迷惑；君主如果什麼事都想要知道，則臣子就會懂得裝糊塗，君主如果什麼事都不想要知道，則臣子就會懂得藏匿；君主如果對什麼事都沒有特別的看法，則臣子就會改替他作主，君主如果對任何事都有特別的看法，則臣子就會開始勾引他。在這樣的思考脈絡裡，君主的舉止不會顯得左右爲難嗎？申子覺得，君主對於事理的認識，要去「表現」一副「無從知」的樣子，讓臣子明白，君主不是對事理毫無認識，而是不要讓別人窺出他的認識，重點就在他要讓人知道他在「表現」，因此，君主的故做無爲是規範臣子舉止的政治手腕。相同的意思，還有：「愼而言也，人且知女。愼而行也，人且隨女。而有知見也，人且匿女。而無知見也，人且意女。女有知也，人且臧女。女無知也，人且行女。故曰：惟無爲可以規之。」（《申子・逸文》十四）

　　因此，申子會說：「明君治國而晦，晦而行，行而止止。三寸之機運，而天下定。方寸之謀正，而天下治，故一言正而天下定，一言倚而天下靡。」（《申子・逸文》十二）這裡「治國而晦」就是申子的權謀思想最坦白的表示，他要國君隱藏自己治國的態度，在曖昧模糊的現象中進行自己的政治運作，這個過程並沒有固定的原則，完全得靠自己的心思去揣摩狀況，並要隨時細緻掌握機緣的變化，如此君主就能因準確拿捏而安治天下。由這點來認識權謀，我們發現權謀的運作需要思考靈活，不拘任何成法。申子很重視言辭，他認爲君主由於處於政治的核心位置，言辭立即會對天下的安危發生影響，因此，君主的言辭要謹愼，不能信口雌黃，讓自己的權威感發生動搖。當然，這種想法的背後亦具有黃老思想的典型觀念，意即給出世界的存在對應著宇宙的存在，則世界因此獲得秩序，人民在此秩序裡生活纔能安住精神。同樣地，臣子說話也要謹愼，在自己的職責範圍內，他得要認眞發言（這點前面已經徵引過申子的發言），然而，如果不在他的職責範圍內，就算臣子覺得這對治國有益，申子認爲他還

〔註90〕　見同上，頁230～231。

是不應該發言：「治不逾官，雖知不言。」（《申子・逸文》十七）因此，我們可看出：申子採取很嚴格的態度來面對言辭，他說：「款言無成。」（《申子・逸文》十一）「款」這個字意指「空」的意思。他認為只要不屬於臣子的職責，認識各種事情就是不符實際的空見，這對於處理紛雜的政治問題毫無意義，更對於君主掌握全局有干擾，這是極其狹隘的知識實用論。

權謀就是一種獨斷的思維運作，它需要領導者主觀的價值衡量，而不是訴諸公意的客觀選擇，因此，他會說：「獨視者謂明，獨聽者謂聰。能獨斷者，故可以為天下主。」（《申子・逸文》十五）申子的思想是由統治者的立場出發，而不是由自己做為一個人，或是做為一個臣子的立場出發，因此，他的思想，很容易就被別人批評不具有思考的主體性。的確如此，很弔詭在於他果真要實踐自己的思想，他首先就得要違反自己的思想。這是什麼意思呢？首先，他認為君主要隱藏自己的態度，不能讓臣子參與自己對事理的認知，但，當他把這套思想告訴韓昭侯，昭侯採納而拜他為相，不正是違背前面說「明君治國而晦」的理論嗎？這段史實，據《戰國策》記說：「魏之圍邯鄲也，申不害始合於韓王，然未知王之所欲也，恐言而未必中於王也。王問申子曰：『吾誰與而可？』對曰：『此安危之要，國家之大事也。臣請深惟而苦思之。』乃微謂趙卓、韓晁曰：『子皆國之辯士也，夫為人臣者，言可必用，盡忠而已矣。』二人各進議王以事，申子微視王之所說，以言於王，王大說之。」〔註91〕（見《戰國策・韓策一》，相同的內容尚可見於《韓非子・內儲說上》），我們由這裡得知，當魏國大軍包圍趙國首都邯鄲時，韓昭侯與申不害首度相見商議此事，此事應在韓昭侯元年（趙成侯十三年，西元前 362 年），《史記・六國年表》則表示他們相遇在韓昭侯五年（趙成侯十七年，西元前 358 年），不論是哪一年，申子察言觀色伺機與韓昭侯對話，不就正犯他自己書裡說的大忌嗎？他不是再三表示，權謀只有君主能操作嗎？

這種矛盾究竟要如何解釋呢？

申子曾經告誡君主要防範臣子察言觀色反過來控制君主，他自己卻借著其他臣子與韓昭侯的談話，順應其內容來讓韓昭侯對他有好感，如果我們從寬解釋，覺得申子只是剛開始要實踐他的思想，對自己思想的違背實屬於不得已，《戰國策・韓策一》裡有段內容，就可使我們嚴正指出申子面對自己的思想確實很不具有忠誠度：「申子請仕其從兄官，昭侯不許也。申子有怨色。

〔註91〕見《戰國策・韓策一》，下冊，頁 928～929。

昭侯曰：『非所謂學於子者也，聽子之謁，而廢子之道乎？又亡其行子之術，而廢子之謁乎？子嘗教寡人循功勞，視次第，今有所求，此我將奚聽乎？』申子乃辟舍請罪，曰：『君真其人也。』」（此段內容同見於《韓非子・外儲說左上》）連韓昭侯都問申子他究竟要順應請託任免其從兄擔任官職，而不惜荒廢申子平日的主張；還是要順應其權謀的主張，而不惜擱置申子的請託呢？這兩者只有一個能成立，偏偏造就這種矛盾的就是申不害自己啊！司馬遷在《史記・老子韓非列傳》裡面說：「申子卑卑，施之於名實。」〔註92〕《史記集解》與《史記索隱》都指出這個「卑卑」是「勉勵」的意思，然而筆者獨覺得這兩個字恐怕更有深意，如果對照申不害的實際行徑，恐怕司馬遷還有申子拿卑鄙的人格去架構「名」與「實」的議題，終究難逃失敗命運的意思蘊藏著！其實我們不適宜依照傳統由人格價值的評斷來論較人的思想的高低，但，當我們發現思想的首倡者自己不捍衛他的主張，我們很難不對他抱持質疑的態度，申子拿權謀破壞自己的思想，如果我們肯定他的思想依舊價值，難道是說：他提出這套思想本身就是一種拿來晉身的權謀嗎？

《韓非子・內儲說下》還記說：「大成午從趙謂申不害於韓曰：『子以韓重我於趙，請以趙重子於韓，是子有兩韓，我有兩趙。』」〔註93〕（本段相同內容見於《戰國策・韓策一》）當日魏國一直不斷攻打趙國，趙國派宰相大成午（見《史記・趙世家》，時為趙成侯，大成午另作太戊午。）去遊說已經成為丞相的申子，大成午與申子商量互相借重彼此的權柄來壯大自己在本國的地位，意即由申子做韓國的親趙派，大成午則做趙國的親韓派，使得申子有「兩韓」的支持，他則有「兩趙」的支持。根據《韓非子・內儲說上》的說法，申子雖然對此事「恐君之疑己外市」，但，他為解除趙國的危難，壯大自己的利益，竟然反勸韓昭侯端著珪玉對魏國朝見稱臣，《戰國策・韓策三》站在替申子辯護的態度寫道：「申不害與昭釐侯執珪而見梁君，非好卑而惡尊也，非慮過而議失也。申不害之計事曰：『我執珪於魏，魏君必得志於韓，必外靡於天下矣，是魏弊矣。諸侯惡魏必事韓，是我免於一人之下，而信於萬人之上也。』」〔註94〕意思是說韓昭侯現在卑躬屈膝執珪對魏惠王稱臣，如此魏惠王就會志得意滿，而驕慢對待諸侯各國，諸侯各國厭惡魏國就會過來侍

〔註92〕見《史記會注考證》卷六十三，〈老子韓非列傳〉第三，頁860。
〔註93〕見《韓非子今註今譯・內儲說下》第五卷，下冊，頁505～506。
〔註94〕見《戰國策・韓策三》，下冊，頁1010～1011。

奉韓國，使得韓昭侯雖然受一個人的屈辱，卻能伸張尊嚴國威於萬人。這種想法顯然經不起事實的驗證，申子主掌的韓國，十七年來內鬥與外爭不斷，韓國始終都沒有受過諸侯的尊重過，結果韓魏兩國臣子隻手遮天的秘密交易，只有壯大申子個人的利益，卻使得韓昭侯白白受辱了。這種拿人主錢財受人主名位卻不惜出賣人主，申不害的人格應該已是太卑鄙了。

記得申子曾說：「今人君之所以高爲城郭，用謹門閭之閉者，爲寇戎盜賊之至也。今夫弒君而取國者，非必踰城郭之險，而犯門閭之閉也。蔽君之明，塞君之聽，奪其政而專其令，有其民而取其國矣。」〔註95〕（《申子・大體》）申子貴爲韓昭侯的丞相，雖然不曾嚴重到「弒君而取國」，可是他確實玩弄君主於股掌，使用權謀的手法高明至極，前面引過申子說：「獨視者謂明，獨聽者謂聰。能獨斷者，故可以爲天下主。」做爲一個蔽塞君主視聽的人，我們如果還冀圖釐清申子理論與實踐的矛盾究竟是否還有一條能解釋得通的線索？筆者會這麼回答：申子大概是把他自己視爲那最後眞正控制全局的「天下主」！筆者覺得申子的思想會比商子或甚至韓非子更能反映晉學的典型特徵，因爲其思想呈現完全「沒有思考原則」的狀態，只有因應現實的需要而不斷變化，每個因應前階段設立的理論，會因後階段的新發展而廢棄，這不僅是晉學思想最重要的表現型態，更型塑出中國的治道傳統，而與齊學帶給中國政道的傳統迥然不同。〔註96〕什麼是治道？圍繞在管理方法的問題去思索者，就是治道。什麼是政道？圍繞在政權理論的問題去思索者，就是政道。晉學的法家諸子，都是站在治道的角度去思索政治問題，其實完全不出申子的思考範圍，只不過呈現的型態較爲複雜而已，如商子似乎很重視法律，然而，他的法律觀點，同樣是站在治道的角度去說話，《商子・君臣》說：「法制不明，而求民之行令也，不可得也。民不從令，而求君之尊也，雖堯舜之知，不能以治。明王之治天下也，緣法而治。」〔註97〕

商子並沒有受到黃老影響，其認爲法律與命令或許有書寫型態上成文或不成文的差異，卻沒有本質上的差異，都是統治者掌控國家權柄的工具，具有完全專制的本質，因此在《商子・定分》裡說：「法令者，民之命也，爲治之本也，

〔註95〕見《申子的思想》附錄二〈《申子》文句輯本〉，頁226。
〔註96〕見《申子的思想》附錄一〈從申子的權謀認識中國政治思想的理論與實踐〉，三「申子的權謀對後世的影響」，頁195-206。
〔註97〕見《商君書解詁定本・君臣》第二十三，頁84。

所以備民也。」〔註98〕這就已經把法律與命令合稱做指使人民的根本了（對商子來說，「根本」這個詞彙並沒有很嚴謹的特殊意蘊，只要能有效益，能收到效益的工具，就是他認爲的根本）。至於韓非子，雖然世稱他是法家的集大成者，然而筆者曾經細緻梳理過其思想主軸其實還是在承襲申子的思想，在權謀的思考脈絡裡附加點綴商子的專制法律與愼子的客觀標準而已。〔註99〕拉回到齊學的愼子，關於政道的思考，直到愼子出現，纔塡補中國政治思想在制度層面的一頁空白。愼子認爲思索政治問題，首先不應該只著眼於管理的方法，而應該由政權理論的認識著手，他說：「故賢而屈於不肖者，權輕也；不肖而服於賢者，位尊也。堯爲匹夫，不能使其鄰家，至南面而王，則令行禁止。由此觀之，賢不足以服不肖，而勢位足以屈賢矣。」〔註100〕（《愼子・威德》）只要掌握政權，道德上的賢與不肖，都不再能成爲動搖政權存廢的因素。這裡愼子把政權稱爲「勢位」，表示出政權的產生有客觀的條件。政權怎麼產生的呢？他說：「王者有易政而無易國，有易君而無易民，湯武非得伯夷之民以治，桀紂非得蹠蹻之民以亂也。民之治亂在於上，國之安危在於政。」〔註101〕（《愼子・逸文》四十六）意思是說，有軌道的政治，只有更動政策，而沒有動搖國家的制度；只有更動君主，而沒有動搖人民的福祉。

　　愼子舉例說，湯武並不是因爲獲得像伯夷這樣傑出的人民的支持，纔把國家整治得條理；桀紂也不是因爲獲得像蹠蹻這樣惡質的人民的搗亂，纔把國家攪擾得衰落，人民就是人民，他們對於政府的支持或搗亂，全在於政府的施政，而整個國家的安危與否，全在於是否有制度的政治。因此，愼子要告訴我們，政權的產生在於人民，沒有多數人民的支持，政權絕無法成立：「桀紂之有天下也，四海之內皆亂，關龍逢、王子比干不與焉，而謂之皆亂，其亂者眾也；堯舜之有天下也，四海之內皆治，丹朱、商均不與焉，而謂之皆治，其治者眾也。」〔註102〕（《愼子・逸文》四十四）桀紂把政治弄得一塌糊塗，關龍逢與王子比干這些賢人不支持他們，堯舜把政治辦得井井有條，丹朱與商均這些賢人同樣不支持他們，然而前者被公認做亂世，後者卻被公認

〔註98〕見《商君書解詁定本・定分》第二十六，頁94。
〔註99〕見《申子的思想》附錄一〈從申子的權謀認識中國政治思想的理論與實踐〉，四「中國政治思想的主要特徵」，頁220-223。
〔註100〕見《愼子的思想》附錄一〈《愼子》文句輯本〉，頁314。
〔註101〕見同上，頁324。
〔註102〕見同上，頁323～324。

做治世，這種差異的重點不在於幾個賢人的態度支持與否，而在於君主面對多數人民，民心的向背，纔決定政權是否有前景。因此多數人民的態度就是公意，就是政權能否成立的客觀條件，而君主制度的存在就是要藉由設計這個職位，來爲多數人民的福祉做事：「古者，立天子而貴之者，非以利一人也。曰：天下無一貴，則理無由通，通理以爲天下也。故立天子以爲天下，非立天下以爲天子也。」〔註103〕（《慎子・威德》）爲什麼我們一直要由制度面來認識慎子的政治思想呢？前面已經說過，建立客觀的標準，就是慎子思想的主軸：「權衡，所以立公正也；書契，所以立公信也；度量，所以立公審也；法制禮籍，所以立公義也；凡立公，所以棄私也。」（同上）

　　慎子不是不明白建立制度的政治有它的缺漏，然而他觀察政治，發覺政治的問題往往最嚴重莫過於人的問題，能夠離開人的問題，建立制度的政治，那反而對於管理政治，尤其是在統合人心，取得多數人民的信任感這個層面，會有極大的助益：「法雖不善，猶愈於無法，所以一人心也。」（《慎子・威德》）慎子在中國政治思想最卓越的成就，就在於他能由治道的思想轉向政道的思想，由政權理論的釐清來重新認識政治，可是，稍後於他卻同屬齊學的荀子，卻對他這點進行嚴厲的抨擊：「不知法之義，而正法之數者，雖博，臨事必亂。故明主急得其人，而闇主急得其勢。」〔註104〕（《荀子・君道》）意指不釐清實踐法律的意義，而只端正法律背後所依據的原理，雖然在認知上很通達，可是眞正面臨事情時，因爲沒有處理問題的方法，而必然會造成混亂。荀子由這裡延伸來說：英明的君主治國的方法，就是認眞尋找有才能的人；昏庸的君主治國的方法，卻是認眞尋找政權成立的客觀條件。對荀子而言，實踐法律的意義是道德的因素，他從治國方法的角度來認識慎子，自然會認爲慎子根本就沒有「治國的方法」。他接著說：「械數者，治之流者，非治之原也。」〔註105〕（《荀子・君道》）物理有著機械性的本質，因此叫做「械數」。從治道的角度說，械數的確是政治管理比較枝節的問題，從政道的角度說，械數則是政權理論最基本的問題。不過，荀子並沒有完全反對制度的政治，只是他不同意只由法律的層面來設立制度，他認爲由禮教的層面來設立制度會更能治本，法律則只是枝節性的輔佐而已。

〔註103〕見同上，頁314～315。
〔註104〕見《荀子集解》卷八，〈君道篇〉第十二，頁151。
〔註105〕見同上，頁152。

　　荀子採取道德與法律結合的辦法來管理政治，他在《荀子・君道》裡說：「故法不能獨立，類不能自行，得其人則存，失其人則亡。法者，治之端也；君子者，法之原也。」〔註106〕法律不能獨自存在與推行，重點是要有適合的人來管理，因此荀子認爲法律是管理政治的開端，而有道德的君子是法律得到實踐的根本，這對於現在的社會只關注「法治」而忽略「人治」，能給予很關鍵的啓發，這兩者並不應該被視作衝突，有內聖義蘊的人治其實是制度完善（法治）的基石。當荀子思考如何架構制度的政治時，他的觀點全由禮教出發，他把架構禮教制度來改革政治稱做「王制」，他在《荀子・王制》裡說：「王者之制，道不過三代，法不貳後王，道過三代謂之蕩，法貳後王謂之不雅。衣服有制，宮室有度，人徒有數，喪祭械用，皆有等宜。聲則凡非雅聲者舉廢，色則凡非舊文者舉息，械用則凡非舊器者舉毀，夫是之謂復古，是王者之制也。」〔註107〕我們會發現荀子關注的議題都屬文化層面，不論溯古衣服宮室僕人喪祭械用，舉凡只要與聲音與顏色有關的事情，都在荀子要端正的首要項目，他相信端正聲色就能澄清政治，我們會說這個王制的本質是禮制，而不是愼子主張的法制。愼子跟荀子都認爲君主是因應人民需要而產生（儘管他們的理由並不同），他們都認爲只有聖人能當君主，譬如荀子在《荀子・正論》裡說：「故天子唯其人，天下者，至重也，非至彊莫之能任；至大也，非至辨莫之能分；至眾也，非至明莫之能合，此三至者，非聖人莫之能盡，故非聖人莫之能王。」〔註108〕

　　這種結合能量強大、思維清澈與精神敏銳於一身的聖人，就要對政治承擔更重的責任：「能以事親謂之孝，能以事兄謂之弟，能以事上謂之順，能以使下謂之君，君者，善群也，群道當，則萬物皆得其宜，六畜皆得其長，群生皆得其命。」〔註109〕（《荀子・王制》）善於統合人民的觀念與辦法，荀子這裡稱做「群道」，群道並不是現在學術概念裡的社會學，而應該是安養人心的具體辦法，他認爲具有聖人德性的君主，理應更懂得如何安養人心。

　　荀子站在人本的眼光來認識人與環境的互動，甚而把整個環境視爲社會生活的反映，他認爲君主得擅長管理群體，因設立君主要替人民的福祉做事，而不是生養人民，來替君主的利益做事，他在《荀子・大略》裡說：「天之生

〔註106〕見同上，頁151。
〔註107〕見《荀子集解》卷五，〈王制篇〉第九，頁101。
〔註108〕見《荀子集解》卷十二，〈正論篇〉第十八，頁216。
〔註109〕見《荀子集解》卷五，〈王制篇〉第九，頁105。

民，非爲君也，天之立君，以爲民也。」〔註110〕這裡使用「天」的字眼，如果拿荀子根本沒有天的思想來看，應該是在指抽象的人世與其前景，而不是在指有意志的自然。愼子則說：「聖人之有天下也，受之也，非取之也；百姓之於聖人也，養之也，非使聖人養己也，則聖人無事矣。」〔註111〕（《愼子‧威德》）他認爲聖人能當君主並不是道德的因素，而是來自他虛君的主張。如果政治有制度規律的運作，君主就只會是一個崇高的政治象徵，自己不需要實際參與政事，因此，愼子會說：「君臣之道，臣事事，而君無事，君逸樂而臣任勞，臣盡智力以善其事，而君無與焉。仰成而已，故事無不治，治之正道然也。」〔註112〕（《愼子‧民雜》）管理政治的最好辦法就是每個臣子各有專職負責其事，整個政治運作都仰賴制度來管理，這就是最好的治道。由這裡來看，他何嘗沒有管理政治的方法呢？然而，他反對先秦儒家盡忠的主張，因爲有制度的政治，每個人都只需對自己的工作負責即可，而不須特別彰顯盡忠這個名，你是什麼名位，你就對這個名位負責，不要對超過你名位的事負責，他說：「故明主之使其臣也，忠不得過職，而職不得過官。」〔註113〕（《愼子‧知忠》）雖然齊學發展出重視法制的愼子與重視禮制的荀子兩種路向，不過重視制度的政道顯然是歧異性甚大的齊學政治思想共同的源頭。

第六節　齊學的制度

　　齊學的制度最徹底的落實，按照學者胡家聰先生的看法，莫過於在齊湣王時期，因應其稱帝的需要，開始籌畫建立統一帝國該有的典章制度，而由淳于髡等人作《王度記》，該書雖然已經亡佚，不過由班固、許慎與鄭玄等學者在書中引用其原文可大概看出，該書規範天子、諸侯、大夫、士與庶人個別的制度，如享用、婚娶與祭祀的制度。這「王度」是指統一帝國要架構的全套新制度，裡面既有繼承西周的舊制，並參照個諸侯國的現行制度，更有計畫創設的新制，尤其是五等爵的設計，應該就是稷下先生爲齊湣王要稱帝做的規劃。而《周禮》則是齊帝國新的政府組織的整體計畫書，內容與《管子》有大量的對應，可看出漢朝人習稱的「齊禮」就是稷下先生創立新帝國

〔註110〕見《荀子集解》卷十九，〈大略篇〉第二十七，頁332。
〔註111〕見《愼子的思想》附錄一《愼子》文句輯本），頁313。
〔註112〕見同上，頁316。
〔註113〕見同上，頁317。

在典章層面的準備，諸如明堂、封禪與巡狩這些典禮。〔註114〕然而，設計這些制度背後有著如何的觀念呢？

　　現在，我們要討論齊學政治思想裡影響中國至深且鉅的陰陽五行觀念，這是中國思想極爲獨特的自然律，這套自然律醞釀出政治的制度，屬於齊學的制度裡最具特色的表現。〔註115〕學者梁啓超先生首先指出陰陽與五行本來是兩個不相隸屬的觀念，在春秋戰國前其語甚希見其義甚平淡，商周時期的陰陽只不過是對某種自然現象的命名，直至老子其意義纔發生劇變，卻不是其書的重要觀點，而陰陽更只不過是孔子二元哲學的表意符號，並不含有任何神秘意味；五行雖見於《尚書・夏書・甘誓》與《尚書・周書・洪範》，然而這不過只是將物質區隔出五類，來表示其功用與性質，並沒有絲毫哲學或術數的意味，後來起於燕齊方士，通過鄒衍的整合而被併做一談，乘秦漢間學術頹廢的空隙，持邪說萬斛狂瀾橫領思想界的全部。〔註116〕梁啓超先生的弟子學者劉節先生則進而指出《呂氏春秋》各覽各篇文內稱引〈洪範〉皆著篇名，只有十二紀各篇文內都不舉〈洪範〉的篇名，偏偏十二紀大量在討論五行的觀點，由此可知五行的學說在戰國末葉已流行，不能算是任何一家的言論，而《尚書》二十八篇文字只有〈禹貢〉與〈洪範〉幾乎全篇都協韻，這是戰國時期的文字習慣，由此得證〈洪範〉作於戰國時期，實爲陰陽五行家託古的文字。〔註117〕學者顧頡剛先生同意此說，並進而指出〈洪範〉就是鄒衍這些人的作品，〈甘誓〉首先引用於《墨子》，他認爲《墨子》成書於戰國末期至西漢初葉，故而〈甘誓〉亦是同時期的文字。〔註118〕筆者同意陰陽

〔註114〕見其《稷下爭鳴與黃老新學》第一章〈稷下之學考實探眞〉，一「稷下學宮的歷史考據」，頁22～24。

〔註115〕胡適先生還把鄒衍的陰陽五行說稱作「齊學的正統」，可見其對齊學影響範圍的廣大，他甚至認爲陰陽五行說在秦始皇稱帝後成爲中國國教的一部，見《中國中古思想史長編》（上），第一章〈齊學〉，頁84～97。

〔註116〕見梁啓超〈陰陽五行說之來歷〉，《古史辨》，第五冊，頁343～362。雖然學者龐樸先生指出商人的龜卜文化已經出現已五方爲基礎的五行觀念，這或許是個反證，說明早在商朝時期已經五行觀念已經被用在術數層面了，不過其被賦予哲學意味還是要晚至戰國時期，見其〈陰陽五行探源〉，《中國社會科學》，西元1984年，第三期，轉引自趙瀟〈論五德終始說在秦的作用和影響〉，《齊魯學刊》，西元1994年，第二期（總計第一一九期），頁55～61。

〔註117〕見劉節〈洪範疏證〉，《古史辨》，第五冊，頁388～403。

〔註118〕見顧頡剛〈五德終始說下的政治和歷史〉，一「五行說的起源」，《古史辨》，第五冊，頁406～407。

與五行的結合首發於鄒衍，然〈甘誓〉與〈洪範〉兩文要晚至戰國末期纔出現則恐未盡符實。

顧頡剛先生指出鄒衍的特殊性即在於把儒家的仁義與齊國的怪誕結合，因此產生自己的新學派，這個學派的屬性還是儒家，他甚至認為五行說最可依據的材料來自《荀子·非十二子》，懷疑其中批評的子思孟軻就是鄒衍的傳誤。荀子與鄒衍子思子孟子都是同時期的人，荀子要把這三人攪混成一人恐怕是極不可能的事，這點學者范文瀾先生早已指出過。〔註119〕不過，顧頡剛先生指出五德終始說是一種命定論，這是儒家承受傳統思想重視天命的結果，而鄒衍憑空想出這種關於天命極具體的律法，用來解釋政治興衰，替當日正方興未艾的帝制運動提供理論需要，其意旨在闡釋如何能出現真命天子，或要警戒當日的國君如果沒有真命天子的根據時，不可存著干求天位的非份妄想。〔註120〕學者王夢鷗先生則指出這種自然律雖然晚至戰國晚期纔因鄒衍的結合而告確立，不過，它被寬廣運用於天文與人事，兩千餘年來，由專家學者至販夫走卒，每當人要省察天理與人理或心理與生理，往往就會在有意無意間受著陰陽五行說的支配，隱然架構出中國人的宇宙觀人生觀社會觀甚至道德觀，並在中國歷史裡的每回政權更迭，這個自然律都發揮其相當的政治效益。〔註121〕陰陽五行說影響齊學甚至中國思想如此巨大，甚至變做架構中國政治制度背後的指導原則，我們就不禁很好奇：創造陰陽五行說的鄒衍究竟是個什麼樣的人呢？《史記·孟子荀卿列傳》記說：「鄒衍後孟子，鄒衍睹有國者益淫侈，不能尚德若大雅整之於身，施及黎庶矣，乃深觀陰陽消息，而作怪迂之變，終始大聖之篇，十餘萬言。」〔註122〕

這裡指出兩點：首先，鄒衍是後於孟子的人，特別拿孟子來說，可見鄒衍的思想確實與儒家有某種聯繫，同篇前面還有說孟子著書的一段話：「退而與萬章之徒序詩書，述仲尼之意，作《孟子》七篇。其後有騶子之屬。」這裡把鄒子與孟子連稱在後面，這個鄒子應該就是鄒衍；再者，鄒衍創立自己學說的原因，來自他看見各國統治階層不能拿德性來修身，過著奢侈的生活而不惜傷害

〔註119〕見范文瀾〈與頡剛論五行說的起源〉，《古史辨》，第五冊，頁645～646。
〔註120〕見其〈五德終始說下的政治和歷史〉，二「騶衍的略史及其時代」，《古史辨》，第五冊，頁414～415。不過，筆者認為儒家的天命並不是命定論，其間人對天命的奮勉落實纔是確立自己擁有天命的保證。
〔註121〕見王夢鷗《鄒衍遺說考》一〈緒言〉，西元1966年，頁1。
〔註122〕見《史記會注考證》卷七十四，〈孟子荀卿列傳〉第十四，頁944。

百姓，因此纔深觀陰陽消息，發展出陰陽五行的學說。鄒衍是什麼時候的人？《史記・孟子荀卿列傳》裡說：「齊有三騶子，其前騶忌以鼓琴干威王，因及國政，封爲成侯，受相印。」還說：「騶奭者，齊諸騶子，亦頗采騶衍之術以紀文。」由這裡可看出鄒忌、鄒衍與鄒奭是三個時期的人，各自成名顯宦於不同的齊王，只因他們都是齊人，都姓鄒，而且都出身於稷下先生，因此司馬遷纔把他們聯繫起來合說。如何見得鄒衍亦做過稷下先生呢？《史記・孟子荀卿列傳》說：「自騶衍與齊之稷下先生，如淳于髡愼到環淵接子田駢騶奭之徒，各著書言治亂之事，以干世主，豈可勝道哉。」〔註123〕這段話應該還無法明確指出鄒衍就是稷下先生，因其只有說「騶衍與齊之稷下先生」，反而在《史記・田敬仲完世家》說：「宣王喜文學游說之士，自如騶衍淳于髡田駢接予愼到環淵之徒七十六人，皆賜列第爲上大夫，不治而議論，是以齊稷下學士復盛。」能贈與高門大屋，並賜封做上大夫，可見騶衍確實在齊國獲得重任，《史記・孟子荀卿列傳》說：「王侯大人，初見其術，懼然顧化，其後不能行之，是以騶子重於齊。」

　　《史記・孟子荀卿列傳》繼續說鄒衍後來的際遇：「適梁，惠王郊迎執賓主之禮；適趙，平原君側行撇席；如燕，昭王擁彗先驅，請列弟子之座而受業，築碣石宮身親往師之，作主運，其游諸侯見尊禮如此，豈與仲尼菜色陳蔡，孟軻困於齊梁同乎哉？」燕昭王橫跨齊宣王與齊湣王兩個時期（燕昭王在位共計三十三年，西元前三一一年至二七九年；齊宣王在位共計十九年，西元前三一九年至三〇一年；齊湣王在位共計十七年，西元前三〇〇年至二八四年），齊宣王在位時鄒衍正受著重用，不可能離齊去燕，前面曾引過《鹽鐵論・論儒》記說：「湣王奮二世餘烈，西摧三晉，卻強秦，五國賓從。鄒魯之君，泗上諸侯皆入臣。矜功不休，百姓不堪，諸儒分散。愼到、接予亡去，田駢如薛，而孫卿適楚。」當愼子接予田駢荀子都離開齊國了，想來鄒衍就是在這時去燕國，接受燕昭王極其隆重的招待。不談梁惠王到郊外去迎接他，也不說平原君屈居側席聽講，光說燕昭王專門替他築個碣石宮，自居爲弟子來受業，就可看出對諸國君主的影響非比尋常，與當年孔子困於陳蔡不可同日而語。鄒衍的思想要旨是什麼？《史記・孟子荀卿列傳》說：「其語閎大不經，必先驗小物，推而大之，至於無垠。先序今以上至黃帝，學者所共術，並世盛衰，因載其機祥度制，推而遠之，至天地未生，窈冥不可考而原也。先列中國名山大川通谷，禽獸水土所殖，物類所珍，因而推之，及海外人之

〔註123〕見同上，頁 945。

所不能睹，稱引天地剖判以來，治各有宜，而符應若茲。」〔註124〕鄒衍簡直可說是集戰國齊學各種特色於一身，最顛峰精湛的呈現了。

司馬遷說「其語閎大不經」，這正是濱海的齊人民風，然而，鄒衍不只是個好說大話的齊人而已，他還使用演繹法，由具象而抽象，由極細微的物事推演出極巨大的道理；說「先序今以上至黃帝」，鄒衍推宗黃帝，這固然是齊國盛行的思潮（而且那思潮裡還要加上老子），雖然我們目前已看不出其思脈絡與黃帝的關係，然而那背後應該有替齊王室推崇的黃帝象徵做宣傳的用意，因為黃帝屬土德，那表示齊王有居中做天下共主的機會與天命；說「載其機祥度制」，這就是兼容齊學的宗教層面與客觀層面釀出的思想，意即推演出某種能預測未來的法則，並按此法則設計成政治的典章制度。這個預測未來的法則稱做五德終始說，含有相生相勝的矛盾律，順於自然稱為五德相生律；起於人事的稱為五德相勝律。〔註125〕錢穆先生認為鄒衍的著作本來有兩種：其一是「終始」，這是依照五行相勝的原理，與政權興衰次第有關，如虞土夏木殷金周火；其一是「主運」，這是依照五行相生的原理，與四時方位推演有關，如東木南火中土西金北水。〔註126〕王夢鷗先生的看法則與錢穆先生完全相反，他認為鄒衍確有兩條遺說：其一講四時改火，按照五行相生的原理；其二講四代更迭，按照五行相勝的原理。〔註127〕按照相勝原理而闡發的稱做「主運」或做「王運」，很可能在說帝王的命運；而按照相生原理而闡發的稱做「終始」，這是指一年一周的終始，後者是指王居明堂而行的時令，呈現其「相繼生」的一面；前者是指受命而帝的制度，呈現其「相代勝」的一面。五行的「生」與「克」，就是五德會發生「轉移」的原因。

關於五德轉移的緣故，我們已無法窺見鄒衍的遺說，卻能由後來董仲舒的思想裡看出端倪。

王夢鷗先生表示董仲舒好言陰陽變異，他的一半學說來自鄒衍的思想，《春秋繁露》裡關於五行生克的闡釋是否全出自他的手筆無關緊要，然而無疑他在應用鄒衍的思想，〔註128〕與董仲舒時間相近的桓寬，就曾在《鹽鐵論·

〔註124〕見同上，頁944。
〔註125〕見《鄒衍遺說考》三〈鄒子遺文考辨〉，頁51。
〔註126〕見錢穆〈評顧頡剛〈五德終始說下的政治和歷史〉〉，一「五帝之傳說」，《古史辨》，第五冊，頁621～622。
〔註127〕見《鄒衍遺說考》四〈五德始終論的構造〉，頁54～55。
〔註128〕見同上，頁57。

論菑》裡評論董仲舒引鄒衍相生的原理，說：「始江都相董生推言陰陽，四時相繼，父生之，子養之，母成之，了藏之。故春生仁，夏長德，秋成義，冬藏禮。此四時之序，聖人之所則也。」〔註129〕聖人學習的法則來自四時相繼，聖人要使父子與母子的生養反哺就如同四時相繼，因此仁德義禮該如四時般交替運用於人事。王夢鷗先生認爲五行即是五德爲鄒衍的創造，他再拿各種顏色配合於五行，因此有「黃」帝，自從有黃帝後，尚有一大段時間不被鄒魯的儒者承認，〔註130〕因此司馬遷在《史記‧五帝本紀》裡說：「太史公曰：學者多稱五帝尚矣，然《尚書》獨載堯以來，而百家言黃帝，其文不雅馴，薦紳先生難言之。孔子所傳宰予問五帝德及帝繫姓，儒者或不傳。」〔註131〕儒者對於史實渺茫的五帝事蹟很難言傳，這並不難令人理解，問題在王夢鷗先生認爲先有鄒衍的五德終始說，依行配色而有黃帝的說法，這恐怕就很難解釋得通整個黃老思想暨思潮興起的歷程，因爲鄒衍畢竟已經是戰國中晚期的人，而黃老思想早在春秋末葉即已出現，戰國中期其思潮更大盛於各國。不過王夢鷗先生說鄒衍深觀的「陰陽消息」，本由古傳的天文氣象的知識演化而來，做過一番研究，爲著研究這些自然現象背後的理由，不得不藉助於更純粹的數學知識，來驗證他的說法。〔註132〕

　　雖然我們已不知道他詳細的數學成績，然而他能在諸子百家爭鳴的時空顯名於諸侯，獲得如此的尊禮，該不至於沒有理由。當時的王公大人，縱使都是一竅不通的花花公子，但，並世的許多的說士，就未見得都是盲目的人，然而我們能看見當時說士的辯論絕沒有辯論到鄒衍，如果有，只有荀子在《荀子‧天論》裡駁斥信天不信人的思想，而說：「大天而思之，孰與物畜而制之；從天而頌之，孰與制天命而用之；望時而待之，孰與應時而使之；因物而多之，孰與騁能而化之；思物而物之，孰與理物而勿失之也；願於物之所以生，孰與有物之所以成。故錯人而思天，則失萬物之情。」〔註133〕王夢鷗先生認爲荀子這點商榷的口吻無異於說天命的學說雖然正確，但不合於人們日用而已，〔註134〕筆者則揣想，鄒衍恐怕在當日確實提出一種極先進的說法，致使

〔註129〕見《鹽鐵論校注》卷九，〈論菑〉第五十四，下冊，頁556。
〔註130〕見《鄒衍遺說考》四〈五德終始說的構造〉，頁60。
〔註131〕見《史記會注考證》卷一，〈五帝本紀〉第一，頁39。
〔註132〕見《鄒衍遺說考》四〈五德終始說的構造〉，頁61。
〔註133〕見《荀子集解》卷十一，〈天論篇〉第十七，頁211～212。
〔註134〕見《鄒衍遺說考》四〈五德終始說的構造〉，頁61。

能理解此說（不論同意或不同意），而與其做平等回應的諸子幾希。王夢鷗先生徵引《春秋繁露·天道無二》的說法，認爲這段文字來自鄒衍遺說：「天之常道，相反之物也，不得兩起，故謂之一；一而不二者，天之行也。陰與陽，相反之物也，故或出或入，或右或左，春俱南，秋俱北，夏交於前，冬交於後，並行而不同路，交會而各代理，此其文與！天之道，有一出一入，一休一伏，其度一也，然而不同意。」〔註135〕天的不變法則：凡是兩個相反的事物，不能同時並起，這就稱做「一」，宇宙只能有一不能有二，這就是天的不變法則。陰氣與陽氣是兩個相反的東西，一個出現，一個就會隱伏；一個在右，一個就會在左，它們不斷交替循環，因此化生出四季。

四季的狀況：春天（陽氣由東向南，陰氣由西向南）都向南運行；秋天（陽氣由西向北，陰氣由東向北）都向北運行；夏天陰氣與陽氣會在前面相會合，冬天陰氣與陽氣會在後面相會合。它們同時運行，但各自跨著不同的道路，會合後一消一長互相輪替，這就是它的文理。天道的運行常充滿著相對性，一個出現一個就退入，一個在位一個就隱伏，兩者運行的規律完全一致，而存在的意蘊卻完全相反。天道雖然一元，陰陽卻是相反的兩物，其循環周流的變化半周屬陽顯而陰隱，半周屬陰顯而陽隱，表現出的天時，則前者爲春夏，後者爲秋冬，其交叉點一在西北（據天而言當做東北），於天時爲冬至；一在東南（據天而言當做西南），於天時爲夏至，冬至陽出而陰入，夏至陽入而陰出，兩者循相反的軌道周流不已。陰的軌道向右，陽的軌道向左，此因古天文的觀測都認爲「天右旋地」，左轉因此由適左爲順道，右轉由適右爲逆道，由這個順逆就顯出兩種完全相反的氣象，順道的會氣暖，適宜於滋生；逆道的會氣寒，適宜於殺生，滋生的意蘊會拿「德」這個字來表示；殺生的意蘊會拿「刑」這個字來表示，因此陰陽同時兼有「刑」與「德」的意蘊。〔註136〕由戰國中晚期的「刑名」觀念再轉出戰國晚期至秦漢間的「刑德」觀念，可見戰國時人至此已有兩大急迫的需要：其一，對認知具客觀性的眞理有需要，當然這有實用的積極企圖（譬如希望解決各種觀念的紛爭付諸實踐，然而僅是如此，則出現「刑名」這種制度觀念即可），希望眞理能幫人釐清各種疑惑。

其二，經過大量殘酷的征戰，人民已經厭倦過著顚沛流離瀕臨死亡邊緣的生活，對於生死禍福議題有著強烈的恐懼與關注，希望能藉由具客觀性的

〔註135〕見《春秋繁露今註今譯》卷第十二，〈天道無二〉第五十一，頁314。
〔註136〕見《鄒衍遺說考》四〈五德終始論的構造〉，頁63～64。

探索過程，覓出自己未來前景的可信依靠。這是第一點更具體化的發展。鄒衍如何能將陰陽的觀念與五行的觀念搭配起來呢？王夢鷗先生再引《春秋繁露·陰陽終始》來說明此事：「天之道，終而復始，故北方者，天之所終始也，陰陽之所合別也。冬至之後，陰俛而西入，陽仰而東出，出入之處，常相反也，多少調和之適，常相順也，有多而無溢，有少而無絕，春夏陽多而陰少，秋冬陽少而陰多，多少無常，未嘗不分而相散也。」〔註137〕這段話的意思是說天道不斷終結與開始，北方是天的終結與開始的方向，陰與陽在這裡會合與分離。冬至後陰向下退於西，陽向上現於東，它們出入的位置常完全相反，然而它們彼此卻常會做相互順從的調和，多的時候不會盈滿，少的時候不會斷絕，春夏兩季陽氣多而陰氣少，秋冬兩季陽氣少而陰氣多，它們的多少不斷在變化，從不會毫不變化卻各自散開。這種比例變化就會產生出五行的觀念，《春秋繁露·陰陽終始》再說：「春秋之中，陰陽之氣俱相併也，中春以生，中秋以殺，由此見之，天之所起，其氣積，天之所廢，其氣隨。故至春，少陽東出就木，與之俱生；至夏，太陽南出就火，與之俱煖；此非各就其類，而與之相起與！少陽就木，太陽就火，火木相稱，各就其正，此非正其倫與！至於秋時，少陰興，而不得以秋從金，從金而傷火功，雖不得以從金，亦以秋出於東方，俛其處而適其事，以成歲功，此非權與！」

　　春季與秋季的當中，陰氣與陽氣會相聚合併，中春的時候萬物生長，中秋的時候萬物滅絕，由此可見天會鼓勵聚積的氣興起，天會任憑萎靡的氣滅絕。因此至春季少陽出現於東而趨向於木，這使得萬物都在生長；至夏季太陽出現於南而趨向於火，這使得萬物都獲得溫暖；少陽趨向於木太陽趨向於火，火木互相配稱各使得物類獲得端正。至秋季少陰興起，而不能在秋季跟隨出金，跟隨出金而損傷火完成的功績，雖然不能跟隨出金，更在秋季出現於東，居處於下面，而做出它該做的事，來完成一年的工作，這不是權變嗎？最後，《春秋繁露·陰陽終始》還說：「陰之行，固常居虛，而不得居實，至於冬，而止空虛，太陰乃得北就其類，而與水起寒，是故天之道，有倫有經有權。」陰氣的運作常居處於虛位，而不能居處於實位，至冬季止息於空虛，太陰纔能往北趨向於同類的事物，而跟著水興起寒冷，因此天的常道有其秩序，有不變並有權變。少陽為春季，太陽為夏季，少陰為秋季，太陰為冬季，春夏秋冬與木火金水這四行配合，木生火，這是個相生的系統，然而火不生

金，因此少陰的興起，就不得不拿秋季從金，這裡恰爲順逆相反的交界，過此交界則繼續由金生水，變做相生的系統。因此陰陽是個相反的系統，在其由小至大的周轉過程，由順道來看，春夏秋冬是個終始，然而由木火金水的相生律來看，實在並不連貫，因此在夏秋兩季中間配上土行，不過土行在陰陽消息的原理來說其實沒有關係，在時序上稱做「季夏」，委實顯得有點勉強，歷來對此有很多種解釋，〔註138〕其中白奚先生就表示這只是個虛設。〔註139〕

在五行順序上在火與金兩行間放置個土行，雖然能配合五行相生的需要，卻不見得能與四季的變化產生直接的關係，然而，土混合於四行中，水火金木沒有土不可，土就是地，地與天相對承接，天的春夏秋冬能獲得表現，正因有地的緣故，無地則無四時變化的機會，因此將土行配置於五行的中央，這同時恰與天上的五星位置相同。王夢鷗先生再徵引《春秋繁露・五行之義》來釐清鄒衍的五行觀念，該篇記說：「天有五行：一曰木，二曰火，三曰土，四曰金，五曰水。木，五行之始也；水，五行之終也；土，五行之中也，此其天次之序也。木生火，火生土，土生金，金生水，水生木，此其父子也。木居左，金居右，火居前，水居後，土居中央，此其父子之序，相受而布。是故木受水而火受木，土受火，金受土，水受金也。」〔註140〕還說：「諸授之者，皆其父也；受之者，皆其子也，常因其父，以使其子，天之道也。是故木已生而火養之，金已死而水藏之，火樂木而養以陽，水剋金而喪以陰，土之事火竭其忠。故五行者，乃孝子忠臣之行也。」木行是五行的開端，水行是五行的終結，土行在五行裡居於中央，這是天安排的秩序。木生火，火生土，土生金，金生水，水生土，這如同父子關係。木在左，金在右，火在前，水在後，土居於中央，這就是根據父子相承的秩序而佈置出方位，因此木承受水，火承受木，土承受火，金承受土，水承受金，授與的都居於父親的地位，承受的都居於兒子的地位，兒子受父親的支配，這就是天道。當五行相生的配置與父子關係銜接，五行就開始往人倫觀念運作了。

五行如何運作至人倫觀念裡，甚至逐漸發展出政治制度的觀念呢？《春秋繁露・五行之義》說：「五行之爲言也，猶五行歟？是故以得辭也。聖人知

〔註138〕見《鄒衍遺說考》四〈五德終始說的構造〉，頁64～65。

〔註139〕見《稷下學研究：中國古代思想自由與百家爭鳴》第十章〈鄒衍與稷下學〉，二「鄒衍學說的主要內容」，頁262。

〔註140〕見《春秋繁露今註今譯》卷第十一，〈五行之義〉第四十二，頁286～287。

之，故多其愛而少嚴，厚養生而謹送終，就天之制也。以子而迎成養，如火之樂木也；喪父，如火之剋金也；事君，若土之敬天也；可謂有行人矣。五行之隨，各如其序；五行之官，各致其能。是故木居東方而主春氣，火居南方而主夏氣，金居西方而主秋氣，水居北方而主多氣，是故木主生而金主殺，火主暑而水主寒，使人必以其序，官人必以其能，天之數也。」五行會稱做五行，正因其來自五種德性的緣故，聖人知道這個道理，因此在父子關係上，就父親來說，慈愛的程度應該要濃厚些，威嚴的程度應該要稀薄些；就兒子來說，生前的贍養應該要豐厚些，死後的送終應該要愼重些，這就是順應天的法則。如果兒子迎養父親，能像火樂木；給父親送終，能像水剋金；臣子替君主工作，能像土敬天般，這就是有德性的人了。五行的運作各自按著順序，按著五行佈置出的官員，則要各按著五行去發揮職能。木行居於東，掌管著春氣；火行居於南，掌管著夏氣；金行居於西，掌管著秋氣；水行居於北，掌管著多氣。這使得木行掌管著生養；金行掌管著殺戮；火行掌管著熱量；水行掌管著寒意。役使人要按照這個秩序，任命人做官要根據其人格屬性配置出職能，這就是天道。至於土行呢？《春秋繁露・五行之義》記說：「土居中央，爲之天潤，土者，天之股肱也，其德茂美，不可名以一時之事，故五行而四時者，土兼之也。」

該篇還說：「金木水火雖各職，不因土，方不立，若酸鹹辛苦之不因甘肥不能成味也。甘者，五味之本也，土者，五行之主也，五行之主土氣也，猶五味之有甘肥也，不得不成。是故聖人之行，莫貴於忠，土德之謂也。人官之大者，不名所職，相其是矣；天官之大者，不名所生，土是矣。」土行居於中央，這是天的潤澤，土行是天的輔佐，它的德性豐盛完美，不能拿任何一個季節的職責來規範，因此有木火土金水這五行，卻只有春夏秋多這四季，這是因爲土行兼管四季的緣故。金木水火雖然各有執掌，如果不依靠土行就無法完成其執掌，這就好像酸味（屬木）鹹味（屬水）辛味（屬金）苦味（屬火）這四味如果不依靠甜味（屬土）來攪和味道就不能成味。甜味是五味的根本，土行是五行的宗主，如同五味不能沒有甜味般，因此聖人的德性沒有比「忠」更重要了，這就是土德，人間的官職最大者就是丞相，然而丞相不是在專門執掌哪件事，而是各種有專門執掌的官員最根本的依靠，人間的官職按照五行來佈局稱做天官，天官最大的屬性就是沒有任何專門執掌的土行了。王夢鷗先生認爲董仲舒的《春秋繁露》保留著鄒衍五德終始說的原始面

目，筆者相信其確實深有道理，任何一種觀念都無法憑空產生，都有其更早的淵源脈絡，如果戰國晚期眞已產生陰陽五行結合的觀念，董仲舒這裡紀錄的基本觀念就該是鄒衍遺說的本來面目，董仲舒的創發是將鄒衍遺說與孔孟儒家做整合，並附上天人感應與災異的觀點，然而陰陽與五行如何結合這種屬於基本原理的議題，當取自鄒衍的遺說。

　　鄒衍的陰陽五行觀點的產生，確屬具有齊學特色的思想的最大創獲，這不僅包括其如司馬遷說的「閎大不經」，意即諸多具有編織聯想而深具視野的思維屬於齊人風俗的極大化，更因其結合科學來議論人生，儘管這種思想的科學性與當前的科學有著迥異的性質，然而我們無法否認這種思想自具其解釋各種議題的邏輯，頗能自圓其說，亦具實用性（尤其在命理與中醫領域至今都還在操作其原理），故而影響中華文化各層面甚爲巨大！齊國本有架構客觀制度的政治思想傳統（前面稱做政道），現在加上鄒衍的五德終始說，使得解釋政治制度的變化更具有客觀性與先進性，不僅對當日各國影響甚鉅，更是齊學對兩漢以降中國政治的最大貢獻！鄒衍還有個大九州的學說（詳見《史記‧孟子荀卿列傳》），〔註141〕這是按照五行觀念去排出世界的版圖，亦屬首度有人針對地球究竟有多大提出最有系統的看法，裡面表示世界有九九八十一個州，中國只是其間一個赤縣神州而已，這個想法雖然在現在全球交通大開後已經失去它的有效性，不過會引起當日王公大臣的驚駭自然不難想見，由於與這裡齊學的制度議題無關，因此我們就暫不繼續做討論了。

〔註141〕《史記‧孟子荀卿列傳》記鄒衍的「大九州」說：「先列中國名山大川，通谷禽獸，水土所殖，物類所珍，因而推之，及海外人之所不能睹。稱引天地剖判以來，五德轉移，治各有宜，而符應若茲。以爲儒者所謂中國者，於天下乃八十一分居其一分耳。中國名曰赤縣神州。赤縣神州內自有九州，禹之序九州是也，不得爲州數。中國外如赤縣神州者九，乃所謂九州也。於是有裨海環之，人民禽獸莫能相通者，如一區中者，乃爲一州。如此者九，乃有大瀛海環其外，天地之際焉。其術皆此類也。然要其歸，必止乎仁義節儉，君臣上下六親之施，始也濫耳。」見《史記會注考證》卷七十四，〈孟子荀卿列傳〉第十四，頁944。

第二章　包容兼攝百家暨自由架構民主

摘　要

　　這裡想探索齊學的思想裡，如何能看出「兼容並蓄」的特徵？齊人的自由意識顯然不同於楚人，楚人的自由意識更著重於心靈的奔放思索，齊人的自由意識則著重於人生的利益爭取，因此有極爲濃厚的功利主義態度。純粹只由自己的角度來思考，只在意自己利益的最大化，我們不能不說這就是自由意識的一種展現，因爲自由意識得來自個體的自覺，楚人的個體自覺使楚人有濃厚的心靈自覺，齊人的個體意識則使齊有濃厚的利害自覺。因此，齊學具有兼容並蓄的開放性，這恐怕是基於現實需要，吸收更先進的思想來幫忙自己，並且，站在同樣的認知基點裡，我們不得不說齊人其實也具有相當的封閉性，因爲齊國是當日天下最富庶的國家，齊學是當日思想最雄渾博大的學問，齊人身處在各種優勢匯聚的情境裡，不僅有時會眼高手低，還會因自覺盡美盡善都已呈現於齊國，因傲慢與自大而呈現對齊境外的人與事瞧不起的心態，這種心態依然具有某種自由意識，儘管這種自由意識有時會流於對人與事較輕率不當的評論，但，正因沒有更高壓的強制權威能施加於齊人，纔會使得齊人能發出如此自由的言論。

　　齊國簡直可說是個商人國家，統治者與受治者充滿著利害的計量，孟子曾說的「上下交征利」雖然當日針對著梁惠王，不過拿來專指齊國的國風或許會更適宜。或許對齊國民主思潮會產生的最原始因素，就在於統治者與受治者利益的平衡。因此，齊國是個商品經濟繁榮的社會，商品經濟使得人在

藉著物品與他人交易，在這種過程裡，因為物品交易會使交易的雙方都對客體產生佔有的感覺（這裡所謂的客體，是指買方用金錢換取的物品與賣方用物品換取的金錢），個人的主體意識特別容易萌芽，個人萌芽出主體意識，人與人的關係就得要有平等性的意識也就跟著萌芽，因此個人不再只是國家達成願望的工具，他的生命主體得被統治者重視，否則就會激生民怨。慎子確實是個對齊人國風觀察很精湛的思想家，他的民主思想，就架構在對齊人唯利是圖的豢養與約束，因此纔會有「公」的主張。荀子說的人性不具有孟子的本體至善的意蘊，他只是經由現象觀察而說出人的本質，然而荀子會得出「性惡」這種全盤含括的結論，當然得要有大量相應的生活經驗纔能證實，這就不得不推諸於齊人的國風。

宋子（銒）承認人的情欲都在裡面，只不過人應該去降低這些需要。荀子認為宋子這種違背人情的需要而去強辯說，聚集弟子，建立自己的師學，書寫自己的經典，然而竟把聖人因應人情來施加禮治的治本作法當做禍亂，完全否認人的情欲的需要的現實性。宋銒的思想恐怕還是在針對齊人國風來構思，只不過他的思路是由意念上完全否認人性自利的脈絡，這與齊人的認知事實落差未免太大，然而齊人好奇與寬容的民情大概還能有宋銒馳騁己說的機會，故而其學說曾經盛行，而使得荀子特地要針對其論點來反駁。這裡拿三個思想家的脈絡來探索齊學的民主思想，並環繞著齊人普遍自利的國風為主軸來反覆申論，希望能使讀者看出早期民主思想萌芽的經過。齊學能融攝各家思想，實因其具有客觀真理的觀念，按此觀念去吸納各家思想特點應用於人事，這對生活在齊國的思想家來說並沒有任何心理障礙，戰國晚期的思想能呈現各家大融合的結果，筆者覺得這始於戰國中期齊學思想家實事求是的綜合，纔能進而替兩漢將各家思想重新綜合於儒學內開創出契機，董仲舒則屬此徑最重要的思想家。

第一節　百家因齊學而獲綜合

由於齊國有兼容並蓄的民風，因此產生具有兼容並蓄特徵的齊學，這點我們已經在前面討論過。現在，我們想進而認識：齊學的思想裡，如何能看出這種兼容並蓄的特徵？我們看《管子·牧民》的國頌，就能明白這種兼容並蓄的立國態度：「凡有地牧民者，務在四時，守在倉廩。國多財，則遠者來；

地辟舉，則民留處；倉廩實，則知禮節；衣食足，則知榮辱；上服度，則六親固；四維張，則君令行。故省刑之要，在禁文巧，守國之度，任飾四維，順民之經，在明鬼神，祇山川，敬宗廟，恭祖舊。」〔註1〕意思是說擁有土地養民的國君，其職責在依順四時督課農事，來充實倉廩的米穀。國家有財富（或成為一個能生財的地點），人民就會遠道由他國過來依附，土地能普遍開闢，則人民就能留居於家鄉。倉廩充實了，人民不再餓肚子，纔會知道禮節；衣食都獲得保暖了，人民生活無虞，纔會知道榮辱。君主能帶頭服從法度，人民纔會效法，而使六親團結堅固；立國的禮義廉恥這四維能伸張，君主的法令纔能推行無阻。因此省去刑罰的要領，在於禁止太多文飾的雕琢；保護國家的度量，在於拿禮義廉恥來涵養人民，使人民歸順於統治的常道，在於明白鬼神的神通，敬奉山川與宗廟，恭謹祭祀祖先。這段文字就同時包含數種思想脈絡，譬如「地辟舉，則民留處」就是提倡農業安土重遷的思想，然而「國多財，則遠者來」則就是提倡商業社會移民貨殖的思想；「倉廩實，則知禮節；衣食足，則知榮辱」其知禮節與榮辱雖然有受到儒家思想的薰染，然而先談倉廩衣食後談禮節榮辱則顯然就是齊國務實的國風。

再者，「上服度，則六親固；四維張，則君令行」則呈現出重視制度的法家思想與重視倫理的儒家思想結合出的思想，其後「故省刑之要，在禁文巧，守國之度，在飾四維」亦具有相同的意思；最後「順民之經，在明鬼神，祇山川，敬宗廟，恭祖舊」則對山川鬼神宗廟祖舊表現出敬奉的態度，則是商文化一貫的思想精神，然而請注意「順民之經」這四個字，這種重視讓人民真誠歸順於己統治的想法，卻是受著「天命靡常」的周文化的影響，否則統治階層完全不需要看重人民對自己支持與否。由此可知，齊學確實是個綜合百家兼容並蓄的思想。如果想要更具體認識百家如何綜合於齊學裡，則我們不妨拿任何一部稷下諸子的著作來認真檢視，譬如《尹文子》這部書就充滿著百家綜合的內容，《尹文子‧大道上》記說：「大道無形，稱器有名。名也者，正形者也。形正由名，則名不可差。故仲尼曰：『必也正名乎！名不正，則言不順也。』」〔註2〕這裡就拿孔子的話來做自己形名思想的佐證，雖然孔子與他的思想本質其實差異甚大，然而，說著說著，尹文子卻再舉出老子來佐證，《尹文子‧大道上》記說：「以大道治者，則儒墨名法自廢。以儒墨名

〔註1〕見《管子今註今譯‧牧民》第一，上冊，頁1。
〔註2〕見《先秦名學七書‧尹文子略注‧大道上》，頁472。

法治者，則不得離道。老子曰：『道者萬物之奧，善人之寶，不善人之所保。』
是以以道治者，謂之善人。藉儒墨名法治者，謂之不善人。善人之與不善人，
名分日離，不待審察而得也。」〔註3〕能把孔子與老子綜合在一起，自己卻不
感覺有矛盾，這意味著齊學思想家有種極開闊的自信，善取人長來補充己見，
卻開創出更具開創性的觀點，這就來自思想的自由奔放。

如果有人會對這裡舉出「儒墨名法」這四個名詞感覺疑惑，認為這種名
詞的提出恐怕要晚至司馬遷指其父親司馬談在《史記・太史公自序》裡「論
六家之要指」而說：「天下一致而百慮，同歸而殊塗，夫陰陽儒墨名法道德，
此務為治者也。」〔註4〕而不免覺得這段話其時間性可能有問題，由於尹文子
其書的刑名思想只有可能在戰國中晚期出現（刑名思想後來繼續發展出刑德
思想，這是西漢早期思想的主流，而尹文子的書裡全無涉略），不可能全屬偽
作，我們不妨再拿其他段落來討論。《尹文子・大道下》記說：「老子曰：『以
正治國，以奇用兵，以無事取天下。』正者，名法是也，以名法治國，萬物
所不能亂。奇者，權術是也。以權術用兵，萬物所不能敵。凡能用名法權術，
而矯抑殘暴之情，則己無事焉。己無事，則得天下矣。故失治則任法，失法
則任兵。以求無事，不以取彊。取彊，則柔者反能服之。」〔註5〕《尹文子・

〔註3〕 見同上，頁473～474。

〔註4〕 見《史記會注考證》卷一百三十，〈太史公自序〉第七十，頁1366。胡適先生
曾在其《中國古代哲學史》裡說：「這個看法根本就不承認司馬談把古代思想
分作『六家』的辦法。我不承認古代有什麼『道家』『名家』『法家』的名稱。
我這本書裡從沒有用『道家』二字，因為『道家』之名是先秦古書裡從沒有
見過的。我也不信古代有『法家』的名稱，所以我在第十二篇第二章用了『所
謂法家』的標題。」他還說：「這樣推翻『六家』『九流』的舊說，而直接回
到可靠的史料，依據史料重新尋出古代思想的淵源流變，這是我四十年前的
一個目標。」見其《中國古代哲學史・台北版自記》，西元1984年，頁4。吾
師陳啓雲先生同樣指出：「從思想發展史的角度來看，『儒家』、『道家』、『法
家』等門派的形成是諸子思想發展到末期的事，至於九流十家的名目更是由
後來漢儒所制定。從思想發展史的角度，應該注重的是各個思想家之間思想
學說的先後轉變及相互影響，從中勾畫其發展的線索和關鍵。」見其《中國
古代思想文化的歷史論析》肆〈中國古代思想發展的認識論基礎〉，頁96。筆
者完全同意兩位先生的看法，認為對文獻的直接梳理，尤其側重於思想家個
人的實際思考脈絡，其重要性會高於冠上家派的抽象比較，更何況在先秦時
期只有「師承的意識」，卻沒有「家派的意識」，採用後者討論會陷溺在名不
符實的處境裡。然而正文內還是偶有權宜使用家派概念，這是冀圖更深化思
考個別議題使然，讀者得魚自然可忘筌。

〔註5〕 見《先秦名學七書・尹文子略注・大道下》，頁493。

大道下》記說：「老子曰：『民不畏死，如何以死懼之？。』凡民之不畏死，由刑罰過。刑罰過，則民不賴其生。生無所賴，視君之威末如也。刑罰中則民畏死，畏死，由生之可樂也。知生之可樂，故可以死懼之。此人君之所宜執，臣下之所宜慎。」〔註6〕最後，再看《尹文子·大道上》記說：「道行於世，則貧賤者不怨，富貴者不驕，愚弱者不攝，智勇者不陵，定於分也。法行於世，則貧賤者不敢怨富貴，富貴者不敢陵貧賤，愚弱者不敢冀智勇，智勇者不敢鄙愚弱，此法不及道也。」〔註7〕這裡都能看出尹文子的思想受到老子的觀念影響至深且鉅。

　　然而，尹文子絕不只是個道家，他的思想更綜合著儒家與法家的觀念，《尹文子·大道下》記說：「仁義禮樂名法刑賞，凡此八者，五帝三王治世之術也。故仁以導之，義以宜之，禮以行之，樂以和之，名以正之，法以齊之，刑以威之，賞以勸之。」〔註8〕前面「仁義禮樂」就是儒家的觀念；後面「名法刑賞」就是法家的觀念，尹文子在抽象的道體層面的探索或許有取於道家，而其關於治道層面則依循著各家各派，這固然包括前面老子的思想，更包括教化層面有取於儒家，制度層面則有取於法家。而且不僅如此，他的書裡還紀錄著田駢、彭蒙與宋鈃這些稷下先生的思想，譬如《尹文子·大道上》就記說：「田駢曰：『天下之士，莫肯處其門庭，臣其妻子，必遊宦諸侯之朝者，利引之也。遊於諸侯之朝，皆志為卿大夫，而不擬於諸侯，名限之也。』彭蒙曰：『雉兔在野，眾人逐之，分未定也。雞豕滿市，莫有志者，分定故也。物奢則仁者相屈，分定則貪鄙不爭。』」〔註9〕《尹文子·大道下》則對聖人的治理與聖法的治理有精闢看法：「田子讀書，曰：『堯時太平。』宋子曰：『聖人之治，以致此乎？』彭蒙在側，越次答曰：『聖法之治以至此，非聖人之治也。』宋子曰：『聖人與聖法何以異？』彭蒙曰：『子之亂名甚矣。聖人者，自己出也。聖法者，自理出也。理出於己，己非理也。己能出理，理非己也。故聖人之治，獨治者也。聖法之治，則無不治矣。此萬世之利，唯聖人能該之。』宋子猶惑，質於田子，田子曰：『蒙之言然。』」〔註10〕如果有此紀錄就表示尹文子同意他們的意見，這顯示出尹文子的思想具有相當的複雜性。

〔註6〕　見同上，頁493～494。
〔註7〕　見《先秦名學七書·尹文子略注·大道上》，頁484。
〔註8〕　見《先秦名學七書·尹文子略注·大道下》，頁491。
〔註9〕　見《先秦名學七書·尹文子略注·大道上》，頁483～484。
〔註10〕見《先秦名學七書·尹文子略注·大道下》，頁494。

　　尤其這裡把聖人與聖法做出區隔，認為理具有超越性，按照理架構出的法律來治理，能超越個人的偏私，然而，能認真依循著客觀的法律來治理人民，這纔真是具有卓越洞見的聖人。彭蒙的這種看法是否真出於其人我們已無法確認，不過這確實是尹文子思想裡一貫的觀點，具有早期真理觀的基本特徵，因此我們不得不承認尹文子確實是個高明的思想編織匠，他面對宇宙的存在，拿著自己的創見，細緻縫合各家的思想，編織出自己的世界的存在。然而，《尹文子》這部書畢竟只是個較簡單的例證，如果我們回來《管子》這部書，就會發現這是部百家思想匯歸的大全，不僅有儒家、法家與道家的觀點，甚至有陰陽家的觀點綜合於一爐，譬如《管子‧心術上》記說：「心之在體，君之位也。九竅之有職，官之分也。心處其道，九竅循理。」〔註11〕這段話就與《荀子‧天論》的意思完全無二：「耳目鼻口形能各有接而不相能也，夫是之謂天官。心居中虛，以治五官，夫是之謂天君。」〔註12〕這兩段話都肯定內在精神的絕對重要性，並認為身體各器官都如同部屬般各有職能，接受心的主宰，我們能說這是《管子》受著儒家修養觀念的影響，還是說其實這是齊學普遍的特色，論政必然要帶著修養生命的意識？然而，《管子‧心術上》接著卻說：「毋先物動，以觀其測。動則失位，靜乃自得，道不遠而難極也，與人並處而難得也，虛其欲，神將入舍。掃除不潔，神乃留處。人皆欲智，而莫索其所以智乎？智乎智乎，投之海外無自奪，求之者不得處之者，夫正人無求之也，故能虛無，虛無無形謂之道，化育萬物謂之德。」

　　這裡很肯定心的存在意蘊，認為心不要先於現象而有動作，要觀察現象歸納出原則。隨便妄動很容易失去主導狀況的本位，只有心靜纔能有獲得。大道離人並不遙遠卻很難看見，大道常在人身邊卻很難獲得。心裡虛無其嗜欲，保持淡泊寧靜的態度，神靈將駐留在你心底，掃除心底不潔的念頭，神靈就會處於你的心底。人人都希望獲得智慧，卻不去探索求得智慧的辦法，這個辦法就是心底毫無嗜欲，如此神智就能清醒，但，俗人只求俗智而已，俗智者嗜欲很深，不斷貪名貪利，這種俗智可投棄於海外而不需強取，聖人不強取俗智，因此他們嗜欲虛無，這種沒有形跡的虛無就是大道，大道能化育萬物，就是德性。這段話我們很難覓出其他諸子相應的語言，具有相當的原創性，然而依舊可看出這段話具有相當濃厚的道家思想，譬如《莊子‧天道》就記說：「聖人之靜也，

〔註11〕見《管子今註今譯‧心術上》第三十六，下冊，頁635。
〔註12〕見《荀子集解》卷十二，〈正論篇〉第十七，頁206。

非曰靜也善，故靜也；萬物無足以鐃心者，故靜也。水靜則明燭鬚眉，平中準，大匠取法焉。水靜猶明，而況精神！聖人之心靜乎！天地之鑒也，萬物之鏡也。夫虛靜恬淡寂漠無爲者，天地之平而道德之至，故帝王聖人休焉。休則虛，虛則實，實則倫矣。虛則靜，靜則動，動則得矣。靜則無爲，無爲也則任事者責矣。」〔註13〕這段話能間接證實前面《管子》的思想脈絡確實有取於道家，然而，《管子‧心術上》後面卻立刻就接上儒家甚至法家的言論：「君臣父子人間之事謂之義，登降揖讓，貴賤有等，親疏之體，謂之禮。簡物小末一道，殺僇禁誅謂之法。」〔註14〕這種矛盾性如何能在這篇文章裡獲得統一呢？

　　《管子‧心術上》後面做出解釋道：「義者，謂各處其宜也。禮者，因人之情，緣義之理，而爲之節文者也。故禮者謂有理也，理也者，明分以諭義之意也。故禮出乎義，義出乎理，理因乎宜者也。法者所以同出，不得不然者也。故殺僇禁誅以一之也，故事督乎法，法出乎權，權出乎道，道也者，動不見其形，施不見其德，萬物皆以得，然莫知其極，故曰可以安而不可說也。」〔註15〕顯然作者覺得不同的觀念各有其發揮作用的層面，這些不同的觀念都來自抽象的理，由抽象的理放射至具體的人事，就有符不符合意義的問題，而禮就是對意義的成全，同樣法的設置也是在落實抽象的理，面對無法禁止的弊端做不得已的強制性措施，法的設置來自統治的權柄，統治的權柄來自大道，因此，這裡顯示齊學因秉持著客觀眞理因應實際需要而自然融攝百家的觀念，因沒有學派的偏私，因此對各種觀念都沒有成見，《管子‧心術上》還接著由道家的角度去融攝名家的觀念，說：「天之道虛，地之道靜，虛則不屈，靜則不變，不變則無過，故曰不伐。潔其宮，闕其門，宮者，謂心也。心也者，智之舍也。故曰宮，潔之者，去好過也。門者，謂耳目也，耳目者，所以聞見也。物固有形，形固有名，此言不得過實，實不得延名。姑形以形，以形務名，督言正名，故曰聖人。」前面在說人心是神智的主宰，耳朵與眼睛都是人心感知現象的大門；後面則顯然受到尹文子的影響而大量在談形名問題，譬如《尹文子‧大道上》說：「大道不稱，眾有必名。形生於不稱，則群形自得其方圓。名生於方圓，則眾名得其所稱也。」〔註16〕

〔註13〕見《莊子纂箋‧外篇‧天道》第六，頁103。
〔註14〕見《管子今註今譯‧心術上》第三十六，下冊，頁635。
〔註15〕見同上，頁636～637。
〔註16〕見《先秦名學七書‧尹文子略注‧大道上》，頁473。

　　同在《尹文子‧大道上》還說：「有形者必有名，有名者未必有形。形而不名，未必失其方圓黑白之實。名而不形，不尋名以檢，其差。」前面還曾引過《尹文子‧大道上》記說：「大道無形，稱器有名。名也者，正形者也。形正由名，則名不可差。故仲尼曰：『必也正名乎！名不正，則言不順也。』」這些文字都能證實與《管子‧心術上》的文字內涵高度相關，顯見該篇出自戰國晚期，已經吸納各家思想的精粹。《管子》這部書還大量吸納鄒衍陰陽五行的觀念，譬如《管子‧五行》記說：「昔黃帝以其緩急，作五聲，以政五鍾。令其五鍾，一曰青鍾，大音；二曰赤鍾，重心；三曰黃鍾，灑光；四曰景鍾，昧其明；五曰黑鍾，隱其常。五聲既調，然後作立五行，以正天時。五官以正人位，人與天調，然後天地之美生。」〔註17〕還說：「日至，睹甲子木行御，天子出令，命左右士師內御，總別列爵，論賢不肖士吏，賦秘賜賞於四境之內，發故粟以田數。」還說：「七十二日而畢，睹丙子，火行御，天子出令，命行人內御，令掘溝澮津舊塗，發臧任君賜賞，君子修游馳以發地氣，出皮幣，命行人修春秋之禮於天下，諸侯通，天下遇者兼和。」還說：「七十二日而畢，睹戊子，土行御，天子出令，命左右司徒內御，不誅不貞，農事為敬。」還說：「七十二日而畢，睹庚子，金行御，天子出令，命祝宗選禽獸之禁，五穀之先熟者，而薦之祖廟與五祀，鬼神饗其氣焉，君子食其味焉。」還說：「七十二日而畢，睹壬子，水行御，天子出令，命左右使人內御御其氣，足則發而止，其氣不足，則發澗瀆盜賊。」

　　這裡由五行相生的觀念來認識統治者需按時施政的不同舉措，很像前章引王夢鷗先生就董仲舒《春秋繁露》來探索鄒衍遺說的思想，意即呈現戰國晚期的刑德思想，這個刑德就是按天時行人事的政治規律，《管子‧四時》對此說得更完整：「是故陰陽者，天地之大理也，四時者，陰陽之大經也。刑德者，四時之合也。刑德合於時，則生福，詭則生禍。」還說：「道生天地，德出賢人，道生德，德生正。正生事，是以聖王治天下，窮則反，終則始，德始於春，長於夏，刑始於秋，流於冬，刑德不失，四時如一，刑德離鄉，時乃逆行。作事不成，必有大殃。」《管子‧幼官》同樣是篇探索陰陽五行觀念如何作用於人事的文字，裡面篇首除特尊黃色外（這顯然與田齊政權特尊黃帝來架構統治的合法性有關），並表示要做帝王需遵行儒家的賢德仁義，而要做人皇則要秉持道家的虛靜態度，這兩者都是善於統治的人，其說：「若因夜

〔註17〕見《管子今註今譯‧四時》第四十，下冊，頁689。

虛守靜人物，人物則皇。五和時節，君服黃色，味甘味，聽宮聲，治和氣，用五數，飲於黃后之井，以裸獸之火爨，藏溫濡，行敺養，坦氣修通，凡物開靜，形生理。常至命，尊賢授德，則帝。身仁行義，服忠用信，則王。」由這裡我們確認齊學能融攝各家思想，實因其具有客觀眞理的觀念，按此觀念去吸納各家思想特點應用於人事，這對生活在齊國的思想家來說並沒有任何心理障礙，戰國晚期的思想能呈現各家大融合的結果，筆者覺得這始於戰國中期齊學思想家實事求是的綜合，纔能進而替兩漢將各家思想重新綜合於儒學內開創出契機，董仲舒則屬此徑最重要的思想家。

第二節　自由架構出早期民主

　　關於齊國的國人具有大幅的言論自由，本書在甲編第五章第一節「齊國開明的政治傳統」內已有相當詳細的闡釋，這裡則特別想由自由意識的角度，來探索齊人如何會開展出早期的民主思想。齊人的自由意識顯然不同於楚人，楚人的自由意識更著重於心靈的奔放思索，齊人的自由意識則著重於人生的利益爭取，因此有極為濃厚的功利主義態度。譬如在《呂氏春秋・審應》就記說：「齊人有事人者，所事有難而弗死。遇故人於塗，故人曰：『固不死乎？』對曰：『然，凡事人以爲利也，死不利，故不死。』故人曰：『子尙可以見人乎？』對曰：『子以死爲顧可以見人乎？』」齊人對自己事奉的對象根本沒有盡忠的觀念，只有自我利害的考量，因此他事奉的對象遭遇大難卻不跟著效死，人家問他爲何不效死，他表示替人工作只是冀圖求利，效死對自己沒有好處，因此不需要效死，人家問他如此還有臉面去見世人嗎？他則表示主公已經受難事敗，自己果眞效死就能有臉見人嗎？

　　這種觀點純粹只由自己的角度來思考，只在意自己利益的最大化，我們不能不說這就是自由意識的一種展現，因爲自由意識得來白個體的自覺，楚人的個體自覺使楚人有濃厚的心靈自覺，齊人的個體意識則使齊人有濃厚的利害自覺。再如《列子・說符》記說：「昔齊人有欲金者，清旦衣冠而之市，適鬻金之所，因攫其金而去，吏捕得之，問曰：『人皆在焉，子攫人之金何？』對曰：『取金之時，不見人，徒見金。』」齊人有種我想要什麼就會不擇手段去獲得的想法，這裡就有齊人想得到黃金，穿著衣冠楚楚去逛市集，結果來到賣黃金的店面，看見黃金就立刻拿去了，捕快把他逮捕了，問他現場人如此多，甚至老闆都在，

為何他還要去拿黃金呢。他卻回答拿黃金的時候，自己只想著黃金，沒有想著有人。不論這是不是強辯的話（其實如此說根本不能脫罪），這都顯示齊人心底常只想著自己的利益，或許這名齊人的資質不高，使他攫取利益的辦法很笨拙，不過這還是能讓我們看見齊人思考事情的脈絡。

《孟子‧公孫丑上》記齊人說：「齊人有言曰：『雖有智慧，不如乘勢，雖有鎡基，不如待時。』」〔註18〕由這個角度來看，齊人真會相信真理嗎？如果真理對人有利，齊人會願意相信，如果相信真理對人無利，齊人就會對真理不屑一顧，因為這裡紀錄著齊人的風俗俚語，齊人認為與其思索智慧，不如趁著情勢去行事，與其儲備資金，不如等待時機去賺錢。齊人會相信什麼或不相信什麼，端看這個東西對他有沒有利益。我們由此能明白，齊人的民主思想的產生，實在是由於齊國人人都唯利是圖，大家都想替自己爭取利益的處境裡，就得要有個能平衡各方利益的機制，民主思想就是這個平衡利益的機制，這對齊人有現實的需要性，民主思想的內涵在齊學或許人言人殊，而民主思想的源頭，就在於人對真理的相信，或許對齊人來說這種相信有點半強迫的狀態，因為齊人並不見得會打由心底產生對真理的信仰，而是因為不遵循真理，自己就沒有「觀念的合法性」去爭取與保護自己的利益。

雖說齊學具有兼容並蓄的開放性，這恐怕是基於現實需要，吸收更先進的思想來幫忙自己，並且，站在同樣的認知基點裡，我們不得不說齊人其實也具有相當的封閉性，因為齊國是當日天下最富庶的國家，齊學是當日思想最雄渾博大的學問，齊人身處在各種優勢匯聚的情境裡，不僅有時會眼高手低，還會因自覺盡美盡善都已呈現於齊國，因傲慢與自大而呈現對齊境外的人與事瞧不起的心態，這種心態依然具有某種自由意識，儘管這種自由意識有時會流於對人與事較輕率不當的評論，但，正因沒有更高壓的強制權威能施加於齊人，纔會使得齊人能發出如此自由的言論，譬如有個齊國老百姓，跟齊國「不治而議論」的稷下先生田駢見個面，就能隨意批評他假裝自己很清高，故意常表示不想做官，或對做官表示輕蔑的態度，卻能享受政府千鍾的供養，養活弟子上百人，不做官是不做官，不過他恐怕比做官的人還要富有，這就像是齊國風俗裡做巫女的女人，雖然不得結婚，卻因還是跟男人有性生活，而竟生出七個孩子般矯情。

這則典故出自《戰國策‧齊策四》，說：「齊人見田駢曰：『聞先生高義，

〔註18〕見《孟子注疏‧公孫丑上》卷第三，頁52。

設為不宦，而願為役。』田駢曰：『子何聞之？』對曰：『臣聞之鄰人之女。』田駢曰：『何謂也？』對曰：『臣鄰人之女，設為不嫁，行年三十，而有七子。不嫁則不嫁，然嫁過畢矣。今先生設為不宦，貲養千鍾，徒百人，不宦則然矣，而富過畢也。』田子辭。」齊人諷刺田駢如此露骨，田駢對他也沒有辦法，只有摸摸鼻子對他稱謝，這不能不說齊人具有相當徹底的自由意識，還有個例證，孟子的弟子公孫丑跟自己的夫子因觀念不合而反覆辯論，這也展現出齊人的自由意識，儘管公孫丑的自由意識有封閉性，使得孟子罵弟子「子誠齊人」，只知道管仲與晏子的事情，本來還希望能對公孫丑產生教育，不想公孫丑還是只在意齊國先賢曾經締造的豐功偉業，不斷反覆問孟子是否願意效法他敬仰的先賢去管理齊國，《孟子・公孫丑上》說：「公孫丑問曰：『夫子當路於齊，管仲晏子之功，可復許乎？』孟子曰：『子誠齊人也，知管仲晏子而已矣！』」〔註19〕

孟子繼續說：「『或問乎曾西曰：『吾子與子路孰賢？』曾西蹴然曰：『吾先子之所畏也。』曰：『然則吾子與管仲孰賢？』曾西艴然不悅曰：『爾何曾比予於管仲！管仲得君，如彼其專也；行乎國政，如彼其久也；功烈，如彼其卑也；爾何曾比予於是！』曰：『管仲，曾西之所不為也，而子為我願之乎？』』曰：『管仲以其君霸，晏子以其君顯，管仲晏子，猶不足為與！』曰：『以齊王，由反手也。』曰：『若是，則弟子之惑滋甚！』」管仲得君寵信專權攬政，曾子的孩子曾西對於有人問他與管仲相比哪個賢德感覺很嫌棄，孟子拿這段往事來指出希望自己如管仲般治國的不當，然而公孫丑卻認為管仲能使齊桓公稱霸，晏子能使齊景公顯名於諸侯，這難道還不夠他的夫子效法嗎？可見他既具有自由意識，更有齊人思想的封閉性，無法瞭解比成名更深層的思想內涵，因此孟子潑他冷水說如果要幫齊國去王天下，這對自己來說就像翻轉手掌般容易，問題並不在這裡，還在齊國是否有更深層的理想，否則只想獲得名利實在太淺薄了。

這裡並不想去討論孟子更深層的理想是什麼，因此不再摘錄此段文字，有趣的是公孫丑卻表示果真如夫子說，弟子的疑惑就更嚴重了，這顯現出公孫丑確實是個很認真在思索的人，但，如果他不能反思自己不自覺受著齊國文化太深的沾染，顯現出齊人的傲慢與自大，其思路的格局會使他無法聽得懂孟子的深意。然而，公孫丑應該很難改變自己受齊國影響的思路，因為這

〔註19〕見同上，頁51。

種思路既限制著人，更哺育著人，齊國的國風就有著關注名利自由放言高論的習慣，要人生活在這種風土裡卻拒絕這種習慣實在會很困難，大概只有出身王族卻拒絕顯貴的於陵子辦得到吧？《史記・魯仲連鄒陽列傳》就記齊人魯仲連在這種自由意識裡關注名利較高明的表現，他在勸告燕將放棄聊城回師歸燕時說：「規小節者，不能成榮名，惡小恥者，不能立大功。昔者管夷吾射桓公中其鉤，篡也；遺公子糾不能死，怯也；束縛桎梏，辱也。若此三行者，世主不臣，而鄉里不通。」〔註20〕魯仲連不是沒有榮辱的觀念，然而他認為有比個人榮辱更重要的事……

這就是成大德立大業！因此，魯仲連繼續說：「鄉使管子幽囚而不出，身死而不反於齊，則亦名不免為辱人賤行矣。故管子不恥身在縲紲之中，而恥天下之不治，不恥不死公子糾，而恥威之不信於諸侯。故兼三行之過，而為五霸首，名高天下，而光燭鄰國。」還說：「非不能成小廉而行小節也，以為殺身亡軀，絕世滅後，功名不立，非智也。故去感忿之怨，立終身之名，棄忿悁之節，定累世之功，是以業與三王爭流，而名與天壤相獎也。」假如管仲只是服膺個人小節而寧願被囚禁，則他就永遠沒有平治天下的機會，天下不能太平，這纔是管仲最深的羞恥，他不能羞恥自己不跟著公子糾效死，而該羞恥齊國不能伸張威望取信於諸侯，因此個人雖有各種敗德的過失，卻能幫忙齊桓公成為春秋五霸的第一人，使齊國的光芒照耀鄰國！魯仲連認為不是個人的小節不重要，而是殺身亡軀離開人間使子孫滅絕，卻沒有建立功名，這不是大智慧！因此有智慧的人應該暫時擱置個人的憤怒，去實踐能與三王爭流的偉業。

魯仲連的說法，就顯示齊人自由意識的特徵，這種特徵的宗主在於不計較各種不符合現實利害的道德枷鎖，重點在於能否真正產生福國利民的長遠效益，只要現實上驗證其有效，齊人不會在意主事者個人的涓滴過失，因為這對他們沒有任何實質生活的影響（而且每個人誰沒有敗德的紀錄？他們反而能欣賞主事者的敗德，這或許更像自己的真實人生），而主事者的德政卻能帶給他們利益，這種實事求是面對人生與政治的態度，大概就是使得齊國能持續強盛的原因。民主思想來自制衡的觀念，制衡的觀念來自利益平衡的需要，因此我們會說自由意識架構出齊國的民主。

〔註20〕見《史記會注考證》卷八十三，〈魯仲連鄒陽列傳〉第二十三，頁1004。

第三節 民主思潮與齊人國風

這裡想簡單討論出現在齊學的各種早期民主思想。民主思想的內涵或許各家見解不同，不過筆者認爲就齊學的民主思想而言，有兩個相同點：第一，有眞理觀的信仰；第二，重視人民的聲音。前者使得民主思想的議論最後總會回歸至制度層面的架構（儘管處於未臻成熟階段），後者則使得思想家普遍意識人民實爲政治秩序與政局發展的主體。現在我們就合併這兩個角度來討論出現在齊國，具有齊學特徵的民主思潮，並由此更深刻認識齊人國風。

我們首先當然得繼續認識《管子》這部書。《管子‧明法》說：「是故先王之治國也，不淫意於法之外，不爲惠於法之內也。動無非法者，所以禁過而外私也。威不兩錯，政不二門，以法治國，則舉錯而已。是故有法度之制者，不可巧以詐偽；有權衡之稱者，不可欺以輕重；有尋丈之數者，不可差以長短。」〔註21〕這段話的意思是說：先王管理政治，對法律沒有規畫的範圍，絕不會放縱自己的心意，對法律已經規畫的範圍，也絕不會突顯自己的恩情，要按照法律規範的內容來面對人生所有的行爲，如此就能禁止人民因爲徇私的心態而犯錯。官僚要建立分層負責的制度，每個階層要培養該階層的威望，發佈相同性質的政令不能出自兩個或多個單位，用法律來治國，則管理政治就像個人的舉止一般簡單。因此只要制訂法度，則國家就有準則，人無法使用詐偽來投機；制訂權衡，則度量就有標準，人無法在買賣交易有欺騙；制訂尺規，則畫計就有規則，人不會在長短認知上發生落差。就一個國家走上制度化而言，這些事項雖然包羅的層面不同，卻具有相同的客觀意義，這個客觀思維就是因已意識到眞理。這段話反映的觀點跟愼子的思想相當契合，這種契合與其探索誰在影響誰，不如把他們都當做齊學對制度議題的典型觀點，譬如愼子說：「不引繩之外，不推繩之內，不急法之外，不緩法之內。」〔註22〕（《愼子‧逸文》五十二）還說：「法者，所以齊天下之動，至公大定之制也。」（《愼子‧逸文》五十六）還說：「有權衡者，不可欺以輕重；有尺寸者，不可差以長短；有法度者，不可巧以詐偽。」〔註23〕（《愼子‧逸文》七）

這是眞理觀的呈現，然而，《管子》這部書如何表現出政權的穩固端賴統治者重視人民的聲音呢？《管子‧牧民》如此說：「政之所興，在順民心，政

〔註21〕見《管子今註今譯‧明法》第四十六，下冊，頁751。
〔註22〕見《愼子的思想》附錄一〈《愼子》文句輯本〉，頁325～326。
〔註23〕見同上，頁321。

之所廢，在逆民心。民惡憂勞，我逸樂之；民惡貧賤，我富貴之；民惡危墜，我存安之；民惡滅絕，我生育之。能逸樂之，則民爲之憂勞；能富貴之，則民爲之貧賤；能存安之，則民爲之危墜；能生育之，則民爲之滅絕。故刑罰不足以畏其意，殺戮不足以服其心。故刑罰繁而意不恐，則令不行矣；殺戮眾而心不服，則上位危矣。故從其四欲，則遠者自親；行其四惡，則近者叛之，故知『予之爲取者，政之寶也』。」〔註24〕意思是說政權能興盛，在於順應人民的意願；政權會廢弛，在於違背人民的意願。人民厭惡勞動，統治者就該讓他們生活安逸與享福；人民厭惡貧賤，統治者就該讓他人生發財與顯貴；人民厭惡生存有危機，統治者就該提供讓他們安穩在社會工作的環境；人民厭惡子孫被滅絕，統治者就該提供讓他們安全生產與養育孩子的環境。能讓人民生活安逸與享福，人民纔願意替政府勞動；能讓人民發財與顯貴，人民纔願意跟政府共患難；能讓人民安穩在社會工作，人民纔能接受有時社會難免有危機；能讓人民正常生育子孫，人民纔能接受有時國家有難子孫會滅絕。這裡的討論其實利害的考量很深，管子相信只有人民因政府而獲利，纔會願意真誠替政府做事，這是個共利的邏輯，如果政府沒有辦法建立讓人民有利可圖的機制，這個政府對人民來說就是沒有存在意義的政府，如果政府的有無對人民不具有意義，這就會有統治的危機。

　　我們由這裡會越來越發現，齊國簡直可說是個商人國家，統治者與受治者充滿著利害的計量，孟子曾說的「上下交征利」雖然當日針對著梁惠王，不過拿來專指齊國的國風或許會更適宜。或許對齊國民主思潮會產生的最原始因素，就在於統治者與受治者利益的平衡吧？因此，《管子‧樞言》纔會說：「王主積于民，霸主積于將戰士，衰主積于貴人，亡主積于婦女珠玉，故先王慎其所積。」〔註25〕意思是說王者會讓人民累積財富，霸者會讓將士與戰士累積財富，使國家衰落的君主會讓親信累積財富，使國家滅亡的君主則會累積婦女與珠玉。齊國做爲商人國家，顯然安頓人民的利益是齊國的國策，並視爲能使齊國稱王的重要辦法。不論這是不是齊國統治者對人心好利的習性更精確的掌握，齊人好利的國風使得統治者在統治時會不斷思考如何拿出利益來擺平人民，《管子‧樞言》還說：「人故相憎也，人之心悍，故爲之法。法出于禮，禮出于治，治，禮道也，萬物待治禮而後定。」意思是說人因爲

〔註24〕見《管子今註今譯‧牧民》第一，上冊，頁2。
〔註25〕見《管子今註今譯‧樞言》第十二，上冊，頁224～225。

利益矛盾而互相憎恨，這會使人心變得剛悍凶惡，因此需要制訂法律來規範。法律的根源出自禮教，禮教出自按照社會大眾的風俗習慣來順整的態度。這種順整的態度，就是覓出制訂禮教的眞理，因此它不是強迫性的道德教條，而是如何應對人際網絡的客觀認知。這可看出管子重視禮教，同樣出自現實的需要性，因爲統治者面對的齊國百姓唯利是圖，使得人心兇惡，人人好猛鬥狠，如果不提倡禮教，政府根本很難有收攝人情緒與精神的機制，使用刑罰根本不是辦法。

　　《管子・水地》說：「夫齊之水道躁而復，故其民貪法而好勇。」〔註26〕這是由地理觀察齊人的國風。《史記・貨殖列傳》則說齊國：「地重，難動搖，怯於眾鬥，勇於持刺，故多劫人者。」這都指出齊人好猛鬥狠的國風，更難怪齊國統治者需要提倡禮治了。如此刁鑽的民風，究竟來自什麼性質的社會環境呢？筆者曾經指出，齊國是個商品經濟很早熟且發達的社會，〔註27〕商品經濟使得人在藉著物品與他人交易，在這種過程裡，因爲物品交易會使交易的雙方都對客體產生佔有的感覺（這裡所謂的客體，是指買方用金錢換取的物品與賣方用物品換取的金錢），個人的主體意識特別容易萌芽，個人萌芽出主體意識，人與人的關係就得要有平等性的意識也就跟著萌芽，因此個人不再只是國家達成願望的工具，他的生命主體得被統治者重視，否則就會激生民怨。農業經濟發達的社會，人面對的是天而不是人，人與人因爲在共同面對天，尤其要共同面對天災帶給人的傷害，自然而然變得無分彼此，自然會比較重視團體的榮譽，希望藉著團體的協力合作，來取得個人的生存，致使個人的主體意識不容易突顯。我們發現，晉學裡面的商子認爲要富國強兵就得提倡農業，並且主張「保甲法」，讓人與人互相監視，使得國家機制能穩固運作，這並不是商子個人架空於現實的玄想，而跟三晉地區，尤其秦國本來就是個農業經濟發達的社會有關。商品經濟發達的社會，並不是不發展農

〔註26〕見《管子今註今譯・水地》第三十九，下冊，頁678。《管子》能看出齊國人過度喜歡講究法律（或制度，或規律，或眞理），來替自己的逞兇鬥狠爭取權益，「貪法而好勇」一語，不能不說是對自身文化侷限的公正評價。

〔註27〕學者黃中業先生曾對商品經濟有過這樣的解釋：「商品經濟的飛越發展以及由此而直接引起的商人階層的活躍、商業市場的擴大、工商城市的興起、國際貿易的發達、鑄幣廣泛的流通、貨幣借貸的盛行、券的使用等方面。這在春秋以前是不曾有過的，它表明戰國時期商品經濟的發展實質上是一種飛躍。」見其〈戰國商品經濟的飛躍發展〉，《齊魯學刊》西元1982年，第四期（總計第四十九期），頁37。這段話應能看出有關「商品經濟」的實質意思。

業經濟，而是在生存的問題外，已經有餘暇來發展物品的交易，這種所謂的物品，不會只有五穀雜糧，還會包括許多飲食外的生活用具甚至奢侈品。

《管子・牧民》裡面就反映著來自齊國社會實況的觀點，其說：「積於不涸之倉者，務五穀也；藏於不竭之府者，養桑麻，育六畜也。」〔註28〕還說：「務五穀，則食足；養桑麻，育六畜，則民富。」要能填飽肚子，就還是得要耕作五穀；要真正富有，就得要養殖桑麻培育六畜做生意，我們因此更確知齊國已經有濃厚的商品經濟意識。商品經濟發達的社會，生命的主體意識會被個人特別重視，因此國家各項統治機制的建立要從每個人民的主體意識出發，而不能由君主的專制意志出發，否則人民會不同意國家的統治，然而，只要尊重人民的主體意識，由於每個人的主體意識都會不同，因此就需要有個公平的機制，能讓彼此的主體意識有個合理調節的過程。儘管這裡依然內醞著「牧民」的態度，如果我們不由現在時空的角度去思索當日時空，我們就會同意如果尊重民意實屬政權有效統治的地基，齊國社會在諸侯各國間確實具有優越性，它是早期實施民主政治的國家，儘管這個民主政治尚無法由人民直接做決策，不過人民對政治影響的層面確實因商品經濟的運作而不斷擴大。商品經濟如此具體影響到政治制度與實務的運作，故而《管子・乘馬》說：「市者，貨之準也。是故百貨賤，則百利得；百利得，則百事治；百事治，則百用節矣。」〔註29〕這段話的意思是說：市場是測量百貨買賣能否使人民得到利益的標準，因此百貨的物價便宜，則買者能購買到想要的商品，而賣者能大量賣出他生產的商品，人民全得到利益，則大家的心裡都感到滿意，而政治就能得到順理，各種生活日用的節度就在這個過程裡循環不息。

《管子・乘馬》還說：「故曰：『市者可以知治亂，而不能為治亂；可以知多寡，而不能為多寡，為之有道。』」〔註30〕從觀察市場的買賣價格是否穩定裡能夠知道一個社會的治亂，因為它跟人民的生活息息相關，然而，執政者卻不能直接涉入市場製造治亂，而應該放任自由買賣，因為市場的買賣價格的升降有它的客觀規律，商品數量豐沛，人很容易獲取，不覺得稀奇，則價格自然下降，反之則上升，故而放任自由買賣，應該要成為政府管理經濟的政策。《管子》這部書裡反映的觀點，是跟政治有關的各種措施，都要從人

〔註28〕見《管子今註今譯・牧民》第一，上冊，頁2～3。
〔註29〕見《管子今註今譯・乘馬》第五，上冊，頁75。
〔註30〕見同上，頁77。

民的心裡好惡來考量，這與前面已經指出的慎子的思想相當契合，不過，同樣是在替人民設想，《管子》比較是從君主的立場來替人民設想，慎子則純粹是從人民的立場來替人民設想，因此兩者有著程度不同的民主思想，並且，這種論斷只能就相對而言，因為我們在《管子》書中隨處能徵引君主得認真重視民意的聲音，這種重視的程度與懷著教導育化人民的心態而塑出民本的思想畢竟還是有區隔，因為其間甚至有君主只有唯民意至上纔能保住政權的意思，只不過慎子有更明確的「虛君」主張，慎子說：「聖人雖不憂人之危，百姓準上而比於下，其必取己安焉，則聖人無事也。故聖人處上，能無害人，不能使人無己害也，則百姓除其害矣。百姓之於聖人也，養之也，非使聖人養己也，則聖人無事矣。」〔註31〕（《慎子‧威德》）聖人要提供機會百姓養活自己，百姓能養活自己，則能養活聖人，使得聖人不需再做什麼，百姓自己能照顧好自己，這是最高意境的統治。

　　慎子這裡說的聖人，其實是指清明的統治者，因此慎子會表示君主設計制度，使人民不要發生利益的紛爭，遵守制度導致沒有利益的紛爭，這就是人民的共同利益，人民的共同利益因為君主的佈局而得到統一，不過就釐清概念而言，他們是依照法律的規範辦事，而不是依照君主的指令辦事，因為君主同樣依照法律的規範辦事。他說：「法之功，莫大使私不行；君之功，莫大使民不爭。今立法而行私，是私與法爭，其亂甚於無法；立君而尊賢，是賢與君爭，其亂甚於無君。故有道之國，法立則私議不行，君立則賢者不尊，民一於君，事斷於法，是國之大道也。」〔註32〕（《慎子‧逸文》五）法律的效益莫過於使私人的利益不能擴張，君主的作用莫過於使人民不會因各自的利益而引發紛爭，如果已經立法而人沒有守法的精神，依舊去爭奪法律不允許的個人利益，這就是利益與法律發生衝突，其混亂甚過於沒有法律，如果已經立君而依舊存在著不受制度束縛的賢人，他們的道德位階還要高於法律最高階的君主，這種混亂就像是爭奪個人利益般，其混亂甚過於沒有君主，因為賢人的道德高低無法衡量，而君主的法律位階本屬至高，卻被這些賢人給攪和，使得百姓不能辨別誰的意見具有真理意蘊，因此一個有道的國度，只要經過法律訂立的內容就不該再有私人的反對意見，只要君主登基能按法律行事，就不該再推崇賢人的地位，人民統一在這個能按法律行事的君主統

〔註31〕見《慎子的思想》附錄一〈《慎子》文句輯本〉，頁313。

〔註32〕見同上，頁320。

治裡，君主統治的過程事事都依照法律來做決策（因此君主其實沒有任何個人主觀的決策），如此國家就能呈現出具有真理的前景。

關於慎子如何重視人民的聲音，就體現在他「眾」的思想裡。慎子說：「眾之勝寡，必也。」〔註33〕（《慎子‧逸文》三十五）他相信多數人的意見即具有真理的意蘊，他還說：「身不肖而令行者，得助於眾也。」〔註34〕（《慎子‧威德》）顯然，他認為多數人民發揮的能量很大，人世裡的勝負，都由是否能「得眾」來計量，甚至「眾」還超越個人的道德與否，只要隨著多數人民的意志去動靜舉止，哪怕領導者是個十惡不赦的壞蛋都無所謂，因此他說：「桀、紂之有天下也，四海之內皆亂，關龍逢、王子比干不與焉，而謂之皆亂，其亂者眾也；堯、舜之有天下也，四海之內皆治，丹朱、商均不與焉，而謂之皆治，其治者眾也。」（《慎子‧逸文》四十四）由此可知慎子不僅不是個道德主義者，還是個極其尖銳的現實主義者。慎子還進而對何謂道德展開他的重新認知，他說：「夫三王五伯之德，參於天地，通於鬼神，周於生物者，其得助博也。」（《慎子‧威德》）「眾」的原則不但超越個人的道德與否，它反而還能成為具有大我意義的道德標準，「得助博」的人，不論他的私德如何，只要能把多數人民的福祉照顧得妥當，他也就符合大我的道德，就是個稱職的領導者。韓非子對慎子這種說法曾經總結出一段很精準的話，他說：「寡之不勝眾，數也。」〔註35〕（《韓非子‧解老》）意思是說跟隨多數人的意見為意見就是真理，而印證出筆者這個觀點。慎子說：「法非從天下，非從地出，發於人間，合乎人心而已。」〔註36〕（《慎子‧逸文》五十一）慎子認為判斷某個時空是治世還是亂世，其實就是有沒有得到多數人民的心！

這就是把「眾」的原則當做觀察任何事情正誤與否的客觀標準。慎子說：「天道因則大，化則細。因也者，因人之情也。」〔註37〕（《慎子‧因循》）慎子雖然出身於趙國，不過他的思想實在已經完全「齊國化」了，他深刻洞悉齊人的國風，採取因情利導的態度，譬如慎子認為自利是人性的本質，他說：「家富則

〔註33〕見同上，頁323。
〔註34〕見同上，頁314。
〔註35〕見《韓非子今註今譯‧解老》第八卷，下冊，頁903。這段話前面還內含著對聖人曲高和寡的批評，韓非子認為聖人絕無法勝過眾人的意見：「眾人不肯問知而聽能，而聖人強以其禍敗適之，則怨。眾人多而聖人寡。」後面纔接「寡之不勝眾，數也」。
〔註36〕見《慎子的思想》附錄一《慎子》文句輯本，頁325。
〔註37〕見同上，頁315。

疏族聚，家貧則兄弟離。非不相愛，利不足相容也。」〔註38〕（《慎子·逸文》三十八）他相信人與人也會展現相愛的一面，不過，這得建立在相同的利害基礎，否則就算是至親的人，也無法互相容忍共處。因此，在他的思考裡，「自利」的念頭是人的本性，「利他」的行為則不可能違背本性這個心理前提。他還說：「匠人成棺，不憎人死，利之所在，忘其醜也。」〔註39〕（《慎子·逸文》二十六）這裡說「利」這個字眼，有兩層意思：首先，是在指出金錢的利益能使製作棺木的人不計較屍體的醜陋，向內進而探索，則還是在指出人性有著自利的本質。人性的自利本質，能使人做出表面對自己不利的行為，用暫時的吃虧，來換取更大的好處，這種態度，最後誕生「公」與「私」這兩種領域的分別。政權的產生，就是要創造一個完全屬於「公」的領域，藉由制度來規範人民的行為，讓人民犧牲部份的利益，來獲得利益的根本保障。如果沒有制度，或者說，沒有一個維繫制度運作的政權，如此人性自利的本質就會完全暴露無遺。如果沒有「公」領域替換「私」領域來保障人民的利益，人民不需要犧牲局部利益來換取更多利益，就會更直接地進行利益的爭奪，避免因失去局部的利益而影響所有的利益。

　　慎子確實是個對齊人國風觀察很精湛的思想家，他的民主思想，就架構在對齊人唯利是圖的豢養與約束，因此纔會有「公」的主張。他說：「能辭萬鐘之祿於朝陛，不能不拾一金於無人之地；能謹百節之禮於廟宇，不能不弛一容於獨居之餘，蓋人情每狎於所私故也。」〔註40〕（《慎子·逸文》五十四）會產生「公」的思想，其實是對齊人「私」的慾望的更完整成全，避免人與人因利益的爭奪使得沒有人能獲得利益。我們已經很難去辨識慎子對人性自利的洞見究竟是指普遍的人性還是齊人的人性，因為人思考都受到其生活環境的影響與限制，由此激生出抽象而具有普遍性的想法，慎子當然是先長期觀察齊人的國風，而後得出他這種人性自利的觀點，站在我們不是齊人的角度來認識這個問題，我們會對齊人與齊學的思想家凡是都由利害的角度去認知事情不免覺得奇特，並對齊人竟能因要平衡各端利益而蘊生出真理的意識不免覺得驚異，這顯現齊學確實很務實，包括對真理的相信都來自這種務實態度。最後，我們想探索深受慎子影響的荀子，他如何因齊人的國風而發展

〔註38〕見同上，頁323。
〔註39〕見同上，頁322。
〔註40〕見《慎子的思想》附錄一《慎子》文句輯本〉，頁326。

出自己的民主思想。荀子的學問養成在齊國，他對齊人好利而自私的民性深有瞭解，因此纔會提出他「性惡」的重要主張，他在《荀子·性惡》裡說：「人之性惡，其善者偽也。今人之性，生而有好利焉，順是，故爭奪生而辭讓亡焉；生而有疾惡焉，順是，故殘賊生而忠信亡焉，生而有耳目之欲，有聲色焉，順是，故淫亂生而禮義文理亡焉。」〔註 41〕荀子認爲人的本性很惡質，如果會表現出善，這是來自後天的「文飾」。

荀子說的人性不具有孟子的本體至善的意蘊，他只是經由現象觀察而說出人的本質，然而荀子會得出「性惡」這種全盤含括的結論，當然得要有大量相應的生活經驗纔能證實，這就不得不推諸於齊人的國風，《荀子·性惡》繼續說：「然則從人之性，順人之情，必出於爭奪，合於犯分亂理而歸於暴。故必將有師法之化，禮義之道，然後出於辭讓，合於文理而歸於治。用此觀之，然則人之性惡明矣，其善者偽也。」如果順應人的本性，就會有大量爭奪利益的情事，大家各自由自己的角度架構出合理的說辭，使得道理被高度混淆，如此社會就難免要發生暴亂。因此就要教人學習法律來做教化，學習禮義來培養辭讓的心念，如此纔能符合眞理而歸於王道的統治。荀子還曾在《荀子·大略》裡說：「義與利者，人之所兩有也。雖堯舜不能去民之欲利，然而能使其欲利不克其好義也。雖桀紂亦不能去民之好義，然而能使其好義不勝其欲利也。故義勝利者爲治世，利克義者爲亂世。士重義則義克利，士重利則利克義。故天子不言多少，諸侯不言利害，大夫不言得喪，士不通貨財。有國之君不息牛羊，錯質之臣不息雞豚，冢卿不脩幣，大夫不爲場園，從士以上皆羞利而不與民爭業，樂分施而恥積藏，然故民不困財，貧窶者有所竄其手。」〔註 42〕荀子認爲好義與好利是人兩有的心態，雖然堯舜不能去除人民好利的習性，然而能使人民好利的習性不至於戰勝其好利的習性；雖然桀紂不能去除人民好義的習性，然而能使人民好義的習性無法戰勝其好利的習性，因此義勝利就是治世，利勝義就是亂世。

荀子相信君主存在的意義很重要，統治者重義則義能勝利，統治者重利則利就能勝義。因此他認爲天子不該談計量；諸侯不該談利害；大夫不該談得失；士人不該談貨財。有國的君主不該繁衍牛羊；在君王面前做事的大臣不該培育雞豚；上卿不該收納財幣孳息；大夫不該經營場園獲利；從士人開

〔註 41〕見《荀子集解》卷十七，〈性惡篇〉第二十三，頁 289。

〔註 42〕見《荀子集解》卷十九，〈大略篇〉第二十七，頁 330。

始都該羞於談利而不跟人民爭奪事業，樂於施予而恥於積藏，如此人民纔不會困於錢財，老只任想賺錢，貧困的人都能有獲利的門路。有時具有期望的說法就該由反面來觀察，齊人恐怕就是個「上下交征利」的社會，使得荀子反過來期望統治階層能率先做典範，不要讓齊人只知營利。《荀子・儒效》還說：「人論：志不免於曲私，而冀人之以己為公也；行不免於汙漫，而冀人之以己為修也；其愚陋溝瞀，而冀人之以己為知者，是眾人也。志忍私然後能公，行忍情性然後能脩，知而好問然後能才，公脩而才，可謂小儒矣。志安公，行安脩，知通統類，如是則可謂大儒矣。大儒者，天子三公也。小儒者，諸侯大夫士也。眾人者，工農商賈也。禮者，人主之所以為群臣寸尺尋丈檢式也，人倫盡矣。」〔註43〕荀子品評人性時說，心志不免於曲私，而期望人認為自己很公正；行為不免於污穢，而期望人認為自己修潔；愚陋無知，而期望人認為自己聰明，這就是最普通的眾人。心志矯正忍耐然後能公正；行為矯正忍耐然後能修潔；聰明好問與公正修潔，能呈現出自己的才幹，這就是小儒了。心志本來就安於公正；行為本來就安於修潔；聰明通達能統合各種人生的處境，這就能稱做大儒了。

　　荀子要創造個禮治的國家，他表示大儒能做天子與三公；小儒能做諸侯大夫與士人；最普通的眾人能經營工農商賈，而不論天子三公諸侯大夫士人工農商賈都要按照禮來舉止，這是君主測度群臣人格檢點與否的標準，能盡禮，人倫就全都在裡面了。荀子在當日最激烈的思想，莫過於他根本否決王位血統世襲的傳統觀點，而認為王位該當由大儒來擔任，這個大儒更清晰的說法就是能辨別善惡對錯的聖人，他在《荀子・正論》裡說：「天子者，至重也，非至彊莫之能任；至大也，非至辨莫之能分；至眾也，非至明莫之能合，此三至者，非聖人莫之能盡，故非聖人莫之能王。」他在《荀子・大略》裡還說：「天之生民，非為君也。天之立君，以為民也。故古者，列地建國，非以貴諸侯而已；列官職，差爵祿，非以尊大夫而已。」〔註44〕天生養人民，不是要用來提供君主的需要，相反地，天要設立君主的王位，這是要用來提供人民的需要，這包括列地建國設立諸侯或各種官職爵祿，都不是要創造某個統治階層的奢華生活，而是要在各層面提供人民一個優良的生活環境，因此，當君主不像個君主，推翻這種君主只不過就是誅殺獨夫而已，稱不上叛

〔註43〕見《荀子集解》卷四，〈儒效篇〉第八，頁92。
〔註44〕見《荀子集解》卷十九，〈大略篇〉第二十七，頁332。

亂，《荀子‧正論》說：「誅暴國之君若誅獨夫，若是，則可謂能用天下矣。」
〔註45〕這種具有持著完全開明的態度思考王位更替的原則，相信只有在齊國
纔能大膽說出這種具有自由意識的想法，更是荀子民主思想的展現。面對齊
人的唯利是圖，不是沒有思想家希望能直接矯正，而不僅是順應而已，故有
具有墨家傾向的宋鈃提出「反情欲」的主張。

我們簡單來認識宋鈃的思想，做爲探索齊人國風的終結。《荀子‧正論》
曾徵引宋鈃的話說：「子宋子曰：『明見侮之不辱，使人不鬥。人皆以見侮爲
辱，故鬥也；知見侮之爲不辱，則不鬥矣。』應之曰：『然則亦以人之情爲不
惡侮乎？』曰：『惡而不辱也。』」〔註46〕會稱做「子宋子」，這恐怕是因荀子
年輕時曾在稷下向宋鈃求教過，故有「我的老師宋子」這種說法。宋子表示
如果能被侵侮而不覺得受辱的義理，就能使人不引發爭鬥，有人問宋子說人
情能不厭惡被侵侮嗎？宋子說厭惡是種情緒，情緒只是種心念，如果在心念
上自己轉化，不把厭惡當厭惡，意即不要有任何情緒，使得人被侵侮而不會
有任何不舒服，這就能避免各種私情引發的衝突。《荀子‧正論》還徵引宋子
說：「子宋子曰：『人之情欲寡；而皆以己之情爲欲多，是過也。』故率其群
徒，辨其談說，明其譬稱，將使人知情欲之寡也。應之曰：『然則亦以人之情
爲欲目不欲綦色，耳不欲綦聲，口不欲綦味，鼻不欲綦臭，形不欲綦佚，此
五綦者，亦以人之情爲不欲乎？』曰：『人之情欲是已。』」〔註47〕宋子認爲
人因認爲人的情欲很大量無法發出，而不得不釀就各種社會事端，如果人能
認爲人的情欲其實很淺薄，在意念上降低自己的情欲，就能減輕社會事端了。
因此他率領自己弟子到處談論這個觀點，詳細解說情欲本來很淺薄的道理。
有人問宋子說人的眼睛不想看極好的美色；耳朵不想聽極好的美聲；嘴巴不
想嚐極好的美味；鼻子不想嗅極好的氣味；身體不想享極好的安逸？

這五種感官需要，難道人情會不想要嗎？宋子承認人的情欲都在裡面，
只不過人應該去降低這些需要。荀子認爲宋子這種違背人情的需要而去強辯
說，聚集弟子，建立自己的師學，書寫自己的經典，然而竟把聖人因應人情
來施加禮治的治本作法當做禍亂，完全否認人的情欲的需要的現實性，這豈
不是已經在犯莫大的過錯！《荀子‧正論》記說：「今子宋子嚴然而好說，聚

〔註45〕見《荀子集解》卷十二，〈正論篇〉第十八，頁216。
〔註46〕見同上，頁227。
〔註47〕見同上，頁229～230。

人徒，立師學，成文曲，然而說不免於以至治爲至亂也，豈不過甚矣哉！」宋鈃的思想恐怕還是在針對齊人國風來構思，只不過他的思路是由意念上完全否認人性自利的脈絡，這與齊人的認知事實落差未免太大，然而齊人好奇與寬容的民情大概還能有宋鈃馳騁己說的機會，故而其學說曾經盛行，而使得荀子特地要針對其論點來反駁。這裡拿三個脈絡來探索齊學的民主思想，並環繞著齊人普遍自利的國風爲主軸來反覆申論，希望能使讀者看出早期民主思想萌芽的經過。

第三章　眞理觀如何孕育出兵學的思維

摘　要

　　先秦兵家的思想歷來常被學者摒除於正統的思想史研究範疇外，然而中國的思想向來強調整體性，即使兵家亦不專門只說軍事議題，軍事的勝負不僅來自兵陣的佈局，更與敵我兩國各自的社會條件與政治環境，甚至包括天象與地利的掌握都息息相關，因此兵學思想家通常著書立說會廣爲觸及各層面的思想，如果學者只因「兵家」兩字而就略而不談，則顯然先秦思想的地圖就會有一大塊被遺忘的角落。更不要說探索齊學的眞理觀的過程裡，如果略而不談兵學思想家的眞理觀思想，則認識齊學的眞理觀就存在極大的盲點，此因兵學講究精確實用於人事佈局，如果沒有最終能被確信的眞理做支撐（起碼論說者自己要完全相信），則根本無法做論說的基點。這裡探索深受齊學影響的五本兵書：《孫子兵法》、《孫臏兵法》、《吳子》、《六韜》與《司馬法》，冀圖瞭解其各自內蘊的眞理觀。

　　孫子的眞理觀來自對情境的客觀掌握，沒有任何僵硬不變的理論，只要能針對事實做出強弱判斷，拿強制弱或化強爲弱提供因應的辦法，只要能勝利就是上策，這是認知宇宙的實相，應用於軍事思想的眞理觀。孫武雖然將他的軍事思想在吳國發揚光大，然而如果沒有齊學的孕育過程，決無法產生他這種奇正變化無窮的思想。孫臏與孫武民國而降長期被混做一人，此中論點最著名者莫過於錢穆先生曾考據表示雖然《漢書‧藝文志》的兵家類裡說有《吳孫子兵法》八十二篇，有《齊孫子兵法》八十九篇，然而根本不存在

吳孫子這個人，有關於他的傳說都由齊孫子而來，孫臏因腳被臏而無名，其實武就是他的名字，司馬遷誤把兩人混做一人。然而，因《孫臏兵法》與《孫子兵法》同在銀雀山被發現竹簡出土，使得司馬遷往日的說法重新獲得重視。

孫臏跟他的先祖孫武最大的不同，在於孫臏不強調權謀的運作，孫武認為軍事就是個「詭道」，孫臏則認為詭道不是決定勝負最重要的因素，孫臏存在著孫武沒有的先王意識，這個先王意識使得孫臏會更看重交戰國各自背後的仁義因素，孫臏有德性層面的思想，而孫武則罕見，這反映前者已深受儒家思想的影響，後者的思想則與先秦儒家同屬正在醞釀的時期，因此孫武較沒有沾染太深的儒家倫理思想。這同時反映齊學內部發展的歷程，顯見儒家傳布至齊國，真正成為齊學思想的內裡，恐怕要遲至戰國早期。孫臏的思想還討論到名實議題，我們需釐清什麼東西會沒有現象，卻有存在的事實？這有兩種認識路徑：其一，現象本來就由人給出，因此超過人肉體器官的辨認範圍，譬如細菌就超過肉眼的辨認極限，這就是沒有現象卻有存在的事實。

其二，精神的存在與物質的存在其究竟本無法區隔，不過有些精神的存在獨沒有物質的存在，譬如人的情感譬如愛恨情仇就沒有物質的存在，然而其確實存在，因此給與情感名相，使這個存在有個觀念能被人把握，這同樣是沒有現象卻有存在的事實。孫臏在這裡表示拿名相來認識不論奇正全部的宇宙的存在，這個名相就是五行金木水土這五種元素的觀念，按相生相剋的道理去調配與調換，就能變化無窮，這個觀念顯然已具有相當抽象理型的高度，因此完全可稱做孫臏的真理觀。再來就是《吳子》，該書如何能看出其有真理觀的思想？這部書的駁雜並不在其思想的真偽問題，而在其同時反映晉學與齊學兩種思想，偏偏這兩種思想型態正具有對衝性，前者崇尚權謀，後者崇尚真理，如果同樣呈現在一個人的思想裡，就會釀就出矛盾與衝突的主張。

能避開智略權謀這種心術層面的濫用，更重視人格陶冶這種心性層面，這就使得真理觀較容易蘊生。這是《六韜》這部書會具有真理觀的背景。然而該書反映出的真理觀究竟是什麼？春夏秋冬四季生長斂藏的變化，萬物跟著榮成盈靜的循環，如此週而復始，沒有人知道其何時開始何時結束，聖人配合這個變化的道理去治理人民，這是拿天地的大道去做社會的綱紀。這種說法還是在齊學黃老「道生法」的思想脈絡裡，這部書無法反映姜太公其人的思想，卻能反映出戰國中期稷下先生的思想。最後則是《司馬法》這部書，該書認為「正道」與「權法」要交互運作，如果仁義的正道不能獲得敵人的

第三章　眞理觀如何孕育出兵學的思維

明白，就該暫且拿戰爭的手段去換取正道最終能獲得實踐，《司馬法》這種務實態度，意即運用智謀來實踐眞理的想法，呈現戰國齊學的一貫性。

第一節　《孫子》的眞理觀

　　先秦兵家的思想歷來常被學者摒除於正統的思想史研究範疇外，然而中國的思想向來強調整體性，即使兵家亦不專門只說軍事議題，軍事的勝負不僅來自兵陣的佈局，更與敵我兩國各自的社會條件與政治環境，甚至包括天象與地利的掌握都息息相關，因此兵學思想家通常著書立說會廣爲觸及各層面的思想，如果學者只因「兵家」兩字而就略而不談，則顯然先秦思想的地圖就會有一大塊被遺忘的角落。先秦諸子人人都在言「道」，其對道的認識（或言其如何認識道）就是廣義的眞理觀，探索齊學的眞理觀的過程裡，如果略而不談兵學思想家的眞理觀思想，則認識齊學的眞理觀就存在極大的盲點，此因兵學講究精確實用於人事佈局，如果沒有最終能被確信的眞理做支撐（起碼論說者自己要完全相信），則根本無法做論說的基點。因此，這裡特別闢出一章來討論眞理觀如何孕育出兵學的思維，由此來認識齊學兵家眞理觀的相同與相異。

　　首先，我們來認識《孫子兵法》這部書。《孫子兵法》的作者爲孫武，他是春秋末年齊國人，《史記・孫子吳起列傳》記說：「孫子武者，齊人也，以兵法見於吳王闔廬曰：『子之十三篇，吾盡觀之矣。』」〔註1〕往日學者常懷疑孫武是否果有其人；或懷疑孫武與孫臏是否同爲一人；或懷疑《孫子兵法》是否果爲先秦古書……，這些疑惑現在都在民國六十一年（西元 1972 年）山東省臨沂市銀雀山一號漢墓出土竹簡《孫子兵法》與《孫臏兵法》兩書而獲得澄清。〔註2〕《孫子兵法》可謂兵學的始祖書，雖然傳說姜太公世傳各種兵學著作，然而這僅能證實齊學確實有好議論軍事的傳統，並不能藉此指出現存哪本兵家古書出世早於《孫子兵法》（譬如世傳姜太公著作的《六韜》）。我們現在來探索《孫子兵法》的眞理觀，《孫子兵法・計》說（後面都簡稱《孫子》）：「故經之以五事校之以計，而索其情。一曰道，二曰天，三曰地，四曰將，五曰法。道者，令民與上同意也，故可以與之死，可以與之生，而不畏危。天者，陰陽寒暑時

〔註1〕　見《史記會注考證》卷六十五，〈孫子吳起列傳〉第五，頁 864。
〔註2〕　《十一家注孫子》這本書同時附有〈孫臏兵法殘簡釋文〉與〈孫子兵法殘簡釋文〉兩篇竹簡文字，能明顯看出這兩部兵法的內容有明顯差異，前者頁 1～86；後者 93～99。

－95－

制也。地者，遠近險易廣狹死生也。將者，智信仁勇嚴也。法者，曲制官道主用也。凡此五者，將莫不聞，知之者勝，不知者不勝。故校之以計，而索其情。」〔註3〕孫子要人拿五事做為行事的大經，由這個大經搜索出你的需要，「道，天，地，將，法」這五個大經就具有真理觀的意蘊，大經其實就是該被遵循的原則，能讓人民能為國犧牲而不怕危險，這就要有能讓人民願意犧牲的天然條件（這個條件包括自然與社會各種條件），這就是符合大道運作的原則。

接著，按著陰陽寒暑時制遠近險易廣狹死生這些客觀的自然現象去行事，這就符合天與地運作的原則。當將軍的人能按著「智信仁勇嚴」這些倫理原則去行事，就能有效統御士卒。善於執法者能制訂清晰的制度來做原則，裨益人能按此應對進退，這就能使國家邁往常軌。孫子認為戰爭能勝利常來自人精確的計量情境，故而在廟堂上就能如奕棋般制敵機先，《孫子・計》記說：「夫未戰而廟算勝者，得算多也；未戰而廟算不勝者，得算少也。多算勝，少算不勝，而況於無算乎！吾以此觀之，勝負見矣。」〔註4〕孫子很強調精確計量情境，這種計量基本上就是對利害得失的整體評估，孫子重利，這是個基本事實，《孫子・謀攻》就說「故知勝者五」，其中第三個就是「上下同欲者勝」，意即統治階層與被統治階層有共同的利益，如此軍隊就能替國家賣命，這恐怕尤其在針對齊人的性情來說，不過孫子同樣洞悉齊人的缺點，因此會在《孫子・軍爭》裡說：「故軍爭為利，軍爭為危。舉軍而爭利，則不及；委軍而爭利，則輜重捐。」〔註5〕意思是說軍隊爭奪有時有大利有時有大害，如果統治者能統一軍隊的利害共同對外去爭奪國家的大利益，這就能使大家的精神被凝聚，如果統治者不能統一軍隊的利害，使得大家急著去爭奪內部的利益，如此就是在把自己的輜重糧草拱手讓給敵人。孫子出身於君權相對來說較弱的齊國，對於君主如何授權給將帥有很實際的看法，他不同意君主太投注於戰爭的過程，而能讓軍事專業化，交給實際負責在前線指揮的將帥來統領，如此纔不會釀就外行領導內行的統御困境。

因此，《孫子・謀攻》說：「故君之所以患於軍者三：不知軍之不可以進，而謂之進；不知軍之不可以退，而謂之退，是謂縻軍。不知三軍之事，而同三軍之政者，則軍士惑矣。不知三軍之權，而同三軍之任，則軍士疑矣。」

〔註3〕見《十一家注孫子・計篇》卷上，頁1～8。
〔註4〕見《十一家注孫子・計篇》卷上，頁19。
〔註5〕見《十一家注孫子・軍爭篇》卷中，頁108。

〔註6〕君主不知道軍隊其實不能前進或後退，卻命令軍隊前進或後退；君主不知道軍隊的處境，卻主持軍隊的政務；君主不知道軍隊的權柄配置，卻隨意派任將領做事，這都很容易製造軍士的疑惑。能產生軍事專業化的思想，限制君主對前線的不當干預，這不能說不是因來自齊國的民主大背景所致，在這種大背景裡，架構真理觀纔有可能，《孫子‧形》就記說軍事的勝利來自真理的掌握：「兵法：一曰度，二曰量，三曰數，四曰稱，五曰勝，地生度，度生量，量生數，數生稱，稱生勝。故勝兵若以鎰稱銖，敗兵若以銖稱鎰。」〔註7〕敵我身處的地域不同，就需要對敵我兩邊的國土面積做度量，由於各自對國土面積度量的結果不同，開墾的結果，就產生各自物產資源不同的數量，根據這些不同的數量，產生各自兵員多寡不同的數目，這個數目就變成雙方強弱不同的對比，這個對比就最終決定戰爭的勝負。勝利的軍隊對比於失敗的軍隊，就好像拿鎰去稱銖般佔有絕對優勢的處境；失敗的軍隊對比於勝利的軍隊，就好像拿銖去稱鎰般處於絕對劣勢的處境。由此可知，戰爭的勝負其實早在戰前就能做精算，這個精算就來自對真理的掌握，只要精算幾個狀況，就能知道勝負：國家的國土面積、物產資源的數量與兵員數目，並綜合對比敵我這些狀況的強弱，就能知道勝負了。

　　戰爭的過程裡如何對敵我實際處境做具體精算？《孫子‧虛實》說：「故策之而知得失之計，作之而知動靜之理，形之而知死生之地，角之而知有餘不足之處。故形兵之極，至於無形；無形，則深間不能窺，智者不能謀。」〔註8〕通過認真評估判斷，來瞭解敵人作戰計畫的得失；通過挑釁敵人，來瞭解敵人動靜舉止的規律；通過假象來迷惑敵人，藉此摸清敵人所處地形的有利與不利。誘敵示形的辦法運用至極高的意境，就能達到不露自己行蹤的效果，如此就是深藏的間諜也無法窺查我軍的底細，即使老謀深算的敵人也想不出對付我軍的辦法。孫子確實不斷在把真理觀運作到人事裡設計出各種客觀性的評估，譬如《孫子‧勢》說：「孫子曰：『凡治眾如治寡，分數是也；鬥眾如鬥寡，形名是也；三軍之眾，可使必受敵而無敗者，奇正是也。兵之所加，如以碬投卵者，虛實是也。』」〔註9〕管理人數多的軍隊，就如同管理

〔註6〕見《十一家注孫子‧謀攻篇》卷上，頁46～47。
〔註7〕見《十一家注孫子‧形篇》卷上，頁61～62。
〔註8〕見《十一家注孫子‧虛實篇》卷中，頁99～101。
〔註9〕見《十一家注孫子‧勢篇》卷中，頁65～67。

人數少的軍隊般，重點在組織編制的問題；指揮人數多的軍隊，如同指揮人數少的軍隊般，重點在指揮號令的問題；整個軍隊遭遇攻擊卻不會潰敗，這是因爲軍隊事前就有常態的隊伍與變態的隊伍教育，使得遭遇突發狀況能緊急應變；軍隊攻擊敵人，要如同拿石頭去丟卵般，讓敵人毫無辦法招架，這就是拿我們的實處去擊破敵人的虛處。《孫子·勢》說：「凡戰者，以正合，以奇勝。故善出奇者，無窮如天地，不竭如江河。」〔註10〕戰爭要拿常態的隊伍去迎擊敵人，而拿變態的隊伍取勝。因此善於出奇制勝的將帥其戰法要如天地般變化無窮，如江河般奔流不息。

　　《孫子·勢》還接著說：「終而復始，日月是也。死而復生，四時是也。聲不過五，五聲之變，不可勝聽也。色不過五，五色之變，不可勝觀也。味不過五，五味之變，不可勝嘗也。戰勢不過奇正，奇正之變，不可勝窮也。奇正相生，如循環之無端，孰能窮之？」軍事佈局如同日月運行般週而復始；如同四季更替般死而復生，不斷交換變化無窮，因此樂音不過五聲音階，然而五聲音階的變化卻會產生無窮的音樂；顏色不過五種顏色，然而五種顏色的變化卻會產生無窮的圖像；味道不過五種味道，然而五種味道的變化卻會產生無窮的美食。戰爭就如同這三種藝術，戰爭的常態與變態不斷交替，無始無終，會產生無窮的戰法。對於這種無窮戰法，孫子還拿流水來做譬喻，《孫子·虛實》記說：「夫兵形象水，水之形，避高而趨下；兵之形，避實而擊虛。水因地而制流，兵因敵而制勝。故兵無常勢，水無常形，能因敵變化而取勝者，謂之神。故五行無常勝，四時無常位，日有短長，月有死生。」〔註11〕用兵的規律就像流水，水的流動規律爲避開高點而往低點流去，用兵的規律爲避開敵人堅實的地點而攻擊敵人虛弱的地點，流水要因地形的高低而制約其流向，用兵則要根據敵人的強弱而制訂其辦法，作戰沒有一陳不變的的辦法，就像流水沒有固定的形狀般，能根據敵情變化而取得勝利，這就稱得上用兵如神了。五行相生相剋，沒有哪個屬性常盛不衰，四季循環更替，沒有哪個季節持續作用，白天有長有短，月亮有圓有缺，用兵無常，順應情境而發纔是不變的眞理。

　　孫子的眞理觀來自對情境的客觀掌握，沒有任何僵硬不變的理論，只要能針對事實做出強弱判斷，拿強制弱或化強爲弱提供因應的辦法，只要能勝利就是上策，然而先得認識「常」，知常纔能有「變」，這是認知宇宙的實相，

〔註10〕見同上，頁 68〜69。
〔註11〕見《十一家注孫子·虛實篇》卷中，頁 102〜104。

應用於軍事思想的眞理觀。孫武雖然將他的軍事思想在吳國發揚光大，然而如果沒有齊學的孕育過程，決無法產生他這種奇正變化無窮的思想。

第二節　《孫臏子》的眞理觀

孫臏與孫武民國而降長期被混做一人，此中論點最著名者莫過於錢穆先生曾在《先秦諸子繫年・田忌鄒忌孫臏攷》裡考據表示雖然《漢書・藝文志》的兵家類裡說有《吳孫子兵法》八十二篇，有《齊孫子兵法》八十九篇，然而根本不存在吳孫子這個人，有關於他的傳說都由齊孫子而來，孫臏因腳被臏而無名，其實武就是他的名字，司馬遷誤把兩人混做一人。〔註12〕然而，因《孫臏兵法》與《孫子兵法》同在銀雀山被發現竹簡出土，使得司馬遷往日的說法重新獲得重視，《史記・孫子吳起列傳》說：「孫武既死，後百餘歲有孫臏，臏生阿甄之間，臏亦孫武之後世子孫也。」〔註13〕孫武與孫臏實爲有血緣關係的兩個人的說法再度被承認。我們對比《孫臏兵法》與《孫子兵法》兩書，會發覺前者篇幅遠大於後者，且前者確實在繼續發展後者的思想，不同者在前者更看重戰爭的勝利並不在戰略與戰術，而在人能「達道」，這個達道屬於倫理性的議題，不再純是客觀的條件，或者說，孫臏的眞理觀已融攝倫理思想，視倫理思想爲眞理的主要內涵。

現在，讓我們圍繞著孫臏兵學思想裡的眞理觀做主軸，來探索跟這個眞理觀有關的孫臏各層思想，由此瞭解孫臏說的「達道」。《孫臏兵法・見威王》（後面簡稱《孫臏子》）說：「夫兵者，非士恆勢也，此先王之傳道也。戰勝，則所以在亡國而繼絕世也。戰不勝，則所以削地而危社稷也。是故兵者不可不察，然夫樂兵者亡，而利勝者辱。兵非所樂也，而勝非所利也，事備而後勤。」〔註14〕這個「士」就是憑恃的意思，意思是說戰爭的過程裡沒有永恆不變的有利情勢能被長期依賴，這纔是先王會傳布的道理（我們由此就能看出孫臏存在著孫武沒有的先王意識，這個先王意識使得孫臏會更看重交戰國各自背後的仁義因素），戰爭關係著國家的存亡絕續，如果失利，影響不止於削割國土，更會危害祖宗社稷是否還能被奉祀，因此對戰爭得存著很謹慎的

〔註12〕見《先秦諸子繫年・田忌鄒忌孫臏攷》卷三，頁262～263。
〔註13〕見《史記會注考證》卷六十五，〈孫子吳起列傳〉第五，頁865。
〔註14〕見《十一家注孫子・孫臏兵法殘簡釋文・見威王》，上編，頁5。

態度，如果統治者好戰的話國家就不能免於滅亡，如果統治者貪圖勝利國家就不能免於受辱。作戰不該因為好戰，勝利不會來自貪利，只有長期做好軍事準備，不懼戰而該戰就為國而戰，如此國家纔能戰無不克。孫臏跟他的先祖孫武最大的不同，在於孫臏不強調權謀的運作，孫武認為軍事就是個「詭道」，孫臏則認為詭道不是決定勝負最重要的因素，因此《孫臏子‧威王問》說：「田忌曰：『權勢謀詐，兵之急者耶？』孫子曰：『非也。夫權者，所以聚眾也。勢者，所以令士必鬥也。謀者，所以令敵無備也。詐者，所以困敵也。可以益勝，非其急者也。』」〔註15〕孫臏認為掌握權柄只能聚集群眾；掌握情境只能使軍隊發憤戰鬥；掌握謀略只能使敵人無法防備。

即使施展詐術，都只是把敵人困住，這都是能增加勝利的因素，卻不是戰爭過程裡最急迫的要素。還會有比權勢謀詐更根本的要素嗎？孫臏認為就是德性的涵養，因此《孫臏子‧篡卒》說：「孫子曰：『兵之勝在於篡卒，其勇在於制，其巧在於勢，其利在於信，其德在於道，其富在於亟歸，其強在於休民，其傷在於數戰。』」〔註16〕戰爭的優勢在於慎選精壯的士卒，能使士卒勇敢作戰的原因在於軍法制度嚴明，使得士卒能知進退，能使士卒靈活機敏的運動在於利用情境，能創造戰爭最大的勝面在於統帥言而有信，能使戰爭被人認知為符合德性的義戰，就在於統治者要依據大道來做決策，不做不義的戰爭，能使戰爭不會把國家攪得山窮水盡，反而能發財富民，莫過於速戰速決，使人民能回歸本業，能因戰爭而使國家越打越強，就在於時時讓人民養精蓄銳，最傷害國本的作法莫過於太過頻繁的戰爭，使得人民銳氣盡失。因此，《孫臏子‧篡卒》還接著說：「孫子曰：『德行者，兵之厚積也。信者，兵之明賞也。惡戰者，兵之王器也。』」戰爭過程裡最需厚積的是德性的實踐，對部隊能否賞罰清晰而講信用，戰爭的「王器」莫過於統治者本質上厭戰，不符合德性原則的戰爭絕不開打。《孫臏子‧八陣》還說：「夫安萬乘國，廣萬乘王，全萬乘之民命者，唯知道。知道者，上知天之道，下知地之理，內得其民之心，外知敵之情，陣則知八陣之經，見勝而戰，弗見而諍，此王者之將也。」〔註17〕能安頓出兵萬乘的大國；能景服出兵萬乘的君王；能保全出兵萬乘的人民性命者，只有通曉大道的人纔能辦得到。

〔註15〕見《十一家注孫子‧孫臏兵法殘簡釋文‧威王問》，上編，頁10。

〔註16〕見《十一家注孫子‧孫臏兵法殘簡釋文‧篡卒》，上編，頁21。

〔註17〕見《十一家注孫子‧孫臏兵法殘簡釋文‧八陣》，上編，頁25。

　　孫臏說的大道究竟是指什麼內容呢？孫臏表示通曉大道的人要上知天象的變化，下知地理的狀況，內能獲得民心，外能瞭解敵情，能知道各種佈陣誘敵的辦法，該作戰就乘勝追擊，不該作戰就誠懇勸阻，這就是能擔任聖王的將領該通曉的大道。對於將領該把持的義理，《孫臏子‧將義》說：「將者不可以不義，不義則不嚴，不嚴則不威，不威則卒弗死。故義者，兵之首也。將者不可以不仁，不仁則軍不克，軍不克則軍無功。故仁者，兵之腹也。將者不可以無德，無德則無力，無力則三軍之利不得。故德者，兵之手也。將者不可以不信，不信則令不行，令不行則軍不專，軍不專則無名。故信者，兵之足也。」〔註18〕擔任將領的人不能不心服於義理，不心服於義理就無法嚴格教育士卒，不嚴格教育士卒就無法豎立威信，不豎立威信則士卒就不會效死，因此心服於義理，這是將領能善於領導戰爭的首要條件，如同人的頭腦般重要；擔任將領的人不能不心服於仁道，不心服於仁道就無法使軍隊師出有名，無法使軍隊師出有名則無法獲得功勳，因此心服於仁道，這是將領能善於領導戰爭的第二個條件，如同人的肚子般重要；擔任將領的人不能不心服於德性，不心服於德性就沒有提振士氣的能量，沒有提振士氣的能量就無法使三軍獲得大利，因此心服於德性，這是將領能善於領導戰爭的第三個條件，如同人的雙手般重要；擔任將領不能不心服於信用，不心服於信用就無法使士卒聽將領的號令，號令無法推行則軍政無法獲得統一，軍政無法獲得統一就無法使將領獲得清譽。

　　孫臏與孫武的兵學思想差距最大的觀點，就在孫臏有德性層面的思想，而孫武則罕見，這反映前者已深受儒家思想的影響，後者的思想則與先秦儒家同屬正在醞釀的時期，因此孫武較沒有沾染太深的儒家倫理思想。這同時反映齊學內部發展的歷程，顯見儒家傳布至齊國，眞正成爲齊學思想的內裡，恐怕要遲至戰國早期（起碼絕不會在孫武生活的春秋晚期）。因此，孫武會很在意權謀，而孫臏則很在意「權衡」，《孫臏子‧行篡》說：「孫子曰：『用兵移民之道，權衡也。權衡，所以篡賢取良也。陰陽，所以聚眾合敵也。』」〔註19〕孫臏認爲用兵作戰與管理人民的道理完全相通，就如同拿天平去稱東西般，要能取得平衡，這個取得平衡就是能選拔賢良，讓人材有機會發揮專長，而掌握陰陽變化的道理，就是冀圖能聚集群眾來迎擊敵人。「權衡」與「陰陽」這兩個詞彙的出現，

〔註18〕見《十一家注孫子‧孫臏兵法殘簡釋文‧將義》，下編，頁69。
〔註19〕見《十一家注孫子‧孫臏兵法殘簡釋文‧行篡》，上編，頁33。

這意味著孫臏開始發展出其兵學思想裡的真理觀了，這個真理觀具有倫理的意蘊。《孫臏子‧奇正》說：「天地之理，至則反，盈則敗，日月是也。代興代廢，四時是也。有勝有不勝，五行是也。有生有死，萬物是也。有能有不能，萬生是也。有所有餘，有所不足，形勢是也。故有形之徒，莫不可名。有名之徒，莫不可勝。故聖人以萬物之勝勝萬物，故其勝不屈。」〔註20〕天地變化的道理，常發展至極致，就會改往相反的路向，最盈滿的時刻，就會開始邁往衰敗，徵諸宇宙，有無窮的現象能做例證，譬如日月交替；或如四時興廢；或如五行生剋；或如萬物生死；或如各種生命各有能有不能；或如各種形勢各有其優點與缺點。

　　孫臏顯然是個戰國中期深受齊學影響的兵學思想家，他不僅深受儒家思想的影響，這裡還顯現出他受到形名思想的影響。他說，有形體的東西，沒有不可命名；有名稱的東西，沒有不可馴服，因此聖人會利用萬物各自的特性來互相克制，藉此駕馭萬物，故而能變化無窮的取得勝利。這段話顯然已結合戰國中期的形名思想與五行思想，而與孫武具有實用性的談論形名有大同，前節曾徵引《孫子‧勢》說：「孫子曰：『凡治眾如治寡，分數是也；鬥眾如鬥寡，形名是也。』」這個形名是指具體的號令，譬如三國曹操註解《孫子兵法》就曾在這裡說：「旌旗曰形，金鼓曰名。」唐朝杜牧則對此說：「旌旗鐘鼓亦有之，我安得獨為形名，鬥眾如鬥寡也？夫形者，陳形也；名者，旌旗也。戰法曰：『陳間容陳，足曳白刃。』故大陳之中，復有小陳，各占地分，皆有陳形。旗者，各依方色，或認以鳥獸，某將某陳，各有名號。形名已定，志專勢孤，人自為戰，敗則自敗，勝則自勝，戰百萬之兵，如戰一夫，此之是也。」〔註21〕不論他們對形名的認知有什麼差異，他們都認為孫武說的形名在指具體的東西，儘管孫武或許已有相對較抽象的形名思想，不過尚沒有孫臏如此露白的闡釋。順此繼續對比討論孫武曾提出的奇正觀念，孫臏的奇正就還具有形名的意蘊，《孫臏子‧奇正》說：「形以應形，正也；無形而制形，奇也。奇正無窮，分也。分之以奇數，致之以五行，鬥之以……」後面刪節號的內容就已經佚失，〔註22〕不過孫臏再後面就說：「分定則有形

〔註20〕見《十一家注孫子‧孫臏兵法殘簡釋文‧奇正》，下編，頁83。
〔註21〕見《十三家註孫子‧勢篇》卷中，頁65。
〔註22〕學者張震澤先生表示佚失的應該是「三壹」兩字，他在〈奇正〉篇的註釋裡
　　　　說：「〈八陣〉篇有『鬥一守二』語，〈十問〉篇亦有『參分我兵』語，此句可
　　　　能是三分我兵以其一鬥之意，與上文『分之以奇數』相應。」見《孫臏兵法

矣，形定則有名矣。」

　　孫臏把奇正與形名完全結合，拿來解釋現象與本質間的關係。孫武本來只說正是指常態的戰法，奇是指變態的戰法，這或許還受著《老子》思想的影響，《老子》第五十七章說：「以正治國，以奇用兵。」〔註23〕第五十八章說：「正復爲奇。」〔註24〕奇正是相對的兩個觀念，在正常情況爲正者，在特殊情況爲奇，拿這個觀念反覆循環來用兵，則用兵的變化無窮，因此《孫臏子‧奇正》說：「同不足以相勝也，故以異爲奇。是以靜爲動奇，佚爲勞奇，飽爲飢奇，治爲亂奇，眾爲寡奇，發而爲正，其未發者奇也。」任何反常的狀態都是奇，因此動態是正，靜態是奇；勞動是正，逸樂是奇；吃飽是正，飢餓是奇；治世是正，亂世是奇；多數爲正，少數是奇；受挫而有反應是正，受挫而無反應是奇。這些都是繼承並闡釋孫武的奇正觀念，然而較特殊者還在前面的內容，「形以應形」是說某個宇宙的存在如果已有現象的事實，人給與這個現象的事實相應的名相，這就是世界的存在；「無形而制形」是說某個宇宙的存在並沒有現象的事實，而純粹只是個存在的事實而已，人同樣能給與這個存在的事實相應的名相，這個世界的存在相對於已有現象的事實的世界的存在，會被人稱作奇，因爲通常存在的事實都會已有現象的事實，給出名相因此就有現象，這本是正常的狀態，然而依然存在著沒有現象的事實，卻有著存在的事實，給出名相使其現象化，這種給已有現象的事實與沒有現象的事實的兩種事實各一個名相，就是要讓所有存在的事實都有對應的位置，給出對應的位置，使得沒有現象的東西都因有名相而有現象。

　　什麼東西會沒有現象，卻有存在的事實？這有兩種認識路徑：其一，現象本來就由人給出，因此超過人肉體器官的辨認範圍，譬如細菌就超過肉眼的辨認極限，這就是沒有現象卻有存在的事實；其二，精神的存在與物質的存在其究竟本無法區隔，不過有些精神的存在獨沒有物質的存在，譬如人的情感譬如愛恨情仇就沒有物質的存在，然而其確實存在，因此給與情感名相，使這個存在有個觀念能被人把握，這同樣是沒有現象卻有存在的事實。孫臏在這裡表示拿名相來認識不論奇正全部的宇宙的存在，這個名相就是五行金木水土這五種元素的觀念，按相生相剋的道理去調配與調換，就能變化

　　　　校理‧奇正》，西元 1985 年，頁 199～200。
〔註23〕見《老子今註今譯》第五十七章，頁 256。
〔註24〕見《老子今註今譯》第五十八章，頁 260。

無窮，這個觀念顯然已具有相當抽象理型的高度，因此完全可稱做孫臏的真理觀。《孫臏子·客主人分》還說：「兵有客之分，有主人之分。客之分眾，主人之分少。客倍主人半，然可敵也。」〔註25〕這裡雖然在指具體事情，描寫戰爭過程裡攻進他國境內者為客，而稱在自己國境內防守者為主，客人的軍隊比例要大於主人纔能攻擊，主人的軍隊比例如果只有客人的一半，都還能與其匹敵，這是因為防衛者以逸待勞的緣故，不過我們在這裡看見孫臏的主體與客體思維已經很清晰，有主客體的區隔意識，產生主體如何瞭解客體的探索就是認識論，認識論的前提一般就設立在真理的信仰上，〔註26〕這更確認孫臏的「真理觀」確實是符合真理標準的真理觀。孫臏意識的真理其核心宗旨端在儒家的倫理思想，因此他認為戰爭只是對不義的征討，發動戰爭者得先確立自己獲得大道的支持，纔能獲得人民的信任，其勝利纔是真正的勝利。

由於孫臏有著濃厚的義戰思想，因此司馬遷記錄其參與而成名兩個的關鍵性戰爭都屬於濟弱扶傾的義戰：其一，桂陵之役，魏國攻打趙國，趙國求救於齊國，齊威王任命田忌為主帥，而由孫臏擔任軍師，田忌聽信孫臏的意見，避開正在攻打趙國首都邯鄲的魏軍，直接攻打魏國首都大梁，魏軍回師救大梁，兩軍開戰於桂陵，結果魏軍因師老兵疲而大敗，解決趙國的困境，這就是後來成語「圍魏救趙」的典故出處；其二，馬陵之役，事隔十三年，魏國與趙國卻合攻韓國，韓國求救於齊國，齊威王同樣任命田忌為主帥，而由孫臏做軍師，他就使出奇正的戰術，因三晉的軍隊都很驍勇善戰，齊國的軍隊則素來號稱怯戰，他命齊軍進入魏國境內，先埋十萬灶，隔天再埋五萬灶，第三天再埋三萬灶，塑造齊軍膽怯怕戰而紛紛逃跑的印象，結果魏將龐涓果真輕敵，在狹窄的馬陵道內，魏軍全被早經埋伏的齊軍殲滅殆盡，龐涓則被殺死。這兩個戰役都見於《史記·孫子吳起列傳》，司馬遷在這裡總結說：

〔註25〕見《十一家注孫子·孫臏兵法殘簡釋文·客主人分》，下編，頁59。

〔註26〕當然，最廣義的認識論，其基點很多元。吾師陳啟雲先生說：「哲學和一般思想不同的地方在於哲學必須對本身有自覺或反思，這種自覺或反思是哲學最廣義的『認識論』基點。至於反思的結果，可能認定哲學必須建立在理性分析、客觀實證、主體直覺、玄思冥想、心靈體驗、或道德踐履種種不同基礎的觀點；但這只是『認識論』基點的不同，其同為哲學的『認識論』基點則一。從這點來說，哲學思想的開端有賴於『認識論』觀念的出現。」見其《中國古代思想文化的歷史論析》肆〈中國古代思想發展的認識論基礎〉，頁92。這同樣是我們在這裡採取的論點。

「孫臏以此名顯天下，世傳其兵法。」〔註27〕

　　孫臏的兵學思想遠比孫武複雜，後者純粹只就軍事角度論兵，兼論天文地理這些自然環境的掌握；前者則廣論政治與道德層面的議題，使其兵學思想反映戰國中期齊學兼容並蓄的特徵。

第三節　《吳子》的眞理觀

　　吳起本是衛國人，他的經歷甚複雜，曾經就學於曾子，仕於魏文侯，最後仕於楚悼王，其著作爲何會被我們歸類做齊學呢？《史記·孫子吳起列傳》說：「吳起者，衛人也。好用兵，嘗學於曾子，事魯君，齊人攻魯，欲將吳起，吳起取齊女爲妻，而魯疑之，吳起於是欲就名，遂殺其妻以明不與齊也。」〔註28〕這裡說吳起的妻子是齊人，而且魯人疑懼吳起不會眞誠替魯國抗齊，可見吳起應該曾經在齊國住過一段時日，並在齊國娶妻，本想在齊國做事，因沒有適當的機緣而只好離齊去魯。即使如此，這並不該做爲我們判斷吳起的著作是否列做齊學的主因，重點端在《吳子》這本書確實有著眞理觀的思想。雖然對於吳起與妻子的關係，歷史有不同的紀錄，譬如《韓非子·外儲說右上》說：「吳起，衛左氏中人也。使其妻織組，而幅狹於度，吳子使更之，其妻曰：『諾。』及成，復度之，果不中度。吳子大怒，其妻對曰：『吾始經之，而不可更也。』吳子出之，其妻請其兄而索入，其兄曰：『吳子爲法者也，其爲法也，且欲以與萬乘致功，必先踐之妻妾，然後行之，子毋幾索入矣。』其妻之弟又重於衛君，乃以衛君之重請於吳子，吳子不聽，遂去衛而入荊也。」〔註29〕不論他究竟是殺妻還是出妻，這裡可看出吳起是個極重視客觀制度的人，不惜親身實踐及於妻子。《吳子》這部兵書是否果眞爲吳起本人著作我們不敢確認，由於本書通行於世，經過歷來學者不斷修潤，文字淺白易懂，不免引來質疑是否爲僞作，學者王雲路先生表示即使全書並不都出於吳起親筆，亦出於吳起門客的手筆，相當程度能反映吳起的思想。〔註30〕

　　眞正的問題並不在此，而在《吳子》如何能看出其有眞理觀的思想？這部

〔註27〕見《史記會注考證》卷六十五，〈孫子吳起列傳〉第五，頁865～866。

〔註28〕見同上，頁866～867。

〔註29〕見《韓非子今註今譯·外儲說右上》第五卷，下冊，頁691。

〔註30〕學者王雲路先生基本同意明人胡應麟的說法：「《吳起》或未必起自著，要亦戰國人擬其議論成篇，非後世僞作也。」，見《吳子讀本·導讀》，頁1～7。

書的駁雜並不在其思想的真偽問題，而在其同時反映晉學與齊學兩種思想（其實他甚至曾經受過魯學的影響，不過由於魯學的儒家不講任何功利，而齊學的儒家則會講，因此我們把吳起講儒家倫理思想的內容歸類做齊學），偏偏這兩種思想型態正具有對衝性，前者崇尚權謀，後者崇尚真理，如果同樣呈現在一個人的思想裡，就會釀就出矛盾與衝突的主張，譬如《吳子・圖國》就說：「夫道者，所以反本復始；義者，所以行事立功；謀者，所以違害就利；要者，所以保業守成。若行不合道，舉不合義，而處大居貴，患必及之。」〔註31〕前面強調的「道」與「義」就具有真理的意蘊；後面強調的「謀」與「要」就具有權謀的意蘊，如果「反本復始」的「道」在面臨具體處境裡不見得符合「違害就利」的「謀」，請問人該就謀背道還是就道背謀呢？然而齊學會崇尚真理本來同樣就具有現實的意蘊，因此這種矛盾性並不真的無法解決，重點端在吳起的真理觀就建立在對權謀利害的衡量裡，因此這個真理觀可謂齊學與晉學的結合，譬如《吳子・圖國》記說：「吳子曰：『凡兵之所起者有五：一曰爭名，二曰爭利，三曰積惡，四曰內亂，五曰因飢。其名又有五：一曰義兵，二曰強兵，三曰剛兵，四曰暴兵，五曰逆兵。禁暴救國曰義，恃眾以伐曰強，因怒興師曰剛，棄禮貪利曰暴，國亂人疲舉事動眾曰逆。五者之數，各有其道：義必以禮服，強必以謙服，剛必以辭服，暴必以詐服，逆必以權服。』」〔註32〕

這裡說「五者之數，各有其道」就具有真理的意蘊，然而我們仔細去認識這些「數」的具體內容，就會發現其間說的都是實際狀況，他說會引發戰爭只有五個原因：第一爭名位；第二爭利益；第三積怨仇；第四起內亂；第五遭飢荒。相應的戰爭名稱因此各有不同：第一義兵，這是在拯救危難；第二強兵，這是在征服他國；第三剛兵，這是在發洩憤怒；第四暴兵，這是在貪圖私利；第五逆兵，這是在勞師動眾。對付這五種戰爭的辦法都不同：義兵要拿禮義去折服；強兵要拿謙讓去降服；剛兵要拿言詞去說服；暴兵要拿計謀去制服；逆兵要拿權變去攝服。這是他總結戰爭歷史經驗的歸納，並沒有抽象的觀念在其間，不過他卻認為這就是戰爭的客觀規律（意即「數」這個字），這表示他確實具有真理意識，《吳子・論將》描寫吳起的真理意識會更細緻些：「故將之所慎者五，一曰理，二曰備，三曰果，四曰戒，五曰約。理者，治眾如治寡；備者，出門如見敵；果者，臨敵不懷生；戒者，雖克如

〔註31〕見《吳子讀本・圖國》第一，頁8～9。
〔註32〕見《吳子讀本・圖國》第一，頁13。

始戰；約者，法令省而不煩。」〔註33〕擔任將領，要能掌握客觀的事理，如此纔能化約極其複雜狀況，把治理龐大的軍隊如同治理簡單的軍隊般容易；還要隨時保持警惕，能一出門就立即應敵，而不會心生畏懼；還要能果決面對生死議題，只要面臨敵人，只有奮起抗敵，絕不考慮生還；還要不斷保持警戒，即使已經勝利，依舊要像剛開始戰鬥般謹愼，不可因鬆懈而輕敵；最後要保持簡約，意即制訂法令要簡明扼要，不能太過繁瑣，使得士卒不容易遵守法令，製造軍隊動靜舉止的混淆性。

這個「五愼」裡第一點就具有眞理意識，而且似乎曾受到孫武兵學思想的影響，纔會有如此雷同的說法，只不過吳起稱做「理」，孫武稱做「分數」。此外《吳子》這部書裡還蘊含的眞理觀就不大明顯了，我們只能透過吳起在議論具體問題裡窺探他的眞理意識，譬如他曾經很精闢談論六國的軍隊特性，就具有思想的獨到性，《吳子・料敵》記他跟魏武侯說：「臣請論六國之俗，夫齊陳重而不堅；秦陳散而自鬥；楚陳整而不久；燕陳守而不走；三晉陳治而不用。」〔註34〕齊國軍隊佈陣龐大卻不堅固；秦國軍隊佈陣鬆散卻能各自戰鬥；楚國軍隊佈陣嚴整卻沒有持續性；燕國軍隊佈陣長於防衛卻沒有機動性；韓趙魏三晉佈陣整齊卻無法實用於戰鬥。他還繼續由軍事角度解析各國民性：關於齊國，吳起看出齊國因國富而實施商品經濟，財富自然不均的事實：「夫齊性剛，其國富，君臣驕奢而簡于細民，其政寬而祿不均，一陣兩心，前重後輕，故重而不堅。」〔註35〕關於秦國，吳起看出秦國賞罰嚴明使得人人爭相求戰獲利的事實：「秦性強，其地險，其政嚴，其賞罰信，其人不讓，皆有鬥心，故散而自戰。」關於楚國，他看出楚國民性柔弱，幅員過廣而政局雜亂，人民疲憊於鬥爭的事實：「楚性弱，其地廣，其政騷，其民疲，故整而不久。」關於燕國，他看出燕國民性忠厚，人人好義而不善於詐謀的事實：「燕性愨，其民愼，好勇義，寡詐謀，故守而不走。」關於三晉，他看出人民對戰爭很厭倦的事實：「三晉者，中國也，其性和，其政平，其民疲于戰，習于兵，輕其將，薄其祿，士無死志。」

能對六國的民情與軍事局面做細緻的觀察，而不惑於個人的偏見，這除與吳起曾經遊歷各國的豐富背景經驗有關，更與他具有眞理意識有關，使他的觀

〔註33〕見《吳子讀本・論將》第四，頁60。
〔註34〕見《吳子讀本・料敵》第二，頁24。
〔註35〕見同上，頁26。

察具有客觀性。其實兵學思想家由於戰爭的實際需要，勝負高低馬上立見，而不如政治鬥爭或政治制度常很難立竿見影的看出對錯正誤，因此他們都不能不具有真理觀，否則無法徹底認清殘酷的戰爭局面，而齊學具有真理意識的文化傳統，這是齊學如此大量產生兵家書籍的主因，如果我們再細想大量在作戰的三晉不常出現兵學思想家（尉繚子勉強是其一，不過其思想脈絡與齊學似乎有某種關係，尚待仔細研究），不常作戰的齊國卻產生大量的兵學思想家，當能體會這種耐人尋味的差異正在於真理觀的有無！吳起的兵學思想大量在談論具體議題，其實甚符合晉學的思想特徵，譬如《吳子‧料敵》記著魏武侯與吳起兩人的對話說：「武侯問曰：『吾欲觀敵之外以知其內，察其進以知其止，以定勝負，可得聞乎？』起對曰：『敵人之來，蕩蕩無慮，旌旗煩亂，人馬數顧，一可擊十，必使無措。諸侯未會，君臣未和，溝壘未成，禁令未施，三軍匈匈，欲前不能，欲去不敢，以半擊倍，百戰不殆。』」〔註36〕這種類型的對話洋溢全書，而真理觀的內容卻反而不常見，但我們反過來想，如果吳起沒有曾經吸收齊學的經歷，培養出真理意識，他能寫出這種具有經驗總結性的論點嗎？這恐怕難免會啓人疑竇了。然而我們不能否認吳起兵學思想裡齊學的特徵主要並不在真理觀的呈現，而在其兼容並蓄晉學法家的權謀思想與齊學儒家的王道思想。

《吳子》這種對矛盾內容的兼容並蓄就具有齊學的特徵，雖然其大量在闡釋戰爭具體議題實屬晉學的特徵，兩種思想型態的結合就產生吳起具有個人特色的兵學思想，他的真理觀就奠立在現實主義的原則。

第四節　《六韜》的真理觀

《六韜》這部書是古典兵學裡內容最豐富的著作，關於其成書的時間與作者問題，長期成為學術討論的一大懸案。過去學者常認為《六韜》在兩漢前並不存在，屬於魏晉時人假托姜太公的名字偽作，此因《六韜》的書名在《隋書‧經籍志》的兵家類始見著錄，而在《漢書‧藝文志》的兵家類卻沒有此書，只有在儒家類裡有「周史《六弢》六篇」，這本書究竟是否就是《六韜》，這成為學者爭論的關鍵點。還有，《漢書‧藝文志》在兵家類紀錄有《太公》這部書，道家類則紀錄有《太公》兩百三十七篇、《謀》八十一篇、《言》七十一篇與《兵》八十五篇，班固自注說：「呂望為周師尚父，本有道者。或

〔註36〕見同上，頁36。

有近世又以爲太公術者所增加也。」既然如此，由於現存的《六韜》常會連稱《太公六韜》，兵家類與道家類說的《太公》與現在這部《六韜》有什麼關係呢？《隋書・經籍志》注說《六韜》爲「周文王師呂望撰」，此因這部書全文由姜太公與周文王周武王兩君主問答的體例寫出，不過就實際內容來看，現在的《六韜》不可能寫於商周交替時期，其文字顯然更像出自戰國時期，因此或是稷下先生整理姜太公遺教而書寫的著作，然而這只是我們對文字的估計而已，直至民國六十一年（西元 1972 年）在山東省臨沂市銀雀山漢墓出土沒有署名做《六韜》而內容與現存《六韜》內容基本一致的竹簡，隔年（民國 62 年，西元 1973 年）在河北省定縣漢墓再出土一批被稱做《太公》的竹簡，其內容有的見於現存的《六韜》，有的則不見於現存的《六韜》，纔使得《六韜》這部書在漢朝前就已存在獲得確認。〔註37〕

　　學者徐勇先生表示這兩個《六韜》竹簡的出土具有三個意蘊：第一，這印證出《六韜》在漢朝前就已存在的事實，只不過當日並未稱做《六韜》，這個書名後來纔出現；第二，這印證出除原本的《六弢》，現存的《六韜》還保存著《太公》的某些內容；第三，這使人進而推測古書著錄的《六弢》與《太公》其實是內容接近來自同一個源頭的兵家著作，只因名稱不同被班固列在兩類，這纔引起後人的誤解。因此，徐勇先生認爲現存的《六韜》可能是原來《六弢》與《太公》各篇殘本的合編本，而其書名應該就是由《六弢》演變而來，故而後人常合稱《太公六韜》。至於爲何本來相同源頭的兵家著作，在《漢書・藝文志》沒有都被列在兵家類，卻被列在道家類與儒家類？徐勇先生表示這種現象在《漢書・藝文志》並不罕見，譬如同樣來自吳起的著作，《吳起》四十八篇被列在兵權謀家類，《吳子》一篇被列在雜家類；同樣來自伍子胥的著作，《伍子胥》八篇被列在雜家類，《伍子胥》十篇被列在兵技巧家類；同樣來自商鞅的著作，《商君》二十九篇被列在法家類，《公孫鞅》二十七篇被列在兵權謀家類；同樣來自尉繚子的著作，《尉繚子》二十九篇被列在雜家，《尉繚》三十一篇被列在兵形勢家……，所有這些現象只能說明班固這些著錄者對古籍歸類有著主觀理解的差異，或者與當時的社會思潮的影響有關，並不能說明這些古籍自身有什麼本質的差異。然而，雖然已確認《六韜》出於漢朝前，還會有「成書於秦漢之際」與「成書於先秦時期」這兩種看法，究竟何者爲眞？

─────────────

〔註37〕見徐勇《齊國軍事史》第三章〈齊國著名兵書及其軍事思想〉，第四節「《六韜》及其軍事思想」，《齊文化叢書》，第十五冊，西元 1997 年，頁 146～153。

　　徐勇先生經由詳密的文化對比，認為裡面大量指出車兵、騎兵、步兵各自的作戰型態與彼此的配合作戰，其中車兵的地位被放在首位，再來為騎兵，步兵則屬於比較不重要的地位，這與秦始皇統治時或楚漢交際軍隊組織與戰爭實況不符，而很像戰國中期前的情況，因為騎兵的大規模使用與車步騎的協同作戰始於趙武靈王（西元前 325 年至 229 年在位），能證實《六韜》的著作應該在同時或稍後。不過，他同樣表示在研究春秋時期甚至商周交際的有關軍事思想時，《六韜》能在某些層面產生參考意蘊，該書的著作完書有著複雜的演變過程，不過從古籍由零星流傳至基本定型的質變意蘊來看，《六韜》這部書應該完成於戰國中期的齊國，其述作者該是齊威王在於時的稷下先生。〔註 38〕受限於篇幅，這裡不擬介紹《六韜》的全部軍事思想，而鎖定於該書內蘊的真理意識，由真理意識即可間接推證該書出自戰國齊學，《六韜‧文韜‧上賢》記說：「無智略權謀，而重賞尊爵之。故強勇輕戰，僥倖於外，王者謹勿使為將。」懷著正道，不善於使用智略權謀的人，君主反而該給與重賞尊爵，提高這種人的地位，只有暴猛的蠻橫勇氣，輕易就想求戰，這種人都靠著僥倖來建立功勳，志做王者的君主不該任命他們為將領，因為他們會拿他人的犧牲甚至國家的耗損來求勝。這種觀點就具有齊學的特徵，因為齊人普遍好利而善於使詐，《六韜》的作者懷著大格局的視野來議論將領的選拔，因此善用前者來避開後者，意即選拔正道的人給與重賞尊爵，使得他們能獲得較高的社會地位，而被好利的齊人尊重。

　　能避開智略權謀這種心術層面的濫用，更重視人格陶冶這種心性層面，這就使得真理觀較容易蘊生。然而，《六韜》的真理觀究竟是什麼？由自然現象具體變化來看，《六韜‧文韜‧守國》記說：「太公曰：『天生四時，地生萬物。天下有民，聖人牧之。故春道生，萬物榮；夏道長，萬物成；秋道斂，萬物盈；冬道藏，萬物靜。盈則藏，藏則復起。莫知所終，莫知所始，聖人配之，以為天地經紀。故天下治，仁聖藏；天下亂，仁聖昌，至道其然也。』」〔註39〕春夏秋冬四季生長斂藏的變化，萬物跟著榮成盈靜的循環，如此週而復始，沒有人知道其何時開始何時結束，聖人配合這個變化的道理去治理人民，這是拿天地的大道去做社會的綱紀。因此在天下大治的時刻，天地萬物都井然有序的運行，仁德的聖道不需強調其存在，因此隱而不顯；在天下紛擾的時刻，天災人禍頻

〔註38〕見同上，頁 153。
〔註39〕見《太公六韜今註今譯‧文韜‧守國》第八，頁 65～66。

繁不斷，人民陷溺在痛苦不堪的情境裡，這就需要有聖人起來特別提倡仁德的聖道，藉此扶正天地的綱紀，拯救人民於水深火熱，這是至道自然而然的現象。《老子》第十八章說：「大道廢，有仁義；智慧出，有大偽；六親不和，有孝慈；國家昏亂，有忠臣。」〔註40〕這是由負面的觀點認為社會混亂纔會去特別提倡儒家的倫理思想，《六韜》卻由正面的觀點表示如果自然與社會的秩序都還存在，儒家的倫理思想自然就不會被特別強調，因為它本來就存在於自然與社會的秩序裡，然而當自然與社會的秩序都被破壞了，就得要特別去提倡儒家的倫理思想，因為儒家倫理思想的大興纔能使社會甚至自然重新恢復其秩序。

　　如果專門就選拔賢人的層面來認識《六韜》的真理觀，《六韜・文韜・舉賢》記說：「文王曰：『舉賢奈何？』太公曰：『將相分職，而各以官名舉人。按名督實，選才考能，令實當其能，名當其實，則得舉賢之道也。』」〔註41〕這裡說統治者面對選拔賢人，要使將帥與宰輔各自薦舉，各按照其需要的官職來安排適合的賢人，每個官職有名分就有其職責，統治者要按著名分去督責部屬是否有確實做好工作，凡選拔賢人並考核其才幹時，都得要使名義與實際符合，不能讓不適任的人去做超過他才幹的事。這裡在談名實問題，就有真理意識存在，雖然其意識甚為樸素。如果就最抽象的觀念層面來說，真理就落實在五行的觀念，《六韜・龍韜・五音》說：「五行之神，道之常也。金木水火土，各以其勝攻也。古者三皇之世，虛無之情，以制剛強，無有文字，皆由五行。五行之道，天地自然。」〔註42〕五行的神奧變化，就是真理的常態呈現，金木水火土各有其相生與相剋的運作規律，往日三皇時期沒有文字，古人就已經知道五行的規律，這是對天地自然最細緻的歸納。如果回歸軍事層面來認識真理，《六韜・武韜・兵道》記說：「武王問太公曰：『兵道何如？』太公曰：『凡兵之道，莫過於一。一者能獨往獨來。黃帝曰：『一者，階於道，幾於神。用之在於機，顯之在於勢，成之在於君。故聖王號兵為凶器，不得已而用之。』」〔註43〕用兵的道理莫過於掌握意境的「一」，「一」能使人不受牽制獨與宇宙來往，「一」這是領悟大道的進階，幾於神化的意境，運用其意境來掌握有利的戰機，釀就有利於己的客觀條件。

〔註40〕見《老子今註今譯》第十八章，頁119。
〔註41〕見《太公六韜今註今譯・文韜・舉賢》第十，頁75。
〔註42〕見《太公六韜今註今譯・龍韜・五音》第二十八，頁215。
〔註43〕見《太公六韜今註今譯・武韜・兵道》第十六，頁96。

　　《六韜》這部書的奇特點在於其不強調權謀而強調正道，如果非得要用權謀，就得要很周密，並且不能拿來替自己牟利，《六韜·武韜·三疑》記說：「凡謀之道，周密為寶。設之以事，玩之以利，爭心必起。」〔註44〕設想事情，如果只圖有利可得，就會使得人人都想圖利自己，內部就會引發爭奪，然而《六韜》如同孫武與孫臏兩人的兵學思想，其同樣重視奇正觀念的運用，因此《六韜·龍韜·軍勢》說：「武王問太公曰：『攻伐之道奈何？』太公曰：『勢因敵之動，變生於兩陣之間，奇正發於無窮之源。故至事不語，用兵不言。且事之至者，其言不足聽也。兵之用者，其狀不定見也。倏而往，倏而來，能獨專而不制者兵也。』」〔註45〕進攻的戰術，端在掌握客觀條件，因應敵人的動靜來變化戰法，觀看兩軍對陣的事實伺機權變，運用奇正的觀念來做無窮變化，使得敵人無法判斷我們要採取常態或變態的戰術，因此最重要的事情不能說出去，用兵的謀略不能言傳，其中的關鍵點只能自己默會，言語不能窮盡其辭。用兵的謀略在於神秘莫測，不能拘泥於自己的成見，倏忽出現倏忽離開，將領要能獨斷專行不受牽制，這纔是用兵制勝的要領。果真如此，能做個認清客觀條件的將領就很重要了，他是戰爭成敗的關鍵人，因此《六韜·龍韜·論將》說：「故兵者，國之大事，存亡之道，命在於將。將者，國之輔，先王之所重也，故置將不可不察也。」〔註46〕將領要能掌握客觀條件，隨時因應情況做常態或變態的軍事佈局，因此慎選將領就更顯得重要，選將首重人格，一個不受利益蠱惑的人格，纔能清晰認識真理。

　　《六韜》出自已經邁往工商業社會的戰國中期的齊國，我們還可由其文字獲得證實，《六韜·文韜·六守》記說：「人君無以三寶借人，借人則君失其威。文王曰：『敢問三寶？』太公曰：『大農，大工，大商，謂之三寶。農一其鄉則穀足，工一其鄉則器足，商一其鄉則貨足。三寶各安其處，民乃不慮。』」〔註47〕農業是齊國社會維生的基本產業，如果能使耕作的農夫聚居於一鄉，彼此合作耕耘，如此郊野無曠土，糧食自然豐裕；工業與商業則是齊國營利生產的經濟命脈產業，使各種工業的製造者聚居於一鄉，工作分層合作，器具相互流通，則產品自然會大量盛產；經商的亦復如此，使各種行業做買賣的商人都聚居於

〔註44〕見《太公六韜今註今譯·武韜·三疑》第十七，頁100。
〔註45〕見《太公六韜今註今譯·龍韜·軍勢》第二十六，頁123～124。
〔註46〕見《太公六韜今註今譯·龍韜·論將》第十九，頁108。
〔註47〕見《太公六韜今註今譯·文韜·六守》第六，頁58～59。

一鄉，資金調度與產品流通會更加快速，如此商業會高度繁榮。讓農工商都經過組織，區隔出三個區域給各行業的人居住與營業，讓人民各自相安其業，生活富裕，自然心無暇他慮了。這個建議很像前面說管仲給齊桓公的建議，不論這個觀念首出於誰，或者曾被實踐的程度如何，這都已說明相對於六國，當日的齊國已經是個很成熟的工商業社會，《六韜》就是在這種背景裡產生其真理觀。

第五節　《司馬法》的真理觀

《司馬法》這部書的成書過程比較複雜，最早有記載見於司馬遷《史記・司馬穰苴列傳》記說：「齊威王使大夫追論古者司馬兵法，而附穰苴於其中，因號曰司馬穰苴兵法。」《史記・太史公自序》則說：「司馬法所從來尚矣，太公孫吳王子能紹而明之，切近世，極人變。」〔註48〕還說：「自古王者而有《司馬法》，穰苴能申明之。」〔註49〕這三段話雖然語焉不詳，然而能提供我們思索的線索，《司馬法》這部書可能有三個源頭：第一，早在春秋時期或甚至更早，就存在被稱做「古者司馬兵法」的軍事典籍，其性質可能與《左傳》或《孫子》這些書中徵引的《軍志》、《軍政》與《令典》這些書很像，而《周禮・司兵》說：「及授兵，從司馬之法以頒之。」〔註50〕雖然《周禮》這部書的時間尚有待商榷，不過其書的寫就並不是完全空穴來風，或許早在春秋時期或更早前已有供武官學習或遵循的操練法典就稱做《司馬法》或《司馬兵法》；第二，春秋中晚期，田完的苗裔司馬穰苴因晏子的推薦而擔任齊景公的將軍，他對古本的《司馬兵法》有過精闢的研究，成為世上能「申明」《司馬兵法》的人，司馬遷曾經在《史記・司馬穰苴列傳》贊曰：「余讀《司馬兵法》，閎廓深遠，雖三代征伐，未能竟其義，如其文也，亦少褒矣。若夫穰苴區區為小國行師，何暇及司馬兵法之揖讓乎！世既多《司馬兵法》，以故不論，著穰苴之列傳焉。」〔註51〕意思是說《司馬兵法》思考的格局宏大，夏商周三朝都沒有完整實踐其義理，司馬穰苴只是齊國這個地區性的諸侯國的將軍，如何能認真實踐《司馬兵法》的義理呢？然而，因為世間都稱讚這部書，他因此還是書寫司馬穰苴的列傳，由此得知司馬穰苴確實是《司馬法》的後來

〔註48〕見《史記會注考證》卷一百三十，〈太史公自序〉第七十，頁1374。
〔註49〕見同上，頁1376。
〔註50〕見《周禮注疏・司兵》卷第三十二，頁484。
〔註51〕見《史記會注考證》卷六十五，〈司馬穰苴列傳〉第五，頁863。

編輯者，只不過司馬遷認為他根本無法實踐如此宏大的格局。

　　第三，《司馬兵法》大概在長期的流傳過程中，時有增刪散佚。由於司馬穰苴實為田齊的先祖，自然受到田齊王室的特別推崇，戰國中期齊威王還因司馬穰苴的兵法觀念而受用不盡，《史記・司馬穰苴》說：「田常殺簡公，盡滅高子國子之族，至常曾孫和，因自立為齊威王，用兵行威，大放穰苴之法。」〔註52〕他因此特地請大夫在追論《司馬兵法》的時候，附帶把司馬穰苴對兵法的闡釋收納做一本書，由於姓名與書名的文字相近，竟然就使得《司馬兵法》被全稱做《司馬穰苴兵法》，這就是《司馬法》這部書的早期成書經過，因此我們現在看見的《司馬法》，不論其散佚的狀況如何，已經是《司馬兵法》與《司馬穰苴兵法》甚至稷下先生兵學思想的混合了。〔註53〕不論現存的《司馬法》著作者為誰，其屬於齊學的思想應該並沒有疑問，現在我們就來看《司馬法》的真理觀，《司馬法・仁本》說：「先王之治：順天之道；設地之宜；官民之德；而正名治物。立國辨職，以爵分祿。諸侯說懷，海外來服，獄弭而兵寢，聖德之治也。」〔註54〕往日的聖王辦理國家大事，都是順應自然的天道來建設地面該做的事，選拔官員來辦理人民的福利，莫過於端正名相使得事物的職責能被清晰的認知，建立各個諸侯國，按照爵位的級數來封給不同的俸祿，如此嚴謹執行，會使得諸侯甚至遠在海外的邦國都自然過來致敬修好，使得軍隊根本備而不用，完全不需要戰爭，這就是聖德的治世。這裡正名的觀念就是讓宇宙的存在被賦與世界的存在，尤其賦與工作實質的名相，讓工作的範疇被細緻定義，使得職責有明確的歸屬，按此給與的爵位與俸祿就不會有紛爭，這就是《司馬法》的真理觀，這個真理觀並沒有任何特殊性，它就是齊學很普遍的真理意識。

　　《司馬法・仁本》還記說：「賢王制禮樂法度，乃作五刑，興甲兵，以討不義。」〔註55〕禮節、音樂、法令與制度就是真理觀的具體落實，不僅如此，還包括透過刺墨、割鼻、斷肢、割生殖器與殺頭這五種刑罰，興兵懲罰製造不義的戰爭的罪犯，這種懲罰雖然很殘酷，不過是通過嚴格的信仰層面展開，

〔註52〕見同上，頁862。
〔註53〕關於《司馬法》的著錄與流傳過程，詳細內容可參考徐勇《齊國軍事史》第三章〈齊國著名兵書及其軍事思想〉，第三節「《司馬法》及其軍事思想」，西元1986年，頁136～138。
〔註54〕見劉仲平《司馬法今註今譯・仁本》第一，頁12。
〔註55〕見同上，頁14。

《司馬法・仁本》接著說：「巡狩省方，會諸侯，考不同。其有失命亂常，背德逆天之時，而危有功之君，偏告于諸侯，彰明有罪，乃告于皇天上帝，日月星辰。禱于后土四海神祇，山川冢社，乃造于先王。然後冢宰徵師于諸侯曰：『某國爲不道，征之。以某年月日，師至于某國，會天子正刑。』」賢能的王者會按年至各地巡視，集合諸侯開會，考核各種不同狀況的究竟，其中如果有違抗命令或違紀作亂，違背道德不奉行天道，嫉妒陷害賢人的諸侯，就普遍通告諸侯，公布其罪狀，並告知皇天上帝與日月星辰，默禱土地神、四海神與山川冢社神前，更至祖先家廟共同計議，最後纔命令首相發佈徵調諸侯軍隊的命令，表示某國行爲違背天道，應該要征討，在某年月日，貴國出兵至某國某地，參與天子對某國的明正典刑。這裡透露出戰爭、刑罰與信仰的關係，其中信仰層面尤其重要者莫過於有上帝的信仰，這是眞理觀會醞釀的典型，更是齊學的眞理觀的特徵。面對實際的戰爭，《司馬法・嚴位》說：「凡戰之道：等道義；立卒伍；定行列；正縱橫；察名實。」〔註56〕戰場的指揮辦法：將明白道理的人隔出不同的層級，使他們各有專責；周朝軍制五人爲伍，五伍爲兩，四兩爲卒，每個伍設立有伍長，每個兩設立有司馬，每個卒設立有正，使每個單位都有人負責；固定軍隊的行列，每個人的左右前後都有鄰兵，使他們互相照應。

　　大部隊成行前進稱做縱隊，成列展開稱做橫隊，因此要規正進軍時的作戰路向，讓部隊能儘速來戰場在有利的地面展開其隊伍。前面都是建立制度性的統御辦法，最後，《司馬法》表示要詳查世界的存在是否有與宇宙的存在對應，這是最核心的眞理意識，能輻射至各種層面，對內看出自身部署的虛實眞假，對外看出敵人的奇正，合起來則能評估自身軍事能量的正負。《司馬法》還有好些內容與眞理意識有關，《司馬法・天子之義》說：「天子之義，必純取法天地，而觀於先聖。」〔註57〕這是說擔任天子要負的職責，就是向天地的眞理學習效法，並參考往日聖王的作法，《司馬法・天子之義》則說：「古之教民，必立貴賤之倫經，使不相陵。」〔註58〕教化人民就要建立貴賤倫常的大經，使得人與人能各安其位，不會相互欺凌。《司馬法》這部書呈現戰國齊學的務實態度，這部書懷抱著儒家的倫理，希望建立王道的政治，在

〔註56〕見《司馬法今註今譯・嚴位》第四，頁96。
〔註57〕見《司馬法今註今譯・天子之義》第二，頁27。
〔註58〕見同上，頁29。

行王道的過程裡並不流於理想化，譬如其認為如果要禁暴止亂而殺掉違法亂紀的人，只要能安定人民，殺人並不是什麼問題；攻打鄰國去拯救鄰國的百姓，如此攻打鄰國並沒有關係；只要戰爭的結果能制止戰爭，如此發動戰爭就沒有問題，《司馬法・仁本》記說：「古者，以仁為本，以義治之之為正。正不獲意則權，權出於戰，不出於中人，是故：殺人安人，殺之可也；攻其國愛其民，攻之可也；以戰止戰，雖戰可也。故仁見親，義見說，智見恃，勇見方，信見信。內得愛焉，所以守也；外得威焉，所以戰也。」〔註59〕《司馬法》認為「正道」與「權法」要交互運作，如果仁義的正道不能獲得敵人的明白，就該暫且拿戰爭的手段去換取正道最終能獲得實踐，《司馬法》這種務實態度，運用智謀來實踐真理的想法，呈現戰國齊學的一貫性。

〔註59〕見《司馬法今註今譯・仁本》第一，頁3。

第四章　齊學其他層面的應用型態思想

摘　要

　　這裡主要由縱橫、經濟、醫學與科技這四個層面，來認識齊學屬於應用型態的思想。首先是縱橫思想，我們不該誤認縱橫思想只有權謀詐術沒有眞理意識，更沒有眞情實意，這或許是蘇秦或張儀這些縱橫家的個人狀況，卻尚未得出縱橫思想的全貌，縱橫家的縱橫議題並不等同於縱橫思想，縱橫議題指的是具體的外交政策與謀略，縱橫思想成爲一門專門的學問，並著書傳世，則始於齊國的鬼谷子，現存的《鬼谷子》這部書，學者蕭登福先生認爲並不能盡視作僞書，而要檢視其究竟有哪些層面屬於先秦舊觀。

　　鬼谷子指出天地間萬事萬物的變化，都離不開陰陽剛柔開閉馳張這些正反兩面的互涵互變，因此我們進行游說時，就得要將「捭闔」與各種正反兩面結合交替配合拿捏，纔能發揮縱橫術的極致，這就是鬼谷子駕馭其縱橫思想的抽象觀念，而此觀念出自齊學典型的眞理觀。鬼谷子這些思想特徵，都與齊學的思想特徵相合，因此我們會說鬼谷子的縱橫思想來自齊學這個思想源頭的輻射，不過，如同林麗娥先生表示，我們得承認縱橫的思想雖然創說於齊國，縱橫的技術卻並沒有盛行於齊國，反而在三晉地區大爲盛行。

　　學者趙靖先生將戰國時期提出經濟思想的思想家稱做「商家」，他認爲商家的形成有兩個歷史條件：第一，春秋戰國至西漢前期商業有空前發展；第二，在這時期有一批具有較高學術文化素養的人從事經商，因此出現經商與學問相結合的條件。現存於齊學的經濟思想主要見於《管子》這部書，相對

於晉學的法家強調富國而不重視富民，把人民視作強大國家的工具，齊學的法家既強調富國亦重視富民，較關注人民的感受，他們相信人性自利的觀點，因此要讓國家富強，就得先要讓人民富有，照顧人民就是在富國。

《管子》表示人口與耕地得要保持適當的比例，纔能滿足個人當年的生活需要，還可使家庭甚至國家都能有儲蓄。其還關注著漁獵山林桑麻養殖各種能賺錢的行業，反映齊國確實是個工商社會。《管子》有五大經濟政策：第一，管理好地政，這是所有行政的根本；第二，讓朝內成爲討論人事義理的唯一地點，使得各種具體政策能有管道凝聚出共識；第三，讓貨品在市場自由流通買賣，讓市場成爲衡量貴賤的機制；第四，拿黃金做購物時衡量價值的流通貨幣，使得交易能有公信；第五，諸侯大國要能建立買賣貨品的經濟制度，使得人民能安心經商。

齊學的經濟思想還要談到「計然之策」。計然或是人名，爲范蠡的老師，或就是范蠡本人，其思想有兩個重點：第一，治國之道，內容討論國家管理糧食市場的辦法，要點是通過國家的平糴來保持城市糧食價格的穩固。第二，積著之理，內容討論個人如何運用個人資本，讓某個數量的貨幣通過交易過程獲得更多數量的貨幣。至於醫學思想，則首先要談到扁鵲。扁鵲最重要的成就有五點：第一，創針灸療法，革新醫具。第二，提出四診法，發展脈學。第三，提出六不治，反對巫醫。第四，創民間醫學，傳授生徒。第五，傳醫療經驗，著作醫書。

齊派醫學的理論哲學是陰陽五行學說。陰陽說和五行說本來是兩種掌握世界不同的理論思維，通過戰國時期的鄒衍而把兩者結合一套完整的理論系統。其中同樣出於齊學的《黃帝內經》就是在應用陰陽五行學說，由理論闡發中醫對生理、病理、疾病的發生過程，尤其詳論臨床與治療的路徑，這是馬王堆醫學帛書出土前，國人長期認識中醫能依據的最早一部著作。齊學擁有最豐富的科學技術成果，對後世的中華文化貢獻卓著。其中最重要的著作莫過於《考工記》，該書涉及的工藝類型和知識面相當廣，這是無數工匠與管理人員長期實踐經驗的總結。

我們由這四個應用領域的討論，會發現齊學並不僅關注著實踐，其學術傾向確實有著濃厚的理論熱忱，能發展出抽象的知識，來對其實踐做出統攝，抽象的知識背後來自眞理意識，意即相信有個最終實相，希望擭取這個最終實相，而做出不懈的探索。最終實相並不實有，或許會化做理型，僅是個根

本觀念的存有，掌握這個根本觀念，往下則化生出無數的應用對象。齊學能有如此蔚為大觀的表現，尤其在早期科學領域的各種發明與發現，都來自長期觀察獲得的經驗，這種經驗法則固然促進齊國應用領域的早熟，卻同時限制其自身的繼續開展。

第一節　齊學的縱橫思想

　　縱橫思想指的是戰國時期縱橫家提出的思想，縱橫家的名字最早可見於《漢書・藝文志》，其〈諸子略序〉說：「從橫家者流，蓋出于行人之官。孔子曰：『誦詩三百，使於四方，不能專對，雖多亦奚以為？』又曰：『使乎！使乎！』言其當權事制宜，受命而不受辭，此其所長也。及邪人為之，則上詐諼而棄其信。」〔註1〕因此，班固認為縱橫家來自於周朝的行人，這個「行人之官」，目前首見於《周禮・秋官》，〔註2〕有司寇大行人與司寇小行人這兩種差異，學者顧念先先生表示前者輔佐君王接見諸侯與其使臣，或代表君王聘問諸侯來親撫邦國；後者典藏賓客的禮籍，周知天下的掌故，透過其知識上書於君王，這兩種行人其實就是天子所屬的大小外交官，而縱橫家職司外交，說其出於行人當無不可。〔註3〕春秋時期各國已經產生很多著名的外交菁英，他們有的替一強制一強，有的替弱國抗強國，都創造靠言說來爭取國家利益的先聲，後者如鄭文公四十三年（西元前 630 年）晉國與秦國合兵包圍鄭國，只因其對晉國無禮，並且游離於晉國與楚國間，鄭國危亡無日，因此文公派燭之武去做秦穆公的說客，告知鄭國近於晉國而遠於秦國，秦國如果獲得鄭國，由於秦國遠離鄭國，則晉國必然會來取鄭，而秦國很難及時救援，因此「亡鄭」就是「陪晉」（讓晉國的國家能量加倍），「陪晉」就是「闕秦」（讓秦國的國家能量減弱），秦穆公聞言大悟，不但退兵，還與鄭國結盟，派三名將領來防衛鄭國，晉國只好罷兵，因此鄭國的危機立即獲得解決；〔註4〕

〔註1〕　見《漢書》卷三十，〈藝文志〉第十，第二冊，頁 1740。
〔註2〕　《周禮・大行人》記說：「大行人，掌大賓之禮，及大客之儀，以親諸侯。」
　　　　見《周禮注疏・大行人》卷第三十七，頁 560。《周禮・小行人》則記說：「小行人，掌邦國賓客之禮籍，以待四方之使者。」見《周禮注疏・小行人》卷第三十七，頁 567。
〔註3〕　見顧念先《縱橫家研究》第一章〈總論〉，第二節「縱橫家之淵源」，西元 1969年，頁 14-16。
〔註4〕　這就是後世很有名的「燭之武退秦師」。《左傳・僖公三十年》記說：「九月甲

前者如晉國會合齊魯宋衛鄭曹邾滕諸國征秦，晉厲公三年（西元前 578 年），派大夫呂相出使秦國數說秦國不義的罪狀，並與秦國絕交宣戰，先禮後兵，開創中國歷史裡戰爭有最後通牒的先河。〔註5〕

春秋時期這些例子說不勝說，還有大夫王孫滿替積弱不振的周襄王從容應對楚莊王來周室問鼎，指出在德不在鼎，讓莊王難堪受挫而退；吳王闔廬攻破楚國首都，申包胥棲棲惶惶奔去秦國求救兵，秦哀公不理，申包胥七天不吃不喝，立於城牆而哭日夜不絕，終於感動秦哀公出兵救楚國……，最具有後世縱橫家意蘊的莫過於孔子的弟子子貢，當齊國的田常想作亂，因忌憚高國鮑晏四氏，故而想藉由伐魯來增強自己的聲威，孔子想救自己的祖國，派子貢去做各國說客，子貢先去跟田常說魯國城牆薄土地狹國家弱，因此很難打，不如去打吳國，吳國城牆高土地廣國家強，因此很好打，田常很憤怒問他為何人家認為好打的國家子貢卻認為難打；人家認為難打的國家子貢卻認為好打，子貢的說辭頗為特別，他表示田常當時面臨的環境，打魯勝利則齊國君臣更加驕恣，而田常平日已與齊國君臣都站在對立面，不會因勝利而佔便宜，如此田常更不容易強化自己在齊國的地位，只有打吳失敗使得齊國內亂，大臣惶恐奔亡，君主陷於孤立，如此田常纔能控制齊國。田常同意他的見解，但顧慮自己已經派兵至魯國了，忽而去攻打吳國很容易引起大臣猜疑，子貢則再請纓替田常去吳國，請吳王夫差來救魯國而攻打齊國，子貢跟夫差表示吳國如果想爭強稱霸，只有救魯國來顯名，表面上保住早已該亡的魯國，實際上卻能困住強大的齊國，夫差擔憂後面的越國會乘機偷襲自己，

午，晉侯、秦伯圍鄭，以其無禮於晉，且貳於楚也。晉軍函陵，秦軍氾南，佚之狐言於鄭伯曰：『國危矣，若使燭之武見秦君，師必退。』公從之。辭曰：『臣之壯也，猶不如人，今老矣。無能為也已。』公曰：『吾不能早用子，今急而求子，是寡人之過也。然鄭亡，子亦有不利焉。』許之，夜縋而出，見秦伯曰：『秦晉圍鄭，鄭既知亡矣。若亡鄭而有益於君，敢以煩執事。越國以鄙遠，君知其難也，焉用亡鄭以倍鄰？鄰之厚，君之薄也！若舍鄭以為東道主，行李之往來，共其乏困，君亦無所害。且君嘗為晉君賜矣。許君焦瑕，朝濟而夕設版焉，君之所知也。夫晉，何厭之有？既東封鄭，又欲肆其西封。若不闕秦，將焉取之？闕秦以利晉，唯君圖之。秦伯說，與鄭人盟，使杞子逢孫楊孫戍之，乃還。子犯請擊之。公曰：『不可。微夫人力不及此。因人之力而敝之，不仁；失其所與，不知；以亂易整，不武。吾其還也。』亦去之。』見《春秋左傳注疏·僖公三十年》卷第十七，頁 284～285。

〔註 5〕 內容詳見於《左傳·成公十三年》。見《春秋左傳注疏·成公十三年》卷第二十七，頁 461～463。

表示想先攻打吳國再聽子貢的意見，子貢則再請纓表示願意替夫差去游說越王句踐，讓越國出兵跟隨吳國攻打齊國，使越國國內空虛，子貢再去見句踐，表示吳國早已疑慮越國會反叛，越國危亡無日，不如先跟吳國去攻打齊國，如果戰敗就是句踐的機會，如果勝利吳國就會立即與強盛的晉國對立。

　　此時，子貢表示自己會再北上去見晉定公，與句踐南北合作夾擊吳國，吳國的精銳都在齊國，卻受到越國的乘虛攻打，如此吳國必敗。句踐同意了，親自派兵三千人表示要跟隨夫差，子貢則建議夫差越國都已經盡出精銳了，如果再夾持其君主未免不義，夫差同意了，子貢離開吳國，再去晉國見定公，表示齊吳相戰如果戰敗了，越國就會乘虛攻打吳國；如果戰勝了，吳國就會兵臨晉國，晉定公相問該如何是好，子貢建議先按兵等待，並表示可與越國合作來夾擊，晉定公同意了，因此子貢終於完成使命回魯國，最後夫差大敗齊國於艾陵，果真率軍兵臨晉國，與晉兵相遇於黃池，晉兵打敗吳兵，句踐聽聞消息，立即渡江襲擊吳國，使夫差不得不回師救國再敗，越兵包圍吳王宮，夫差被殺而吳國滅亡，使越國成為新霸主。因此，子貢的游說，存魯亂齊破吳強晉霸越，十年內使五國各有變，弱者轉強而強者轉弱，繼續維持氣息微弱的魯國，子貢的游說列國事蹟內容詳見於《史記‧仲尼弟子列傳》，他雖沒有縱橫家的名，卻已有縱橫家的實，他不僅是個經辦外交的行人，實象徵戰國時期縱橫思想的先聲。〔註6〕戰國時期國際局勢更加複雜，諸侯兼併更趨於白熱化，加上人材輩出，各事其主，才智相鬥，往往折衝樽俎就能決勝於千里，比軍事的交戰影響更為巨大，因此《淮南子‧要略》說：「晚世之時，六國諸侯，谿異谷別，水絕山隔，各自治其境內，守其分地，握其權柄，擅其政令，下無方伯，上無天子，力征爭權，勝者為右，恃連與國，約重致，剖信符，結遠援，以守其國家，持其社稷，故縱橫修短生焉。」〔註7〕這是指出縱橫家會產生的原因與概況，然而，縱橫家的縱橫議題並不等同於縱橫思想，縱橫思想成為一門專門的學問，並著書傳世，則始於齊國的鬼谷子。

　　鬼谷子是誰？《史記‧蘇秦列傳》說：「蘇秦者，東周雒陽人也，東事師於齊，而習之於鬼谷先生。」〔註8〕《史記‧張儀列傳》則說：「張儀者，魏人也，

〔註6〕　《史記‧仲尼弟子列傳》記說：「故子貢一出，存魯亂齊，破吳彊晉，而霸越。子貢一使，使勢相破，十年之中，五國各有變。」詳細內容，見《史記會注考證》卷六十七，〈仲尼弟子列傳〉第七，頁881～883。

〔註7〕　見《淮南子譯注‧要略》第二十一卷，頁1030。

〔註8〕　見《史記會注考證》卷六十九，〈蘇秦列傳〉第九，頁897。

始嘗與蘇秦俱事鬼谷先生學術。」〔註9〕這是說鬼谷子是蘇秦與張儀的老師，關於這三人的關係，林麗娥先生引現存的《鬼谷子・忤合》說：「故忤合之道，己必自度材能知睿，量長短遠近孰不如，乃可以進，乃可以退，乃可以縱，乃可以橫。」〔註10〕其再引《鬼谷子・飛箝》說：「此飛箝之綴也，用之於人，則空往而實來，綴而不失，以究其辭，可箝而從，可箝而橫。」〔註11〕她指出這是「縱」與「橫」兩字做為政治思想的首出，可見鬼谷子學兼縱橫兩術。由於後來蘇秦說六國，想要合六國為縱來對抗秦國，成為「合縱派」的代表；張儀則想要離間六國為橫來事奉秦國，成為「連橫派」的代表，鬼谷子的學術被蘇秦與張儀發揚光大，後世言縱橫者都奉鬼谷子為師，東漢王充《論衡・答佞》說：「術則從橫，師則鬼谷也，傳曰：蘇秦張儀從橫習之鬼谷先生。」〔註12〕因此現存尚能呈現縱橫思想的《鬼谷子》這部書甚為重要。〔註13〕鬼谷子是個隱士，無人知曉其人生平梗概，《鬼谷子》其書則頗有人疑其為偽作，此因其書不見於《漢書・藝文志》，卻首見於《隋書・經籍志・縱橫家》說：「《鬼谷子》三卷，皇甫謐注，鬼谷子，周世隱於鬼谷，《鬼谷子》三卷，樂一注。」〔註14〕《舊唐書・經籍志》與《新唐書・藝文志》都說撰者為「蘇秦」，因此引發鬼谷子即是蘇秦的說法。學者蕭登福先生則反駁說如果僅因「《漢志》不載」就說是偽書的話，我們首先就得要肯定先秦諸書《漢書・藝文志》都已經完全收錄進去，毫無遺佚，如此我們纔能得出結論說凡《漢志》不載就是偽書，如果大前提就已經被否定，我們就不能據此而做出任何推斷。〔註15〕

然而，蕭登福先生表示，任何書志都無法做到這點，即使就拿《隋書・經籍志》來說，《鬼谷子》就載有皇甫謐與樂壹兩人的註，而沒有陶弘景的註，使得近世好些學者據此而懷疑陶弘景的註屬偽作，然而唐初長孫無忌寫的〈《鬼谷子》序〉卻明白論及註釋《鬼谷子》者有皇甫謐、陶弘景與樂壹三家，《隋書》成書於貞觀十年，出自於顏師古與魏徵的手筆，他們與長孫無忌同

〔註9〕 見《史記會注考證》卷七十，〈張儀列傳〉第十，頁913。
〔註10〕 見《鬼谷子研究》，下篇《鬼谷子譯註・忤合》第六，頁189。
〔註11〕 見《鬼谷子研究》，下篇《鬼谷子譯註・忤合》第六，頁189。
〔註12〕 見《論衡校釋》第十一卷，〈答佞〉第三十三，第二冊，頁526。
〔註13〕 見《先秦齊學考》第六章〈先秦齊學的主要學派〉，第四節「縱橫學派」，頁360～361。
〔註14〕 見《隋書》卷三十四，〈經籍志三〉第二十九，第二冊，頁1005。
〔註15〕 見《鬼谷子研究》，上篇《鬼谷子研究》二〈鬼谷子真偽考〉，一「先秦是否有鬼谷子一書」，頁33～37。

時且相識，長孫無忌說《鬼谷子》有陶弘景註，而《隋志》卻不收錄，可見
載錄與否，書志家自可自由取捨，後人更不可據此而云書志不載者就是偽書。
再就《漢志》來說，劉向在《說苑‧善說》曾徵引《鬼谷子》，可見劉向曾見
過此書，班固的《漢志》就沿襲劉向《七略》而來，然而《漢志》卻不記載，
由此可知並不能說《漢書‧藝文志》不載者就是偽書。再專就《鬼谷子》本
身來說，兩漢時期學者多稱引此書的文字，如《史記‧蘇秦列傳》說蘇秦：「於
是得周書陰符，伏而讀之，期年以出揣摩。」〔註16〕裴駰《史記集解》在這
裡說：「《鬼谷子》有〈揣摩〉篇。」《史記‧太史公自序》說：「故曰：『聖人
不朽，時變是守。虛者，道之常也；因者，君之綱也。』」司馬貞《史記索隱》
在這裡說：「此出《鬼谷子》，遷引之以成其章，故稱故曰也。」《史記‧田敬
仲完世家》說：「（田）莊子卒，子太公和立，田太公相齊宣公。」〔註17〕《史
記索隱》在這裡說：「莊周及鬼谷子亦云：『田成子殺齊君，十二代而有齊國。』」
《說苑‧善說》說得最完整：「《鬼谷子》曰：『人之不善而能矯之者，難矣。
說之不行，言之不從者，其辨之不明也。既明而不行者，持之不固也。既固
而不行者，未中其心之所善也。』」〔註18〕這是在說對自己心意的清晰瞭解，
纔能堅持自己的主張，並與人辯說。

　　《說苑‧善說》還接著徵引說：「『辨之，明之，持之，固之，又中其人之
所善，其言神而珍，白而分，能入於人之心，如此而說不行者，天下未嘗聞也。
此之謂善說。』」《鬼谷子》有〈抵巇〉篇，《昭明文選》有左思〈蜀都賦〉說：
「因勢而論，扼腕抵掌。」劉逵注說：「鬼谷先生書有〈抵巇〉篇。」《漢書‧
杜周傳》說：「（杜）業因勢而抵危。」〔註19〕顏師古注說：「一說讀與戲同。許
宜反，亦險也。言擊其危險之處。鬼谷有〈抵戲〉篇也。」西漢揚雄《法言‧
重黎》說：「或問：『蒯通抵韓信，不能下，又狂之。』曰：『方遭信閉如其抵。』
曰：『巇可抵乎？』曰：『賢者司禮，小人司巇，況拊鍵乎？』」蕭登福先生認爲
「拊鍵」這個詞彙就是在指《鬼谷子‧內楗》。〔註20〕蕭登福先生由這些篇章或

〔註16〕見《史記會注考證》卷六十九，〈蘇秦列傳〉第九，頁897。
〔註17〕見《史記會注考證》卷四十六，〈田敬仲完世家〉第十六，頁733。
〔註18〕見《說苑讀本‧善說》卷十一，頁307～308。
〔註19〕見《漢書》卷六十，〈杜周傳〉第三十，第三冊，頁2683～2684。
〔註20〕《鬼谷子‧內楗》解釋說：「事皆有內楗，素結本始。或結以道德，或結以黨
　　　友，或結以財貨，或結以采色。用其意，欲入則入，欲出則出，欲親則親，
　　　欲疏則疏，欲就則就，欲去則去，欲求則求，欲思則思。」蕭登福先生則對
　　　「內楗」兩字解釋說：「楗即古代用以關門之木，引申爲關閉、結合。『內』

明徵或暗引，而且《鬼谷子》書裡的「抵巇」、「揣摩」與「飛箝」這些術語，屢見於兩漢時期的典籍，可見漢人熟諳其文，由《論衡・答佞》曾引「傳曰」，可見當日必有專門記載鬼谷子事蹟的書籍，因此他據此推斷《鬼谷子》這部書在先秦時已經存在，並不是成書於漢後。對於《鬼谷子》這部書的撰者問題，歷來對於此書的作者鬼谷子是否即是蘇秦有不同說法，譬如司馬貞《史記索隱》在《史記・蘇秦列傳》蘇秦「習之於鬼谷先生」該文字註說：「樂壹注《鬼谷子》書云：『蘇秦欲神秘其道，故假名鬼谷。』」〔註21〕張守節《史記正義》亦有相同主張。蕭登福先生認為這種見解始於樂壹，加上《舊唐書・藝文志》與《新唐書・藝文志》都承襲此說，因此後世學者多受此說迷惑。其實新舊《唐書》成書於五代與宋人的手筆，相較《隋書・藝文志》晚三百年，《隋志》說此書撰者就是鬼谷子自己，此人「周世隱於鬼谷」，並不是蘇秦。〔註22〕

　　蕭登福先生繼續表示，說蘇秦著作《鬼谷子》有兩點爭議：第一，蘇秦的著作如果假名為《鬼谷子》，而《漢志》對於偽託者如《黃帝內經》與《神農兵法》都會列出其名，如何《漢志》沒有《鬼谷子》這部書，反而有《蘇秦》三十一篇，豈是《漢志》不用假名而用蘇秦本名，至樂壹時反而拿假名「鬼谷子」行世？第二，年世在樂壹前的梁人沈約與陶弘景，宋人裴駰，甚至西晉皇甫謐都沒有鬼谷子就是蘇秦的著作的說法，而且皇甫謐生於漢獻帝建安二十年，去漢世尚沒有很遠，《漢志》記載的蘇秦書，梁時阮孝緒《七錄》尚有記載，唐時章懷太子尚有徵引，則皇甫謐與陶弘景當能見到，如果說《鬼谷子》就是蘇秦書，或是蘇秦所撰，如此皇甫謐與陶弘景既然替《鬼谷子》做序，當有隻字片語言及此事，張守節替《史記》做正義就會捨樂壹而直接引用其說了，由此可知蘇秦絕不是《鬼谷子》的作者，鬼谷子自有其人。〔註23〕由思想脈絡來看，

　　　在本文中的意思，是指以言辭入結於君。『楗』，是指向國君呈獻計謀策略，以此來結交國君。『內』偏重於言辭技巧，『楗』偏重於計謀策略。」說詳見本文後面的討論。見《鬼谷子研究》，下篇《鬼谷子譯註・內楗》第三，頁165～166。

〔註21〕見《史記會注考證》卷六十九，〈蘇秦列傳〉第九，頁897。

〔註22〕見《鬼谷子研究》，上篇《鬼谷子研究》二〈鬼谷子眞偽考〉，二「鬼谷子之撰者問題」，頁37～41。。

〔註23〕雖然，蕭登福先生並沒有繼續推測鬼谷子究竟是誰。不過，他繼續討論，現存的《鬼谷子》書並不能說全部都是先秦時期的原作，他估計其上卷與中卷應該較接近於先秦原貌，比較可信，而下卷談的內容雖然還是言說的技術，卻已慢慢轉向於內心的修鍊與涵養。他說：「而其內在心靈的涵養方式，也已雜了很濃厚的道家及道教色彩，同時也有若干地方採用了佛教名詞。這些

縱橫家並不見得需出自齊國，只要有出類拔萃的大材，對國際局勢能提出發人未發眼光獨具的主張，就有可能得到國君賞識，然而，如果要提出具有深度的縱橫思想，或者要對言辭本身張開抽象理論的架構，思想家個人沒有齊學的背景，將很難完成此事。這是指出鬼谷子應該是齊人或曾經住過齊國的間接證據。《鬼谷子・捭闔》說：「粵若稽古聖人之在天地間也，爲眾生之先，觀陰陽之開闔以命物，知存亡之門戶，籌策萬類之終始，達人心之理，見變化之朕焉，而守司其門戶，故聖人之在天下也，自古至今，其道一也。變化無窮，各有所歸，或陰或陽，或柔或剛，或開或閉，或馳或張，是故聖人一守司其門戶，審察其所先後，度權量能，校其伎巧短長。」〔註24〕這裡使用陰陽剛柔開閉馳張的觀念，究竟要指出什麼？

　　鬼谷子指出天地間萬事萬物的變化，都離不開陰陽剛柔開閉馳張這些正反兩面的互涵互變，因此我們進行游說時，就得要將「捭闔」與各種正反兩面結合交替配合拿捏，纔能發揮縱橫術的極致，這就是鬼谷子駕馭其縱橫思想的抽象觀念，而此觀念出自齊學典型的眞理觀。「捭闔」就是張開嘴巴說話與閉上嘴巴默對的意思，這是言論的兩種技術，卻能做出四種變化，有時拿「捭」去排除對象的意念；有時拿「捭」去接納對象的意念；有時拿「闔」去吸納對象的意念；有時拿「闔」去排除對象的意念，《鬼谷子・捭闔》說：「故捭者，或捭而出之，或捭而內之。闔者，或闔而取之，或闔而去之。捭闔者，天地之道。捭闔者，以變動陰陽，四時開閉，以化萬物，縱橫反出，反覆反忤，必由此矣。」〔註25〕這裡指出「捭闔」就是承襲天地之道而產生，譬如陰陽的變化、四時的開閉、萬物的化育甚至各種事物的縱橫反覆雜沓交替，都是天地在「捭闔」呈現出的結果，《鬼谷子・捭闔》還說：「捭之者，料其情也。闔之者，結其誠也。皆見其權衡輕重，乃爲之度數，聖人因而爲之慮。其不中權衡度數，聖人因而自爲之慮。」意思是說「捭」用來度量對象的情實，「闔」用來歸納對象的誠意，既然經過「捭闔」的權衡而明白對象的輕重，就替他製作相應的規則度數，聖人並依據其才幹替他謀慮，讓其才幹能獲得發揮，至於沒有才幹不合於規矩度數的人，聖人就擱置，自己思考

都足以說明它是後人所僞竄的。」見《鬼谷子研究》，上篇《鬼谷子研究》二〈鬼谷子眞僞考〉，一「先秦是否有鬼谷子一書」，頁46～54。根據這個觀點，筆者這裡徵引的篇章都屬於上卷與中卷，而不引下卷的文字。

〔註24〕見《鬼谷子研究》，下篇《鬼谷子譯註・捭闔》第一，頁143～144。

〔註25〕見同上，頁148～149。

該怎麼辦。因此，「捭闔」並不是個只教人如何言說的枝微末節技術而已，它其實是對大道的遵循而化出人為的作法，《鬼谷子·捭闔》說：「捭闔者，道之大化，說之變也，必豫審其變化，吉凶大命繫焉。」〔註26〕還說：「捭之者，開也，言也，陽也。闔之者，閉也，默也，陰也。陰陽其和，終始其義。」

這就把「捭闔」與「陰陽」這個宇宙的終極原理聯繫起來，開口說話與閉口默會都是順應陰陽原理運作於人事。具體來說，《鬼谷子·內楗》記說：「內者，進說辭也。楗者，楗所謀也。欲說者務隱度，計事者務循順。陰慮可否，明言得失，以御其志，方來應時，以合其謀。詳思來楗，往應時當也。夫內有不合者，不可施行也。乃揣切時宜，從便所為，以求其變。以變求內者，若管取楗。言往者，先順辭也；說來者，以變言也。善變者審知地勢，乃通於天，以化四時，使鬼神，合於陰陽，而牧人民。」〔註27〕這個「內」是指對君王進說言辭，拿言辭來納交君王；「楗」是指對君王呈獻計謀，拿獻策來籠絡君王，因此「內楗」就是拿言辭與計謀來取得君王的寵信。鬼谷子表示想要進說，就要先揣度國君能否接受，想要獻策，就要先順著國君的心意去籌畫，私底要先暗中考慮是否能實行，然後再將優缺點明白告訴國君，藉此來駕馭國君的心志。想要獻策亦復如此，自己要先考慮獻出的計策能不能符合國君的意思，如果不能，我們就不要強制執行自己的意見，而要再揣度當時各種可能性，順應有利的可能性來改變自己，藉此使國君能接納我們。鬼谷子認為談論過去的事情，貴能順著已發生的事實去解說，談論未來的事情，貴能隨機應變。善於隨機應變的人，要能詳細瞭解地理環境，精通天文，順著四時去化育萬物，役使鬼神，行徑要與陰陽變化的原理相合，如此纔能管理人民。鬼谷子認為萬物都順著自然法則在運作，事情都沿著「離」與「合」這兩個層面在循環，有時就在我們身邊的東西，我們反而不能看清，距離我們很遙遠的東西，我們卻知道得很清晰，這是因為我們沒有詳查對象的表徵（譬如人的言辭），仔細觀看對象的行徑，就能見往而知來。

因此，《鬼谷子·抵巇》說：「物有自然，事有合離。有近而不可見，有遠而可知。近而不可見者，不察其辭也，遠而可知者，反往以驗來也。」〔註28〕鬼谷子認為對宇宙的終極原理的掌握，其實就是在人事去敏於觀察並做言辭的

〔註26〕見同上，頁150～151。
〔註27〕見《鬼谷子研究》，下篇《鬼谷子譯註·內楗》第三，頁167～168。
〔註28〕見《鬼谷子研究》，下篇《鬼谷子譯註·抵巇》第四，頁174。

對應，這種把辯辭的拿捏提煉出一套理論，使得善於言說就是在順合終極原理的變化，《鬼谷子‧抵巇》說：「巇者，隙也。隙者，澗也。澗者，成大隙也。巇始有朕，可抵而塞，可抵而卻，可抵而息，可抵而匿，可抵而得，此謂抵巇之理也。」這個「巇」就是縫隙的意思，縫隙就來自山間涓流，此因涓流如果擴大，就會引起山崩，因此細微的事情自會慢慢擴大成縫隙，使得問題順此崩潰出來。縫隙剛開始出現時都有其徵兆，同樣有辦法能治理，由內部引發，就能將其塞住；由外部引發，就能將其擋住；由下面引發，就能將其平息；由上面引發，就能將其隱匿，至於問題已經擴大，不能治理者，就乾脆放棄對這整個事情的堅持，藉由放棄來獲得更大的利益，這些都是抵住縫隙的辦法。林麗娥先生表示，《鬼谷子》做為一本訓練游說的士人的專書，其內容並不是教人玩弄權術，只拿口舌取人，而特別強調豐富而圓熟的思想內涵，有堅實的內在基礎，纔能成為一個做大事的說客，〔註29〕《鬼谷子‧忤合》說：「非至聖達奧，不能御世；非勞心苦思，不能原事；不悉心見情，不能成名；材質不惠，不能用兵；忠實無眞，不能知人；故忤合之道，己必自度材能知睿，量長短遠近孰不知，乃可以進，乃可以退，乃可以縱，乃可以橫。」〔註30〕這是說人如果沒有通達幽微的原理，就無法統御世間，不能勞役精神去苦於思慮，就無法窮究事情的本原，不能窮盡心意顯現眞情，就不能成就大名；材質不聰慧的人不能帶兵；外貌忠實卻沒有眞誠，人就不能知人。

這個「忤合」就是人與人相背與相向的意思，雖然鬼谷子這裡在討論如何使人接受你的主張，使人與人意志相合，然而擁有犀利的口舌技術並不是鬼谷子的重點，他相信人沒有先明瞭最根本的原理，並且個人沒有態度的眞誠，就不會讓他人接受你，因此，我們如果認為縱橫思想只有權謀詐術沒有眞理意識，更沒有眞情實意，這或許是蘇秦張儀這些縱橫家的個人狀況，卻尚未得出縱橫思想的全貌，而鬼谷子這些思想特徵，都與齊學的思想特徵相合，因此我們會說鬼谷子的縱橫思想來自齊學這個思想源頭的輻射，不過，如同林麗娥先生表示，我們得承認縱橫的思想雖然創說於齊國，縱橫的技術卻並沒有盛行於齊國，反而在三晉地區大為盛行，〔註31〕這些士人並常在秦

〔註29〕見《先秦齊學考》第六章〈先秦齊學的主要學派〉，第四節「縱橫學派」，頁365。

〔註30〕見《鬼谷子研究》，下篇《鬼谷子譯註‧忤合》第六，頁189。

〔註31〕她在這裡表示：「如當時韓有呂不韋，趙有藺相如、平原君、樓緩，魏有唐且（《史記》作唐雎）、信陵君、張儀、魏冉、范雎、公孫衍，其中多人最後皆

國獲得晉用，因此，司馬遷在《史記・張儀列傳》說：「三晉多權變之士，夫言從橫彊秦者，大抵皆三晉之人也。」〔註32〕

第二節　齊學的經濟思想

　　齊國做為戰國時期工商經濟最發達的國度，其經濟思想自然更有頗值得認識者的內容。學者趙靖先生主編的《中國經濟思想通史》將戰國時期提出經濟思想的思想家稱做「商家」，他認為商家的形成有兩個歷史條件：第一，春秋戰國至西漢前期商業有空前發展；第二，在這時期有一批具有較高學術文化素養的人從事經商，因此出現經商與學問相結合的條件。〔註33〕這種說法確實相當有道理，可彌補傳統諸子歸類意識裡獨漏經濟思想的空白。現存於齊學的經濟思想主要依舊見於《管子》這部書，趙靖先生表示《管子》有關經濟問題的篇章超過一半，其經濟思想的豐富在中國古典文獻來說罕與倫比。〔註34〕《管子》常被認知為法家，相對於晉學的法家強調富國而不重視富民，把人民視作強大國家的工具，齊學的法家既強調富國亦重視富民，較關注人民的感受，〔註35〕《管子・牧民》說：「國多財，則遠者來；地辟舉，則民留處。」《管子》會有富國與富民的主張，來自其相信利益這種人性的慾望，在慾望的驅使裡，追逐財富是人不論階層共有的天性，這是不可否認的客觀存在，《管子・禁藏》說：「凡人之情，得所欲則樂，逢所惡則憂，此貴賤之所同有也。近之不能勿欲，遠之不能勿惡，人情皆然。」〔註36〕相信人性自利的觀點，因此要讓國家富強，就得先要讓人民富有，照顧人民就是在富國，這就使得人民的福祉自然而然會被認真關注，該篇還說：「夫凡人之情，見利莫能勿就，見害莫能勿避。其商人

　　　　仕於秦。』」見《先秦齊學考》第六章〈先秦齊學的主要學派〉，第四節「縱橫學派」，頁361。這裡可看出齊學與晉學的思維差異，致使沒有真理意識的權謀詐術無法成為齊學的顯學，卻實屬晉學的主軸。

〔註32〕見《史記會注考證》卷七十，〈張儀列傳〉第十，頁925。這同樣是對晉學重視權謀的思考特徵最簡潔扼要的說法。

〔註33〕見趙靖主編《中國經濟思想通史》第十章〈商家〉，第一節「商家：一個很有特色的學派」，第一卷，西元1991年，頁301。

〔註34〕見《中國經濟思想通史》第九章〈東國法家〉，第一節「東國法家和管子之學」，第一卷，頁272。

〔註35〕見《中國經濟思想通史》第九章〈東國法家〉，第二節「富國富民論」，第一卷，頁273。

〔註36〕見《管子今註今譯・禁藏》第五十三，上冊，頁848～849。

通賈，倍道兼行，夜以續日，千里而不遠者，利在前也。漁人之入海，海深萬仞，就彼逆流，乘危百里，宿夜不出者，利在水也。故利之所在，雖千仞之山，無所不上；深源之下，無所不入焉；故善者勢利之在，而民自美安，不推而往，不引而來，不煩不擾，而民自富。」

這裡說一般人的常情爲看見財利不能不取得，看見禍害不能不逃開，商人做買賣，日夜相繼快速兼程帶貨品去市場，千里的路都不覺得遙遠，這是因爲財利就在前面的緣故；漁夫在海上捕魚，海深萬丈，不懼海浪險阻，願意待在海上過夜，這是因爲財利就在水裡。因此只要當利益所在，人民自覺其美好安樂，不需你催喚，他們就會自行前往，不需你招引，他們就會自行來到，不需勞煩困擾人民，不需苦思如何去幫忙人民，而人民自然就會很富有。在這個人性自利的觀點裡，《管子》表示人口與耕地這兩大要素間得要保持適當的比例，纔能滿足個人當年的生活需要，還可使家庭甚至國家都能有儲蓄，《管子‧霸言》說：「地大而不爲，命曰土滿；人眾而不理，命曰人滿。」還說：「地大而不耕，非其地也。」最後還說：「夫無土而欲富者憂。」這是指人口與土地要能合理配置，《管子‧八觀》對此則說得更細緻：「行其田野，視其耕芸，計其農事，而飢飽之國可以知也。其耕之不深，芸之不謹，地宜不任，草田多穢，耕者不必肥，荒者不必，以人猥計其野，草田多而辟田少者，雖不水旱，飢國之野也。若是而民寡，則不足以守其地，若是而民眾，則國貧民飢。以此遇水旱，則眾散而不收；彼民不足以守者，其城不固。民飢者不可以使戰。眾散而不收，則國爲丘墟，故曰：有地君國，而不務耕耘，寄生之君也。」〔註37〕如果土地耕耘的不深，除草不勤快，地利沒有獲得妥善運用，使得農田多雜草而污穢不堪，本該耕耘的土地卻沒被耕耘的肥沃，本該荒蕪的土地卻被耕耘的沒有太貧瘠，而人雜居在這些田野裡，沒有做好耕地與住地的區隔，致使大量的土地閒置，如此就算沒有水旱的災害，這同樣是會發生飢荒的國家的田野。

農業固然是任何國家要立國的根本，《管子‧八觀》則還關注著漁獵山林桑麻養殖各種能賺錢的行業，反映齊國確實已經是個工商社會，其說：「行其山澤，觀其桑麻，計其六畜之產，而貧富之國可知也。夫山澤廣大，則草木易多也。壤地肥饒，則桑麻易植也。薦草多衍，則六畜易繁也。山澤雖廣，草木毋禁，壤地雖肥。桑麻毋數；薦草雖多，六畜有征，閉貨之門也。故曰：『時貨不遂。』金玉雖多，謂之貧國也。」意思是說保持山林沼澤的廣大，讓草木昌盛生殖，

〔註37〕見《管子今註今譯‧八觀》第十三，上冊，頁246～247。

不論漁獵蔬果或木材都能使人民獲利，只要土地肥饒，就容易種植桑麻，牧草長得大量，則六畜就能獲得營養。相反來說，山林沼澤雖然廣大，草木不禁止濫墾濫砍，土地雖然肥饒，桑麻不做播種，牧草雖然大量，六畜卻課徵重稅，這就是閉塞財貨生產的門路。不納進具有即時性的財貨，如此就算有大量的金玉，這都還是個貧困的國家。《管子‧牧民》則說：「錯國於不傾之地者，授有德也；積於不涸之倉者，務五穀也；藏於不竭之府者，養桑麻育六蓄也；下令於流水之原者，令順民心也。」〔註38〕還說：「養桑麻，育六蓄，則民富；令順民心，則威令行。」要安置國家於不會傾覆的根基，就要授權給有德性的人，他會做決策，讓人民奮勉於五穀的種植與收穫，積存在倉庫裡，使倉庫的五穀存量永遠不會枯竭，要讓人民奮勉於種植桑麻與飼養六畜，積存在府庫裡，使府庫的桑麻與六畜存在永遠都不會窮盡，這些過程都要順應人民的心意，如此纔能使政令如流水般順利通行。這裡關注的範圍或許很雜，不過都顯示《管子》善盡地利的主張，《管子》相信只有各種物質資源能被有效永續使用，人民纔能富裕，國家纔能跟著強盛，這種觀點使得《管子》產生最早環境保護的主張。

《管子‧乘馬》則更細緻討論國家該有的經濟政策：「地者，政之本也。朝者，義之理也。市者，貨之準也。黃金者，用之量也。諸侯之地，千乘之國者，器之制也。五者其理可知也，為之有道。地者政之本也，是故地可以正政也，地不平均和調，則政不可正也；政不正，則事不可理也。」〔註39〕《管子》有五大經濟政策：第一，管理好地政，這是所有行政的根本；第二，讓朝內成為討論人事義理的唯一地點，使得各種具體政策能有管道凝聚出共識；第三，讓貨品在市場自由流通買賣，讓市場成為衡量貴賤的機制；第四，拿黃金做購物時衡量價值的流通貨幣，使得交易能有公信；第五，諸侯大國要能建立買賣貨品的經濟制度，使得人民能安心經商。我們尤其側重經濟層面來討論，《管子‧乘馬》說：「市者，貨之準也。是故百貨賤，則百利得。百利得，則百事治。百事治，則百用節矣。」還說：「市者，可以知治亂，可以知多寡，而不能為多寡，為之有道。」市場是百貨交易的集散地，如果百貨便宜，人民就能獲得百利，百事就能治理，百事獲得治理，百用就能有其節度。因此我們可由市場來觀察社會的治亂，然而不能任由市場製造社會的混亂，安頓市場的過程要有節度，因此我們得知《管子》採取管制經濟的態

〔註38〕見《管子今註今譯‧牧民》第一，上冊，頁2～3。
〔註39〕見《管子今註今譯‧乘馬》第五，上冊，頁75。

度，其目的在於創造最大的利益。《管子‧乘馬》則說：「黃金者，用之量也。辨於黃金之理，則知侈儉。知侈儉，則百用節矣，故儉則傷事，侈則傷貨，儉則金賤，金賤則事不成，故傷事。侈則金貴，金貴則貨賤，故傷貨。貨盡而後知不足，是不知量也，事已，而後知貨之有餘，是不知節也，不知量，不知節不可，爲之有道。」〔註40〕黃金要成爲貨品買賣的衡量標準，明白運用黃金的道理，就會知道奢侈與節儉的差異，如此就容易調節各種花費了。

　　《管子》表示，過於節儉就會妨礙商業交易的推動，使得黃金因累積過多而價值低賤，過於奢侈就會浪費物資而傷害金價，因爲黃金會因短缺而價值昂貴，如此百貨就變得低賤，你很快就賣完貨品，纔發現存量已不足，卻不見得有賺到錢，這就是事先不知道衡量的緣故，相反地，事情已經結束，纔發現貨品有剩餘，這同樣是事先不知調節的緣故，衡量與調節就是商業買賣的辦法。《管子》的經濟思想並不是採取全然放任的自由經濟，而有著管制經濟的態度，其對人民利益的重視來自對國家強盛的利益考量，因此它強調就業的穩定性，希望相同行業的人能居住在同一區，使得其子弟能不教就習慣於父兄的工作，並便利政府的管理，這在前面都已討論過，現在則再引《管子‧乘馬》說：「聖人之所以爲聖人者，善分民也。聖人不能分民，則猶百姓也，於己不足，安得名聖？是故有事則用，無事則歸之於民，唯聖人爲善託業於民。」〔註41〕聖人會被稱做聖人，就因爲他善於配置人民，讓人民各安其職分，如果聖人連這點能耐都沒有，如何能被稱做聖人？國家有事就徵調人民，沒有事就讓人民回歸自己的工作崗位，只有聖人能妥善讓人民安於其各行各業。《管子‧牧民》還說：「天下不患無財，患無人以分之。」〔註42〕這顯示《管子》相信合理配置人民的行業，能替人民自己與整個國家賺進大筆的金錢。《管子‧乘馬》還說：「非夫人能之也，不可以爲大功，是故非誠賈不得食于賈，非誠工不得食丁工，非誠農不得食丁農，非信士不得立於朝。」〔註43〕不是此人能做的事情，就不能希望他有偉大的成就，因此不是眞正善於經商的人，就不該令其經商營生；不是眞正善於工藝的人，就不該令其工藝營生；不是眞正善於農事的人，就不該令其農事營生。

〔註40〕見同上，頁 77。
〔註41〕見同上，頁 80。
〔註42〕見《管子今註今譯‧牧民》第一，上冊，頁 4。
〔註43〕見《管子今註今譯‧乘馬》第五，上冊，頁 79。

　　同樣地，不是眞正忠信的士人，就不該讓他在朝爲官，《管子》相信人該放在各自最能發揮的位置，因此讓人民世襲其業，就容易使人民專精其事。不過這種行業的配置應該屬於「官業」，並沒有強制性，意即願意在公家世襲去做士農工商各行業的人，政府給與各種鼓勵措施，如果人民想脫離官業，自己想從事「私業」政府亦能同意，只是每年要服勞役三天頂替，《管子・乘馬》說：「距國門以外，窮四竟之內，丈夫二犁，童五尺一犁，以爲三日之功。正月，令農始作，服于公田農耕，及雪釋，耕始焉，芸卒焉；士聞見博，學意察，而不爲君臣者，與功而不與分焉；賈知賈之貴賤，日至於市，而不爲官賈者，與功而不與分焉；工治容貌功能，日至於市，而不爲官工者，與功而不與分焉。不可使而爲工，則視貨離之實而出夫粟。」由京都的外面，至四面國境的範圍內，所有已成年的大人都得使用兩個犁耙，五尺高的小孩使用一個犁耙，每個人都要替政府的公田做三天的工，正月，命令農夫開始工作，要先替公田耕種，只要冰雪溶解，耕種就開始，此時就應該除草完畢。士人如果有見聞廣博，學問與意識清晰，卻不願意來政府做官；商人知道物價的貴賤，每天到市場做買賣，卻不願意做官商；工人從事於雕刻或繪畫，或縫製服裝或製造工具，每天拿到市場去賣，卻不願意做官工，這些人都要比照農人，替政府的公田服三天的勞役，如果他們不願意服勞役，就依照他們不服勞役的天數，每天罰一天的粟米來替換，這種罰責其實並不能算很重，顯然其替換性的意味更濃厚，我們可看出齊國政府對於管理士農工商各業的人民並沒有任何強制性，而具有相當的民主性，尊重人民各自的意願，不論這個政策是否眞有實施。

　　《管子》這部書具有相當濃厚的官方思想，因爲這是稷下先生集結管仲遺說或續創其思的著作，不論有沒有實施，都相當程度反映齊國統治階層的想法，齊學的諸子都有其各自的經濟思想，現在我們再來特別挑選較純粹的商家思想來做討論，這就是春秋末葉的陶朱公范蠡與其師計然。來自越國的范蠡爲何會被我們這裡歸類做齊學呢？此因范蠡在幫忙越王句踐打敗吳王夫差後，就離開越國至齊國，〔註44〕齊曾授他稱相，他後來覺得如此不祥，就

〔註44〕吾師陳鼓應先生表示：「范蠡是春秋末期人物，比老子晚約三、四十年，從《國語・越語下》可以明顯地看到范蠡受到老子的直接影響，在『聖人因天』、『必順天道』、『知天地之恒制』的論點，以及『贏縮轉化』之道和推天道以明人事的思維方式等重要議題，都顯示出范蠡上承老子思想而下開黃老學之先河。」他還接著說：「范蠡是楚人，他的入齊，在楚越文化與齊文化的交流上

辭官在齊國的陶地經商，《史記・越王句踐世家》說：「范蠡浮海出齊，變姓名自謂鴟夷子皮，耕于海畔，苦身戮力，父子治產，居無幾何，致產數十萬。齊人聞其賢以為相。范蠡喟然嘆曰：『居家則致千金，居官則至卿相，此布衣之極也，久受尊名不祥。』乃歸相印，盡散其財，以分與知友鄉黨，而懷其重寶，閒行以去，止于陶，以為此天下之中，交易有無之路通，為生，可以致富矣，於是自謂陶朱公。復約要，父子耕畜，廢居候時，轉物逐什一之利，居無何，則至貲累巨萬。」〔註45〕這個陶地不論在現在的山東省平陰縣或在山東省定陶縣，都是在當年的齊國境內，〔註46〕或許有人還進而懷疑陶朱公是否即是范蠡，這種探索並不是我們的重點，即使范蠡不是陶朱公，確實還是有位在齊國經商有道的陶朱公存在，而我們想探索這個人的經濟思想。在齊國經商的陶朱公使用「計然之策」，《史記・貨殖列傳》說：「范蠡既雪會稽之恥，乃喟然而嘆曰：『計然之策七，越用其五而得意，既已施於國，吾欲用之家。乃乘扁舟浮於江湖，變名易姓，適齊為鴟夷子皮，之陶為朱公，朱公以為陶，天下之中，諸侯四通，貨物所交易也。乃治產，積居與時逐，而不責於人，故善治生者，能擇人而任時。』」

　　這個「計然」是指什麼呢？《史記・貨殖列傳》說：「昔者越王句踐困於會稽之上，乃用范蠡計然。」〔註47〕《史記集解》在這裡說：「徐廣曰：『計然者，范蠡之師也，名研。』」還說：「《范子》曰：『計然者，葵丘濮上人，姓辛氏，字文子，其先晉國亡公子也，嘗南游於越，范蠡師事之。』」錢穆先生則認為「計然」就是范蠡著書的篇名而不是人名。〔註48〕不論計然是什麼，《史記・貨殖列傳》提出其一套經濟理論，這纔是我們想討論的重點。「計然

起著重要的作用。這一點，由現存《管子》和帛書《黃帝四經》抄錄不少范蠡的言論可以為證。此外，老子思想的入齊，范蠡有可能是第一個重要的老學的傳播者。」見《黃帝四經今註今譯》〈先秦道家研究的新方向：從馬王堆漢墓帛書《黃帝四經》說起〉，二「帛書《黃帝四經》和范蠡的關係」，頁5～6。徵引這段能幫我們解釋為何會將范蠡納做齊學的原因，因為他同是奠立齊學（尤其是黃老思想）的先行者之一。有他攜來「老子」的思想，再有同時期田氏家族正標舉「黃帝」的旗號（那背後有一套完整的政治謀略），兩者交會與交融，就迸發出「黃老」。

〔註45〕見《史記會注考證》卷四十一，〈越王句踐列傳〉第十一，頁671。
〔註46〕見《中國經濟思想通史》第十章〈商家〉，第二節「陶朱公的積著之理」，第一卷，頁303～304。
〔註47〕見《史記會注考證》卷一百二十九，〈貨殖列傳〉第六十九，頁1355。
〔註48〕見《先秦諸子繫年・計然乃范蠡著書篇名非人名辨》卷二，頁103～107。

之策」有兩個重點：第一，治國之道，內容討論國家管理糧食市場的辦法，要點是通過國家的平糴來保持城市糧食價格的穩固。第二，積著之理，內容討論個人如何運用個人資本，讓某個數量的貨幣通過交易過程獲得更多數量的貨幣。《史記·貨殖列傳》記計然的經濟理論說：「計然曰：『知鬥則修備，時用則知物，二者形，則萬貨之情，可得而觀已。故歲在金穰，水毀；木饑，火旱。旱則資舟，水則資車，物之理也。六歲穰，六歲旱，十二歲一大饑，夫糴，二十病農，九十病末，末病則財不出，農病則草不辟矣。上不過八十，下不減三十，則農末俱利，平糴齊物，關市不乏，治國之道也。積著之理，務完物，無息幣。以物相貿易，腐敗而食之貨勿留，無敢居貴。論其有餘不足，則知貴賤。貴上極則反賤，賤下極則反貴。貴出如糞土，賤取如珠玉，財幣欲其行如流水。』」〔註49〕我們特別側重這裡做為私人經商致富的「積著之理」來討論，「務完物，無息幣」就是指在商業貿易的買進賣出裡要嚴格注意貨品的質量，務需使經營的貨物保持完好，並且不要讓貨幣滯留在手中，做買賣使貨幣流通，纔有機會賺大錢，這就是後面說的「財幣欲其行如流水」，這就是商人資本的存在型態，如果停頓，商人的資本就變相在遞減。

　　如何纔能「務完物」呢？就要讓容易變質的食品儘快脫手，而不能留在手中讓其變質而失去交換價值，這就是前面「以物相貿易，腐敗而食之貨勿留，無敢居貴」的意思。不過如果沒有把市場的因素加進去，掌握市場變化的規律，光只是「務完物，無息幣」無法保證商人資本的增加，因此前面纔會有陶朱公「積居與時逐」的主張，這個「時」就是指市場行情的變化，其餘先秦諸子都重視「時」，不過他們的「時」都是在指「農時」，意指適合農耕的時節，譬如《論語·學而》記孔子說：「道千乘之國，敬事而信，節用而愛人，使民以時。」〔註50〕然而商家如陶朱公這裡卻是在指市場行情，對於如何掌握市場變化的規律性，這裡提出「論其有餘不足，則知貴賤。貴上極則反賤，賤下極則反貴」，意指根據市場商品供給與需求的狀況來隨機更動商品的價格變化，如果商品供過於求，價格就會滑落；如果供不應求，價格就會上漲，不僅如此，價格的變化還會影響供求的狀況，從而釀就價格自身往相反的路向轉化，如果商品價格很高，商人都能獲得很高的利潤，就會刺激商品的供給不斷增加，終至釀就供過於求的處境，而引發價格的反跌。相反

〔註49〕見《史記會注考證》卷一百二十九，〈貨殖列傳〉第六十九，頁 1355。
〔註50〕見《論語注疏·學而》卷第一，頁 6。

地，如果商品的價格過低，就會引發需求的增長與供給的萎縮，終至會出現供不應求的處境，而引發價格的回漲，這就是「貴上極則反賤，賤下極則反貴」的完整意思。把握住市場的規律性後，陶朱公就不會太過看重價格昂貴的商品，而會盡快賣出脫手，藉此換取現金，再買回價格還很便宜的商品，把這種商品視作奇貨，這就是「貴出如糞土，賤取如珠玉」的意思。

　　前面文字還可看出，陶朱公還注意氣候變化對農業的影響，而提出一套預測農業收穫豐歉的辦法。他按照在大陸看見木星（歲星）運行的方位來推測當年農業收穫的好壞，根據這種推測，他主張「旱則資舟，水則資車」，意即天旱時高原地區的農業收穫損失較大，低窪地區的農業收穫品質較好（因為靠河流），就要利用舟船到低窪地區收購低廉而豐富的農產到高原地區去賣，水災則因低窪地區容易淹水，就利用車輛收購高原地區的農產，拿去低窪地區賣，這同樣屬於「與時逐」的範圍，而把農產品當做商品來買賣，由於當時的市場行情受到農業豐收與否影響極大，而農業生產受天然條件的影響極大，因此纔會有這種透過觀天象來做買賣的說法。陶朱公還重視「擇人」與「不責於人」的觀點，前者是說謹慎挑選各種工作的適當人手，後者是說對於任用的人要完整授權，讓其善盡長材而不要求全責備，這大概是他的財富能累積巨萬的重要原因。重視市場行情變化的規律性，並會有由觀天象來知買賣的說法，這都是齊學真理觀的呈現。

第三節　齊學的醫學思想

　　由中醫發展史的角度來說，學者陳直先生認為春秋戰國至秦漢時期中醫大別有兩派：秦派醫學與齊派醫學。〔註51〕秦國常有良醫，林麗娥先生曾指出有醫緩、醫和與醫跗這幾位醫生曾替各國君主治病，不過我們由其善治的病症估計秦國良醫比較長於外症，這可能與秦境地靠黃土高原，生活條件較差，自然環境乾旱冷酷有關，而秦醫對於醫理則較罕著墨，〔註52〕只有《呂氏春秋·達鬱》說：「凡人三百六十節，九竅五臟六府肌膚欲其比也，血脈

〔註51〕見陳直〈璽印示簡中發現的古代醫學史料〉，北京，《科學史集刊》，西元1958年，第一期，轉引自《齊文化大觀》第七篇〈科技之花〉，第四章〈齊派醫學〉，頁618。

〔註52〕見《先秦齊學考》第六章〈先秦齊學的主要學派〉，第六節「應用學派」，頁392～393。

欲其通也，筋骨欲其固也，心志欲其和也，精氣欲其行也。若此，則病無所居，而惡無由生也。」還有《呂氏春秋·盡數》則說：「流水不腐，戶樞不螻，動也；形氣亦然，形不動則精不流，精不流則氣鬱。鬱處頭則爲腫爲風，處耳則爲挶爲聾，處目則爲䁾爲盲，處鼻則爲鼽爲窒，處腹則爲脹爲府，處足則爲痿爲蹶。」此外沒有任何專書或專篇在討論。齊國則不僅有醫學專書，更有大量的著名醫案傳世，根據《齊文化大觀》的整理，譬如長桑君授給扁鵲的《禁方》；公孫光授給淳于意的《方化陰陽》與《傳語法》；公乘陽慶授給淳于意則內容甚大量，如《黃帝脈書》、《扁鵲脈書》、《上經》、《下經》、《五色診》、《奇咳術》、《揆度》、《陰陽外變》、《藥論》、《石神》與《接陰陽禁書》都是授書；淳于意授給宋邑、高期與王禹這些人數部醫書，如《五診》、《經脈上》、《經脈下》、《奇絡結》、《論俞所居》、《案法》、《逆順》、《論藥法》、《定五味》、《和齊湯法》與《四時應陰陽重》都是授書，西漢末年在劉向的主持，把這二十餘部醫書重新整理，各自彙編出三種類型的書，如《黃帝內經》、《黃帝外經》、《扁鵲內經》、《扁鵲外經》、《白氏內經》與《白氏外經》這些著作，〔註53〕就此奠立中國醫學的傳統根基。

　　《史記·扁鵲倉公列傳》特別介紹扁鵲與淳于意這兩位醫家，這兩個人都是齊國人，《史記·扁鵲倉公列傳》記扁鵲自己說：「臣齊渤海秦越人也。」〔註54〕這個秦越人是扁鵲的眞實姓名，關於淳于意則說：「太倉公者，齊太倉長，臨菑人也，姓淳于氏，名意。」〔註55〕兩位醫家都是齊國人（後者在西漢），顯然不是偶然，而與齊學重視眞理觀的大背景有關。扁鵲是《史記》記載最早的一位醫家，他最早的醫案見於田齊桓公午時，最後的醫案見於秦武王蕩時，因此應該是春秋末葉戰國早期的人。根據林麗娥先生的說法，扁鵲最重要的成就有五點：第一，創針灸療法，革新醫具。第二，提出四診法，發展脈學。第三，提出六不治，反對巫醫。第四，創民間醫學，傳授生徒。第五，傳醫療經驗，著作醫書。〔註56〕我們針對林麗娥先生這五點來各自詳論。首先，扁鵲治病，除使用藥外，已開始拿刀做外科手術，《韓非子·安危》

〔註53〕見《齊文化大觀》第七篇〈科技之花〉，第四章〈齊派醫學〉，頁618。
〔註54〕見《史記會注考證》卷一百五，〈扁鵲倉公列傳〉第四十五，頁1144。
〔註55〕見同上，頁1146。
〔註56〕見《先秦齊學考》第六章〈先秦齊學的主要學派〉，第六節「應用學派」，頁394～399。關於「四診法」與「六不治」，詳見後面的討論。

說：「聞古扁鵲之治甚病也，以刀刺骨。」〔註57〕扁鵲使用針灸療法見於《史記・扁鵲倉公列傳》說：「扁鵲乃使弟子子陽厲鍼砥石，以取外三陽五會。有間，太子蘇。」〔註58〕雖然針灸在扁鵲前已經存在，然而針由石針改做鐵針，灸由砭石灸改做艾草灸，學者盧南喬先生認爲扁鵲可能是關鍵的改革人，因爲春秋末葉齊國的治鐵業已經很發達，扁鵲曾經生活在齊國，當有做聯想應用，而在他前從未聞鐵針，在他後針學大爲發展，可見他跟此事大有關係，同樣灸法亦復如此，扁鵲後纔有《孟子・離婁上》說：「七年之病，求三年之艾。」〔註59〕《論衡・順鼓》則說：「投一寸之針，布一丸之艾於血脈之蹊，篤病有瘳。」〔註60〕

由此可知，在扁鵲死後，灸法已有大變革。〔註61〕

扁鵲很精通於藥理，能配合針灸藥三者來治病，《史記・扁鵲倉公列傳》曾記他警告不願治病的田齊桓公說：「疾之居腠理也，湯熨之所及也；在血脈，鍼石之所及也；其在腸胃，酒醪之所及也；其在骨髓，雖司命無奈之何。」〔註62〕這是能順應患者實際病情而做不同的治療。

關於扁鵲的四診法，《史記・扁鵲倉公列傳》記說：「越人之爲方也，不待切脈，望色，聽聲，寫形，言病之所在。聞病之陽，論得其陰；聞病之陰，論得其陽。病應見於大表，不出千里，決者至眾，不可曲止也。子以吾言爲不誠，試入診太子，當聞其耳鳴而鼻張，循其兩股以至於陰，當尚溫也。」〔註63〕這個「四診法」就是後來的「望，聞，問，切」，當大家都覺得虢國太子已經死亡，扁鵲卻根據四診法推測太子耳鳴而鼻張，其兩股至陰部都尚有溫度，判斷太子並沒有死亡，結果與弟子入宮緊急施救，終於使虢國太子起死回生，扁鵲在四診法裡尤其精於脈法，而各種療法裡脈法最難，《鹽鐵論・申韓》說：「所貴良

〔註57〕　見《韓非子今註今譯・安危》第九卷，下冊，頁1019。後面則說：「刺骨，故小痛在體，而長利在身。」還說：「故甚病之人，利在忍痛。」還說：「忍痛故扁鵲盡巧。」

〔註58〕　見《史記會注考證》卷一百五，〈扁鵲倉公列傳〉第四十五，頁1145。

〔註59〕　見《孟子注疏・離婁上》卷第七，頁132。

〔註60〕　見《論衡校釋》第十五卷，〈順鼓〉第四十六，第二冊，頁690。

〔註61〕　見盧南喬〈民間醫生扁鵲在醫學上的貢獻〉，《山東古代科技人物論集》，濟南，齊魯書社，西元1978年，轉引自《先秦齊學考》第六章〈先秦齊學的主要學派〉，第六節「應用學派」，頁394。

〔註62〕　見《史記會注考證》卷一百五，〈扁鵲倉公列傳〉第四十五，頁1146。

〔註63〕　見同上，頁1144～1145。

醫者，貴其審消息而退邪氣也，非貴其下鍼石而鑽肌膚也。」〔註64〕這裡意指脈法比針法更重要。因此《史記・扁鵲倉公列傳》說：「至今天下言脈者，由扁鵲也。」〔註65〕西周前「巫，醫」並沒有區隔，常會用祈禱、咒詛或用依附在巫術裡的簡單草藥來治病，如《說苑・辯物》說：「吾聞上古之爲醫者，曰苗父；苗父之爲醫也，以管爲席，以芻爲狗，北面而祝，發十言耳，諸扶而來者，輿而來者，皆平復如故。」〔註66〕而扁鵲自己的師父長桑君本身就具有巫術的性質，當他準備傳授扁鵲醫術，《史記・扁鵲倉公列傳》記說：「我有禁方，年老，欲傳與公，公毋泄。」〔註67〕還說長桑君：「乃出其懷中藥予扁鵲，飲是以上池之水三十日，當知物矣。乃悉取其禁方書盡與扁鵲。」如此行事詭異，其傳授的藥方應該就是拿禁咒替人治病的禁術，既然如此，爲何扁鵲會反對巫術治病呢？

當扁鵲來虢國，聽見太子的死訊，他根據官員中庶子描述的狀況去診斷，而中庶子不但不相信，還說出一套巫醫的說法，《史記・扁鵲倉公列傳》記說：「臣聞上古之時，醫有俞跗，治病不以湯液醴灑，鑱石撟引，案扤毒熨，一撥見病之應，因五藏之輸，乃割皮解肌，訣脈結筋，搦髓腦，揲荒爪幕，湔浣腸胃，漱滌五藏，練精易形。先生之方能若是，則太子可生也；不能若是而欲生之，曾不可以告咳嬰之兒。」〔註68〕扁鵲聽見這種說法很憤怒，認爲這是「以管窺天」，後來再經過齊國，由於田齊桓公幾度不聽規勸就醫，他因此指出人有「六不治」，意即人有六種傾向，會使得病無法獲得治療，其中就有「信巫不信醫」的荒謬：「使聖人預知微，能使良醫得蚤從事，則疾可已，身可活也。人之所病，病疾多；而醫之所病，病道少。故病有六不治：驕恣不論於理，一不治也；輕身重財，二不治也；衣食不能適，三不治也；陰陽并，藏氣不定，四不治也；形羸不能服藥，五不治也；信巫不信醫，六不治也。有此一者，則重難治也。」〔註69〕這裡提出「六不治」的理論，就是指人驕傲自負，完全相信自己的感覺，而不聽於醫理；或者輕視身體健康，而只看重錢財；或者不能適當的穿衣與飲食；或者陰陽背離，五臟運行不穩；

〔註64〕見《鹽鐵論校注》卷十，〈申韓〉第五十六，下冊，頁580。
〔註65〕見《史記會注考證》卷一百五，〈扁鵲倉公列傳〉第四十五，頁1146。
〔註66〕見《說苑讀本・辨物》卷十八，頁558。
〔註67〕見《史記會注考證》卷一百五，〈扁鵲倉公列傳〉第四十五，頁1142。
〔註68〕見同上，頁1144。
〔註69〕見同上，頁1146。

或者形體瘦弱而不能服藥；或者相信巫師而不相信醫生，這六點只要有一點，病情就很難治理了。雖然這六點都各有其指，不過合起來看，都是圍繞在「信巫不信醫」的核心內容而立言，其實與其說是「信巫」，不如說相信的是自己的無知與執著。

當他把虢國太子治好病後，《史記・扁鵲倉公列傳》記說：「故天下盡以扁鵲為能生死人，扁鵲曰：『越人非能生死人也，此自當生者，越人能使之起耳。』」扁鵲的發言是輕描淡寫地表示對於不關理性的巫醫的反彈，他只是在醫療本來就能救活的人而已。

扁鵲醫療的範圍很廣，遇見什麼問題，就變成什麼醫生，《史記・扁鵲倉公列傳》說：「名聞天下，過邯鄲，聞貴婦人，即為帶下醫；過雒陽，聞周人愛老人，即為耳目痺醫；來入咸陽，聞秦人愛小兒，即為小兒醫。」不僅如此，他還廣收弟子，傳授醫學，隨他到處行醫，《史記・扁鵲倉公列傳》說：「扁鵲乃使弟子子陽厲針砥石，乃使子豹為五分之熨。」〔註70〕《說苑・辨物》則說：「子容擣藥，子明吹耳，陽儀反神，子越扶形，子游矯摩。」〔註71〕醫學本屬王官，《周禮・天官》就紀錄有醫師、食醫、疾醫（內科）與瘍醫（外科），〔註72〕甚至還有獸醫，扁鵲則開始在民間傳授弟子，因此林麗娥先生表示狹隘的貴族王官世襲制度，在學術上被孔子打破，在醫事上則被扁鵲打破。〔註73〕關於扁鵲曾寫過的著作，《史記・扁鵲倉公列傳》說倉公淳于意的師父公乘陽慶傳授醫書與醫術給他：「傳黃帝、扁鵲之《脈書》，五色診病，知人死生，決嫌疑，定

〔註70〕見同上，頁1145～1146。

〔註71〕見《說苑讀本・辨物》卷十八，頁559。

〔註72〕扁鵲的行醫已經顯現出分科觀念，「帶下醫」就是婦科，「小兒醫」就是小兒科，而「耳目痺醫」就是耳目科，雖然我們還是得瞭解，中醫是種把人當活人的「整體醫療」，並不是頭痛醫頭與腳痛醫腳，把人當死人的「解剖醫療」。《周禮・天官》冢宰的屬官裡列出的「醫師」就是指主治醫師，「食醫」就是指營養師，「疾醫」就是指內科醫生，而「瘍醫」就是指外科醫生，由於《周禮》很難論斷其成書時間，因此我們目前只能確知最起碼在戰國早期已經有分科觀念，見楊寬《戰國史》第十一章〈戰國時代科學和科學思想的發展〉，七「醫學的發展」，頁600～602。

〔註73〕見《先秦齊學考》第六章〈先秦齊學的主要學派〉，第六節「應用學派」，頁400～401。林麗娥先生在這裡表示：「可見扁鵲正是把醫術與巫術劃分為二，發起第一次醫學革命的人。」扁鵲確實是個「醫學的孔子」，他總結長期累積的中醫經驗知識，首度給出系統化的觀點與闡釋，並承先啟後，培育醫學人才，實在是中國醫學的第一人。而其出身於齊國，那正意味著齊學的真理觀對其開發出醫學知識的潛在裨益。

可治，及《藥論》，甚精。」〔註74〕」淳于意跟漢文帝報告接收公乘陽慶的醫書說：「臣意即避席再拜謁，受其《脈書》、《上下經》、《五色診》、《奇咳術》、《揆度陰陽外變》、《藥論》、《石神》、《接陰陽禁書》。」可知扁鵲確實曾將其醫療經驗寫成書，《漢書・藝文志》的方伎略醫經類就有《扁鵲內經》九卷，《外經》十二卷，其前者唯有《黃帝內經》一書，可見其書著作甚早，先秦時應已確有其書。然而，扁鵲著作的這些書漢後並未流傳，直至《隋書・經籍志》時纔再出現《難經》兩卷，而《舊唐書》或《新唐書》的〈經籍志〉都指出爲「秦越人撰」，此後就有該書是否扁鵲自作的爭議。〔註75〕

　　齊派醫學的理論哲學是陰陽五行學說。陰陽說和五行說本來是兩種掌握世界不同的理論思維，通過戰國時期的鄒衍而把兩者結合一套完整的理論系統。其中同樣出於齊學的《黃帝內經》就是在應用陰陽五行學說，由理論闡發中醫對生理、病理、疾病的發生過程，尤其詳論臨床與治療的路徑，這是馬王堆醫學帛書出土前，國人長期認識中醫能依據的最早一部著作，然而，現存的《黃帝內經》由《素問》與《靈樞》這兩大內容組成，這兩大內容用語習慣與理論取捨並不同，爲何都會被歸類進《黃帝內經》呢？根據學者廖育群先生的考究指出，現存的《黃帝內經》與《漢書・藝文志》著錄的《黃帝內經》十八卷不同，《素問》與《靈樞》其實是兩本書，會被當做《黃帝內經》只是出於晉人皇甫謐的推測，皇甫謐在其自著《黃帝三部針灸甲乙經》的序文裡說：「按《七略》、《藝文志》，《黃帝內經》十八卷，今有《針經》九卷，《素問》九卷，二九十八卷，即《內經》也。」《針經》就是《靈樞》，後人認爲皇甫謐去漢未遠，言當有據，因此跟隨其論直至今日，〔註76〕清姚際恆在《古今偽書考》就已提出質疑：「《隋志》始有《黃帝素問》九卷，唐王冰爲之注，冰以《漢志》有《內經》十八卷，以《素問》九卷，《靈樞》九卷，當《內經》十八卷，實附會也。」廖玉群先生認爲現存的《黃帝內經》是在刪去扁鵲名字的基礎裡吸收扁鵲著作的內容，其中最典型就是《素問・大奇論》，該篇不見於任何問答，內容全部見於《脈經》記載「扁鵲診諸反

〔註74〕見《史記會注考證》卷一百五，〈扁鵲倉公列傳〉第四十五，頁1147。

〔註75〕見《先秦齊學考》第六章〈先秦齊學的主要學派〉，第六節「應用學派」，頁401。關於扁鵲著作的眞偽問題，詳見《先秦齊學考》第五章〈先秦齊學著述考〉，第一節「齊學之重要著述」，頁282～286。

〔註76〕見廖育群《岐黃醫道》第三章〈今本《黃帝內經》：《素問》與《靈樞》〉，一「《黃帝內經》與今本《黃帝內經》」，頁57～59。

逆死脈要訣第五」，可見現存的《黃帝內經》已經不全是黃帝學派的著作。〔註77〕

　　《黃帝內經‧素問‧陰陽應象大論》說：「陰陽者，天地之道也，萬物之綱紀，變化之父母，生殺之本始，神明之府也。」還說：「天地者，萬物之上下也；陰陽者，血氣之男女也；左右者，陰陽之道路也；水火者，陰陽之徵兆也；陰陽者，萬物之能始也。」拿陰與陽的相對屬性接引至中醫領域，就是將對人體具有推動溫煦興奮這類的物質與機能歸屬於陽，而將對人體具有凝聚滋潤抑制的物質與機能歸屬於陰，其屬性來自相對而不是絕對的歸類，具有相當的先進性，《黃帝內經‧素問‧陰陽應象大論》說：「木生酸，酸生肝；火生苦，苦生肺；土生甘，甘生心；金生辛，辛生脾；水生鹹，鹹生腎。」《管子‧水地》則說：「酸主脾，鹹主肺，辛主腎，苦主肝，甘主心。五臟已具，而后生五內。脾生隔，肺生骨，腎生腦，肝生革，心生肉。五內已具，而后發為九竅。脾發為鼻，肝發為目，腎發為耳，肺發為竅。」〔註78〕不論哪種說法，都與現在中醫的普遍說法不同，現在的中醫，按照大陸的高等醫藥院校編訂的《中醫基礎理論》教材說：肝主木，五味主酸，形體主筋，開竅於目；心主火，五味主苦，形體主脈，開竅於舌；脾主土，五味主甘，形體主肉，開竅於口；肺主金，五味主辛，形體主皮，開竅於鼻；腎主水，五味主鹹，形體主骨，開竅於耳。〔註79〕《黃帝內經》與《管子》都出自戰國中晚期的齊國，誰先誰後很難論斷，然而卻對最基本的五行屬性議題都尚未統一，可見戰國時的中醫尚在整合的階段，至漢朝纔逐漸獲得共識，然而這種將陰陽五行理論運用至醫療的作法，顯然成為後世討論中醫的普遍共識。

第四節　齊學的科技思想

　　相較於其他三種學術型態，齊學擁有最豐富的科學技術成果，對後世的中華文化貢獻卓著。首先對於萬物本原的看法，譬如同樣在《管子》書裡，齊人就提出「水本說」與「氣本說」這兩種不同的看法，就「水本說」來說，《管子‧水地》說：「水者，萬物之準也，諸生之淡也，違非得失之質也。是以無不滿無

〔註77〕見《岐黃醫道》第三章〈今本《黃帝內經》：《素問》與《靈樞》〉，二「今本《黃帝內經》的結構分析」，頁70。
〔註78〕見《管子今註今譯‧水地》第一，上冊，頁676～677。
〔註79〕見印會河主編《中醫基礎理論》二〈陰陽五行〉，西元1983年，頁20。

不居也，集於天地，而藏於萬物。」〔註80〕還說：「水者何也？萬物之本原也，諸生之宗室也，美惡賢不肖愚俊之所產也。」就「氣本說」來說，《管子‧內業》說：「凡物之精，此則爲化，下生五穀，上爲列星。流於天地之間，謂之鬼神，藏於胸中，謂之聖人；是故氣，昊乎如登於天，杳乎如入於淵，淖乎如在於海，卒乎如在於己。是故此氣也，不可止以力，而可安以德。」〔註81〕不過我們得要注意，齊學如同整個中國文化，對於本原的看法並不是如西洋思考裡的本質般精確，有時常會便於解說而有詞彙錯置的現象，譬如同樣在《管子‧水地》，就竟然還有萬物的本原出於地的說法：「地者，萬物之本原，諸生之根莞也。美惡賢不肖俊之所生也。水者，地之血氣，如筋脈之通流者也。」〔註82〕這並不見得在否認自己前面提出的「水本說」，而是在闡釋水與地的關係如同人體內的筋脈與肌肉相互依存。還有關於天地如何能不墜不陷，林麗娥先生表示有兩種說法：「水浮說」與「常動說」，前者見於《管子‧地數》說：「地之東西二萬八千里，南北二萬六千里，其出水者八千里，受水者八千里。」〔註83〕林麗娥先生在這裡表示地是個長方形的有限實體，一半沈沒水底，一半露出水面，如冰山般載水而浮，因此不會沈溺。

不過，這種說法似乎由原文並不容易看見其端倪，筆者對於「水浮說」抱持著存疑的態度。後者則可見於《管子‧侈靡》說：「天地不可留，故動化，故從新，是故得天者，高而不崩。」〔註84〕林麗娥先生表示這種說法已經與後來的地球公轉與自轉的科學事實已經有點相像。」〔註85〕現存記錄齊國科學知識最豐富者莫過於《周禮》內的《考工記》，這本來是部齊國科技結晶與工商制度的實錄，卻被漢朝的作者拿來補已經遺失的《周禮‧冬官記》，《考工記》是否來自齊人所編撰？這個說法最早出自宋人林希逸在《考工記解》說：「《考工記》須是齊人爲之，蓋言語以《穀梁》，必先秦古書也。」〔註86〕清儒江永則在《周禮疑義舉要》進而指出：「《考工記》，東周後齊人所作也。」還說：「蓋齊魯間精物理善工事而工文辭者爲之。」學者郭沫若先生則認爲這

〔註80〕見《管子今註今譯‧水地》第一，上冊，頁676～677。
〔註81〕見《管子今註今譯‧內業》第四十九，下冊，頁776。
〔註82〕見《管子今註今譯‧水地》第一，上冊，頁676。
〔註83〕見《管子今註今譯‧地數》第七十七，下冊，頁1086。
〔註84〕見《管子今註今譯‧侈靡》第三十五，上冊，頁601。
〔註85〕見《先秦齊學考》第六章〈先秦齊學的主要學派〉，第六節「應用學派」，頁403。
〔註86〕見林希逸《鬳齋考工記解》卷上，轉引自聞人軍《考工記導讀圖譯》第四章〈源流篇〉，第一節「寫作地點與年代」，西元1990年，頁101。

是春秋末年的齊國官書，他理由有三：第一，《考工記》裡紀錄著齊魯間的水名；第二，文中大量使用齊國方言；第三，《考工記》度量衡使用的是齊制。〔註87〕學者胡家聰先生則認爲《考工記》由稷下學者所編寫。學者聞人軍先生表示《考工記》內容涉及的工藝類型和其知識面相當廣，這是無數工匠與管理人員長期實踐經驗的總結，熟諳如此大量的技藝，早已超過個人的限度，部分內容前後重出，包括周朝遺制在內的原始資料其記錄時間都有早晚，凡此都指出《考工記》並不是一時一人的手筆，然而他大抵認爲這本書的主體出自戰國初年的齊人，有些材料屬於春秋末期或更早。〔註88〕學者的看法雖有細微差異，不過大致都承認這部書成書於東周時期的齊國。

《考工記》站在工藝知識的角度觀察宇宙，認爲天體如同舟車，地就像船一般呈現長條狀；天就像車蓋呈現圓環狀；日月就像輪輻般不斷旋轉；星辰就像箭弓掃射般密佈，《考工記・輈人》說：「軫之方也，以象地也；蓋之圓也，以象天也；輪輻三十，以象日月也；蓋弓二十有八，以象星也。」〔註89〕這只是帶著膚淺的直觀去觀察宇宙，雖不見得正確，卻可看出齊人對工藝知識的依賴，會儘可能由有限的工藝知識去推測宇宙的規模。

因此，認識《考工記》，能幫忙我們瞭解齊國各種工藝知識的結晶，譬如《考工記・輈人》說：「勸登馬力，馬力既竭，輈猶能一取焉。」〔註90〕這是在說車轅能輔佐馬牽引車輛，即使馬要停止前行，車轅還會順勢讓馬往前行幾步，這就是由經驗觀察到物理慣性現象的紀錄。《考工記・輪人》則說：「凡爲輪者，行澤者欲杼，行山者欲侔。杼以行澤，則是刀以割塗也，是故塗不附；侔以行山，則是搏以行石也，是故輪雖敝不甄於鑿。」〔註91〕這是在說在沼澤地行進，把輪子的外側削薄，就能如刀子割泥塗般容易，不至於黏附；在山坡地行進，

〔註87〕見郭沫若《天地玄黃・考工記的年代與國別》，新文藝出版社，西元1954年，頁605，轉引同上。
〔註88〕見聞人軍《考工記導讀圖譯》第四章〈源流篇〉，第一節「寫作地點與年代」，頁101～111。聞人軍先生在這裡說：「《考工記》是由戰國初期齊國的『精物理善工事而工文辭者』匯集有關資料整理成文的。它是官方文件，所以主要用當時通行的官話『雅言』（夏言）寫作；它出於齊人之手，所以夾雜了較多的齊國方言；它倍受歡迎，廣泛流傳，內容上自然有所增益，用語亦入鄉隨俗，發生了一些變化。」
〔註89〕見《周禮正義・冬官考工記》第六，〈輈人〉卷第四十，《十三經注疏》，第三冊，頁614。
〔註90〕見同上，頁613。
〔註91〕見《周禮正義・冬官考工記》第六，〈輪人〉卷第三十九，頁601。

把輪子的內側鑿深，如此就算輪子有損壞，都不至於影響輪轉。對於具有東夷傳統的齊人最常用的箭，《考工記・矢人》說：「以其笴厚，爲之羽深，水之以辨其陰陽，夾其陰陽以設其比，夾其比以設其羽，參分其羽以設其刃，則雖有疾風，亦弗之能憚矣。」〔註92〕這就是在說測量箭桿的材質輕重，而把木箭沈於水內，視其浮在水面的深淺，配上數量不一的羽毛，使箭能在飛行中保持平衡。還有拿金或錫來製造量器，《考工記・㮚氏》說：「㮚氏爲量，改煎金錫則不耗，不耗然後權之，權之然後準之，準之然後量之。」〔註93〕這就是將金沈於水內，藉由溢出的水量來換算金的體積，這就是後來人稱的「阿基米德原理」。此外，還有《管子・地數》記說：「上有慈石者，下有銅金。」〔註94〕這是關於磁石的最早紀錄，是否有應用則不得而知。上面這些都是關於物理學的紀錄，而且內容都來自長期觀察獲得的經驗，這種經驗法則固然促進齊國的物理學的早熟，卻同時限制著物理學的繼續開展。

齊國的紡織業極爲發達，紡織需要染布，因此化學頗有成就。《考工記・鍾氏》說：「鍾氏染羽，以朱湛丹秫，三月而熾之，淳而漬之，三入爲纁，五入爲緅，七入爲緇。」〔註95〕這是在說鍾氏染羽毛，先將丹朱與丹秫泡在水裡，三個月後用火炊蒸，並拿蒸朱秫的湯沃澆在所蒸的朱秫，然後再蒸一回，使其變濃，再拿來染羽。染三回呈現深紅色，這稱做「纁」；染五回呈現淺黑色，這稱做「緅」；染七回呈現深黑色，這稱做「緇」，能有如此細膩的染布過程，可見其已有很清晰的化學變化觀念。同樣因齊國已是個工商業社會，因此其冶金業極爲發達，如齊桓公曾想問管仲是否能全面開發山中的林木，開採山中的鐵礦，藉此擴大齊國的生產事業，而在《管子・輕重乙》說：「一農之事，必有一耜一銚一鎌一鎒一椎一銍，然後成爲農；一車必有一斤一鋸一釭一鑽一鑿一銶一軻，然後成爲車；一女必有一刀一錐一箴一鈲，然後成爲女。請以令斷山木鼓山鐵，是可以毋籍而用足。」〔註96〕除農事外，這裡還討論製造車輛需要的工具，並指出女人得要具有紡織工具從事紡織，纔能被稱做一個女人，而由這些工具都屬金屬製品，且使用極爲普遍，可知齊國冶金業的發達。《考工記・築氏》說：「六分其金而錫居一，謂之鍾鼎之齊；

〔註92〕見《周禮正義・冬官考工記》第六，〈矢人〉卷第四十一，頁635。
〔註93〕見《周禮正義・冬官考工記》第六，〈㮚氏〉卷第四十，頁619。
〔註94〕見《管子今註今譯・地數》第七十七，下冊，頁1086。
〔註95〕見《周禮正義・冬官考工記》第六，〈鍾氏〉卷第四十，頁623。
〔註96〕見《管子今註今譯・輕重乙》第八十一，下冊，頁1165。

五分其金而錫居一，謂之斧斤之齊；四分其金而錫居一，謂之戈戟之齊；參分其金而錫居一，謂之大刃之齊；五分其金而錫居二，謂之削殺矢之齊；金錫半，謂之鑒燧之齊。」〔註97〕這個「齊」是指合金，而「金」是指銅，拿銅與錫各按不同比例來結合製作器具，這是合金極其珍貴的紀錄。

　　《考工記》還有關於聲學的紀錄，如《考工記・磬氏》說：「磬氏為磬，倨句一矩有半，其博為一，股為二股，為三參分其股，博去一以為鼓，博參分其鼓，博以其一為之厚，已上則摩其旁，已下則摩其耑。」〔註98〕這是說磬器太厚，或發聲太高或太清，就把磬面磨薄；如果發聲太低或太濁，就把磬的兩端磨薄，使得磬體相對變厚，再如《考工記・鳧氏》說：「鍾大而短，則其聲疾而短聞；鍾小而長，則其聲舒而遠聞。」〔註99〕這表示齊人已知鍾的結構、鍾的震幅與聲音響度的關係，這已有關於震動聲學規律的觀念。我們再來看齊人對生物學的知識，首先是動物學，《考工記・梓人》有對動物進行歸類，說：「天下之大獸五：脂者，膏者，臝者，羽者，鱗者。」〔註100〕這是把天下的野獸區隔出有角的牛羊這種脂類，無角的豬熊這種膏類，淺毛的虎豹這種臝類，飛禽這種羽類與魚蛇這種鱗類。還說：「外骨，內骨，卻行，仄行，連行，紆行。」再按照蟲類的構造與動態，區隔出外有甲殼的外骨類，內有甲殼的內骨類，還有按照行進動態如倒行、側行、連行與迂行這些不同的種類，該文還說：「以脰鳴者，以注鳴者，以旁鳴者，以翼鳴者，以股鳴者，以胸鳴者，謂之小蟲之屬，以為雕琢。」再按照蟲類的發聲器官，區隔出拿口發聲、拿觸發聲、拿脅發聲、拿翼發聲、拿股發聲與拿胸發聲這些種類，這些細緻性的觀察已經相當成熟（該文後面還有根據其習性繼續做更細緻的歸類，姑不徵引），可惜沒有被後人繼承其知識繼續深化，由此可知齊人對於自然現象已經由純粹的觀察發展出解釋現象的學說。

　　還有植物學，《管子・地員》說：「凡草土之道，各有穀造，或高或下，各有草土。葉下於鬱，鬱下於莧，莧下於蒲，蒲下於葦，葦下於雚，雚下於蔞，蔞下於荓，荓下於蕭，蕭下於薜，薜下於萑，萑下於茅，凡彼草物，有十二衰，各有所歸。」〔註101〕這是就同一個地區由高至低，隨著含水量的乾

〔註97〕見《周禮正義・冬官考工記》第六，〈築氏〉卷第四十，頁615。
〔註98〕見《周禮正義・冬官考工記》第六，〈磬氏〉卷第四十一，頁631。
〔註99〕見《周禮正義・冬官考工記》第六，〈鳧氏〉卷第四十，頁618。
〔註100〕見《周禮正義・冬官考工記》第六，〈梓人〉卷第四十一，頁637。
〔註101〕見《管子今註今譯・地員》第五十八，下冊，頁905。

濕而釀就出十二種不同植物的垂直分佈狀況，該文還做出土壤學的探索，並指出什麼樣的土質會產生什麼類型的植物，其間還帶著五行生剋的觀念，《管子・地員》說：「九州之土，爲九十物，每州有常，而物有次。群土之長，是唯五粟，五粟之物，或赤、或青、或白、或黑、或黃，五粟五章，五粟之狀，淖而不肕，剛而不轂，不濘車輪，不污手足，其種大重細重，白莖白秀，無不宜也。」〔註102〕這裡指出五粟的樣子，濕濡而不黏韌，剛直而不堅硬，不會黏附車輪，不會沾污手腳，其種子有大種子與小種子，白莖幹白枝杈，沒有不適宜種植，還說：「五粟之土，若在陵在山，在墳在衍，其陰其陽，盡宜。桐柞莫不秀長，其榆其柳，其厭其桑，其柘其櫟，其槐其楊，群木蕃滋數大，條直以長。」五粟的土質，無論在陵在山，在墳在衍，在山北在山南，都適宜種植。由於農業生產需要靠天文曆法的輔佐，春秋戰國時期就產生專門觀測星象天文的學者，《晉書・天文志》說：「魯有梓愼，晉有卜偃，鄭有裨灶，宋有子韋，齊有甘德，楚有唐昧，趙有尹皋，魏有石申夫，皆掌著天文，各論圖驗。」〔註103〕齊國最著名的就是戰國時期的甘德，他曾著有《天文星占》八卷，其書雖然已佚，不過《漢書・天文志》還保留其天文觀察的紀錄。

《漢書・天文志》說：「古曆五星之推無逆行者，至甘氏石氏經，以熒惑（火星）、太白（金星）爲有逆行。」〔註104〕行星自西往東稱做順行，自西往東稱做逆行，行星常順行而罕逆行，這是長時期觀測行星獲得的結論，再據唐《開元占經》徵引甘德說：「去而復還爲勾，再勾爲已。」這裡把行星逆行的弧線描如「勾」或者「已」字的形狀，林麗娥先生還根據《開元占經》引甘德《天文星占》的佚文指出當日甘德已經測出恆星一百一十八座，共計五百一十一顆行星，且推測出金星與木星的會合周期的長短，並訂出火星的恆星周期有一點九年（實際應爲一點八八年），木星周期有十二年（實際應爲十一點八六年），這些都是齊人甘德對五星探索的重大貢獻。〔註105〕再者爲氣候

〔註102〕見同上，頁 906～907。
〔註103〕見《晉書》卷十一，〈天文志〉第一，第一冊，西元 1995 年，頁 277～278。
〔註104〕見《漢書》卷三十，〈天文志〉第十，第二冊，頁 1290。
〔註105〕見《先秦齊學考》第六章〈先秦齊學的主要學派〉，第六節「應用學派」，頁 412。楊寬先生則表示：「甘德著有《天文星占》八卷，石申著有《天文》八卷（《天官書正義》引《七錄》）。甘德和石申在戰國中期（約公元前三百六十年左右）精密地紀錄了一百二十顆恆星的赤道座標（入宿度和去極度）。他們所測定的恆星記錄，是世界上最古的恆星表。」他還繼續闡釋說：「今本《甘石星經》（收入《漢魏叢書》）是後人僞造，唐代《開元占經》卷六十五至卷

學，如《管子‧侈靡》說：「雲平而雨不甚，無委雲，雨則漱已。」〔註106〕意思是說雲塊比較平坦，雨不會下得很大，而下雨的時候如沒有供應水分的雲伴存，很快雨就會下完，這正符合現在的氣候學原理。還有地理學，《史記‧孟荀列傳》記載鄒衍的大九洲說：「所謂中國者，天下八十一分之一，名曰赤縣神州，而分爲九。川谷阻絕，陵陸不通，乃爲一州。有八瀛海環其外，此之謂八極，而天下際焉。」這是把世界地理畫出八十一個州，其中的中國稱做赤縣神州，該神州再因川谷阻絕，丘陵與陸地不通而畫出九州，外面有八個海洋包圍著，這種看法雖屬臆測，卻已比《尚書‧禹貢》有更細緻的世界地理知識。再說地圖學，《管子‧地圖》說：「凡兵主者，必先審知地圖，轘轅之險，濫車之水，名山通谷，經川陵陸丘阜之所在，苴草林木蒲葦之所茂，道里之遠近，城郭之大小，名邑廢邑困殖之地必盡知之。」〔註107〕

還說：「地形之出入相錯者盡藏之然後可以行軍襲邑，舉錯知先後，不失地利，此地圖之常也。」由此可知齊人已經頗能運用地圖知識於生活，尤其運用於軍事部署，且很瞭解掌握地理對戰爭勝負的重要性。最後我們來看建築學，齊學建築知識的發達，使得相關文獻的記載頗爲豐富，僅就《考工記》對如何營造國城，如何築堤防與溝渠都有詳細介紹，譬如《考工記‧匠人》就詳細列出各種不同時期建築的規格說：「匠人營國，方九里，旁三門，國中九經，九緯，經涂九軌。左祖右社，面朝後市。市朝一夫，夏后氏世室，堂脩二七，廣四脩一，五室三四步，四三尺，九階，四旁兩夾，白盛，門堂三之二，室三之一。」〔註108〕這裡除指出夏朝建築的規格，還指出商周房屋的不同規格：「殷人重屋，堂脩七尋，堂崇三尺，四阿重屋；周人明堂，度九尺之筵，東西九筵，南北七筵，堂崇一筵，五室凡室二筵，室中度以几。」還說：「堂上度以筵，宮中度以尋，野度以步，涂度以軌，廟門容大扃七，闈門容小扃參，路門不容乘車之五。應門二徹參，內有九室，九嬪居之，外有九室，九卿朝焉。九分其國以爲九分，九卿治之，王宮門阿之制五雉，宮隅之制七雉，城隅之制九雉。經涂九軌，環涂七軌，野涂五軌，門阿之制，以爲

七十保存有甘氏石氏的言論，載有大約一百二十顆恆星至黃道的距離及其離北極的度數，可以從此看出他們的成就。」見《戰國史》第十一章〈戰國時代科學和科學思想的發展〉，二「天文學和地理學的發展」，頁562～563。
〔註106〕見《管子今註今譯‧侈靡》第三十五，上冊，頁594。
〔註107〕見《管子今註今譯‧地圖》第二十七，上冊，頁494。
〔註108〕見《周禮正義‧冬官考工記》第六，〈匠人〉卷第四十一，頁642～644。

都城之制。宮隅之制，以爲諸侯之城制，環涂以爲諸侯經涂，野涂以爲都經涂。」能紀錄如此細密的營造典範，當知齊學的眞理觀已經蘊生出面對具體對象的客觀標準，齊學的眞理觀不僅是齊人意識的準繩，已經轉化出各種科技概念，落實在各種跟生活實用有關的層面了。

第五章　戰國齊學對當時與後世的影響

摘　要

　　戰國齊學對六國的影響，可由學術與政治這兩個層面來思考，當然這兩個層面有相當大量的交織現象，使得我們的討論很難完全獨立而純粹於單一層面。首先就學術層面來說，稷下學宮的設立，使得六國的學者紛紛來齊國游學，齊國的稷下蔚然變做當日整個中國學術的重鎮，不僅提供大師登壇開講的機會，更培育各國大量的青年學子他日成為望重士林的大師，這其間最具典型意蘊的士人，莫過於來自趙國的荀子。稷下學宮的存在，對於其他諸侯國的君主來說是心理的莫大威脅，因為富國強兵的成效就奠立在士人的支持與否，如果士人競相奔齊，則自己的國家豈不危殆？因此各國君主紛紛仿照稷下設立學宮，譬如梁惠王就仿效齊威王任用鄒忌為相，任用宋人惠施為相，冀圖藉此號召學者雲集於魏國。惠施做為宋人，本來就繼承著商人崇尚上帝的傳統，其會架構出重視真理的名辨思想自有脈絡可循，而梁惠王會任用真理純度更高的惠施，恐怕就戰術層面來說有與齊學較量的意思。

　　就齊學對政治層面的影響來說，最值得注意者莫過於鄒衍的陰陽五行說，這套學說成為戰國晚期的顯學，各國君臣莫不趨之若鶩，競相想由五行推演的過程裡（意即鄒衍「五德轉移」的說法）覓出個人與國家的前程。鄒衍當日受各諸侯受尊禮的程度，恐怕已經遠遠超過士人的規格了，王公大人想探知藏在鄒衍心裡而他們無法得知的新學問，而這個學問實關乎他們個人一生的成敗興衰，因此纔會隆寵鄒衍至此。鄒衍的學說主要在燕齊兩國傳布，

透過鄒衍在燕齊兩國的弟子的宣講，陰陽五行成為影響中國文化與政治至深且鉅的學問，並與其他學問尤其儒學交互融合，成為兩漢儒學內含的思想底蘊。李斯與韓非吸收荀子法制層面的思想，轉而替君主專制的強國路徑提供理論的張本，由荀子至韓非子，法制的觀點已經有很大的差異，前者有客觀真理的意蘊，後者則純屬人治的思維，然而如果沒有荀子透過齊學的脈絡闡發出法制的觀點，恐怕亦很難激起韓非子對法制思想的再省思，這就透過荀子影響韓非子，而對秦國發生的影響。

戰國齊學的思想裡，鄒衍的陰陽五行學說對秦漢政治的影響最為直接。當秦統一六國後，不僅在政治層面實施法家的專制統治，在思想層面同樣實施專制統治，箝制人民的自由思考，纔會有「焚書坑儒」的政治象徵舉措，故而結束「百家爭鳴」的歷史。然而，除法家的思想外，獨有陰陽五行學說不僅沒有被秦朝禁絕，反而因秦始皇求個人長生與帝業長保的傾向而跟著通行無阻，漢朝的黃老思想深受戰國齊學的影響，漢惠帝時期喜好黃老的相國曹參，就是拜蓋公為師，而蓋公就是齊學的傳人，而漢武帝聘用的儒學博士，多數背景出自齊學，譬如詩學為轅固生；尚書學為伏生；易學為田生；春秋學為胡毋生；而出自燕國的韓太傅同樣屬於廣義的齊學範疇；即使本籍趙國的董仲舒，其學術根柢同樣來自齊學（包括學法陰陽五行的鄒衍）。齊學的最大特徵，莫過於喜談具有神秘性的生命議題，或者說，習慣把事情生命化，這使得漢朝的儒學，瀰漫著本來魯學的儒學沒有的濃厚天人感應思想，當日稱做「讖緯」。

就齊國的政治來說，博士官這個職位的設立，對中國歷朝後世政治影響最大。齊國的稷下先生實為秦朝博士制度的依據。博士官如同稷下先生同樣負責教育弟子，稷下先生並不專掌六藝，秦朝的博士同樣如此，且尚有占夢博士，漢文帝則有諸子博士與傳記博士，至漢武帝始罷諸子與傳記，專立五經博士，而博士員額常設七十人，其制度同樣沿襲稷下先生，且持續傳承至清朝。歷來中國外朝的「六部」設置，意即吏戶禮兵刑工這六種執掌規劃，都來自於《周禮》這部書首倡的概念，《周禮》出自稷下先生的手筆。齊國有幾種官職屬獨創，卻被後世承襲者，如「軍師」，這恐與齊國特重軍事策略佈局，而常設此官職做戰略徵詢有關；如「掌書」與「尚書」，這是政府文書的紀錄官；如「士師」與「執法」，兩個都是司法官，士師尤其是最高階的司法官員，而齊國特重法律規範，因此司法制度大興當不難理解，執法則同樣僅見於秦簡；如「太傅」，這種教育王室儲君的官員，後來歷朝都沿用此稱呼；

如「工師」，這是管理手工業的官員。

再就齊國的工商來說，殷人本來就善賈，各地考古都證實其早有利用海貝做原始貨幣的習慣，而這種善賈的傳統在齊國被傳承，使得「賢」的本意就有善於管理財富的意思，這應該就出自於齊國的生活實況。因齊國聚集大量士人，他們看見齊國的工藝發展，總結其生產經驗，拿文字整理出科技文獻，使得技術更獲得保存與擴散，其中《考工記》就是這類工作發展的高峰，譬如其詳盡記載制車技術的每一個環節，對照世界其他地區的文明因沒有車這種運輸工具，而社會因此停滯發展來說，更顯見其重要性。《考工記》有很精確的量的概念，譬如青銅器的冶煉過程裡，該書很精確記載不同性質的青銅器該置放的原料比例，而且對於測量工具的運用已很複雜，譬如光是車輪配件的質量檢驗，就有「規萬水懸量權」這六種工具，這種工具思維都已影響齊人的思想，在思考跟大道有關的問題都會去思索實踐的手段，因此喜言「規矩」，並把規矩與「禮儀」劃上等號，認爲人能守禮如同物件符合規矩，這同樣是齊國的工業對中華文化的影響。

就經濟理論來說，齊學把商業視作「本事」，認爲只有大量消費纔能刺激市場活絡，如此國家纔能強盛，其完全不同於其他農業國家視務農爲本，而面對商品流通過程產生的創見，譬如側重收稅技術面的改善，並擴張原本被隱蔽的經濟利益，這就是輕重學說，出於管子學派。商業思維與理性思維的開展具有互爲因果關係，意即齊人的眞理觀與齊人由經商產生的現實主義傾向有極重要關係，輕重學說側重收稅技術面的改善，更容易被人民接受。再來說齊國的軍事，齊國的兵書對後世的中國軍事思想影響甚大，唐朝後有世稱「武經七書」的著作，歷來武科舉都奉爲測驗教材，其中如《六韜》、《孫子》、《吳子》與《司馬法》都屬於齊學的著作。齊文化積累出認識眞理的風氣，使得數百年後的北魏（南北朝）時期，原齊國地區竟還有賈思勰這個山東益都人寫出《齊民要術》這部十二萬字的巨著，詳細記錄住在山東的先秦齊民的農業知識。我們幾乎能如此說，只要世上有實用性的知識，齊人全都開其先河，並給後世莫大啓發。

針對中國四種學術傾向來思考社會整體前景，這裡有兩點要指出：第一，重魯學而輕晉學，晉學看重人事的權謀鬥爭思考，對於架設一個讓人民安和樂利生活的社會不利，如果人人只側重心機的運作，社會就不容易落實正義原則，雖然權謀鬥爭本來禁無可禁，然而提倡魯學裡的儒學，當能讓心術的

運用受著心性的規範，而由教育層面重新提倡做聖人的理想，容易使社會風氣歸於純樸；第二，重齊學而輕楚學，楚學的混沌觀其實可能對於宇宙的本質有更清晰的洞見，然而齊學的眞理觀卻較能裨益華人架設一個符合秩序的社會，我們該懷著負責的態度去立法設事，使得社會有公正的機制，讓人人能合理的獲得利益，齊學正基於眞理觀而能使華人有較符合於客觀的理性思維，這是華人能邁向現代化的基石。因此具有中華文化特徵的現代化，當站在齊學眞理觀的基石上闡發魯學的聖人觀，意即社會在法治的機制裡運作，而人人心懷聖人的德性，在中央有著如聖人的領袖按著法規治理國家，在民間禮節與法律並重，這是開創盛世的基石。

第一節　戰國齊學對六國的影響

　　齊學的開放性，使其本來就融會了當日華夏各諸侯國的一流士人來齊國論學與做官，這種無限交流釀舊的齊學，對於各諸侯國各種層面的影響當然非比尋常，甚至對魯學、楚學與晉學各自的繼續深化，產生極其重要的啓發。關於齊學自身吸納各國士人的思想來說，我們還可舉出幾個簡單的例證，譬如孔子弟子裡就有公冶長、公皙哀、樊須、梁鱣與步叔乘這些人是齊人，而孔子曾經率領弟子至齊國求逸史，學習韶樂，還派弟子去齊國考察西周文獻，孔子生前，宰予在齊國擔任臨淄大夫，子貢出使齊國做游說，孔子死後，孔子的弟子散至齊國或楚國做官，《史記‧禮書》說：「仲尼沒後，受業之徒，沈湮而不舉，或適齊楚，或入河海，豈不痛哉！」〔註1〕這都能證實齊國與魯國間的交流很頻繁。此外，孫武把在齊國醞釀的兵學傳至江南的吳國；范蠡則由越國轉往齊國，傳播出陰陽的觀念與計然的經濟理論；田子方由齊國至魏國，游學於西河，受魏文侯賞識；墨子由魯國至齊國，景仰晏子的思想與言行，屢稱「晏子知道」，而齊國人高何，則向墨子學習……，在稷下學宮興起前，中國各地區就已經與齊文化展開寬廣的交流，加速沈澱出思維深刻的齊學。

　　戰國齊學對六國的影響，可由學術與政治這兩個層面來思考，當然這兩個層面有相當大量的交織現象，使得我們的討論很難完全獨立而純粹於單一層面。首先就學術層面來說，稷下學宮的設立，使得六國的學者紛紛來齊國游學，齊國的稷下蔚然變做當日整個中國學術的重鎮，不僅提供大師登壇開

〔註1〕　見《史記會注考證》卷二十三，〈禮書〉第一，頁423。

講的機會，更培育各國大量的青年學子他日成為望重士林的人師，這其間最具典型意蘊的士人，莫過於來自趙國的荀子，然而，荀子卻是在齊國學習儒家思想裡的詩學，而且這個儒家還傳至在魏國西河講學的子夏，唐陸德明在《經典釋文》裡引陸機語說：「子夏授曾申，申傳魏人李克，克傳魯人孟仲子，孟仲子傳根牟子，根牟子傳趙人孫卿子。」由此可知齊國的稷下是個讓學術奔放交流的市場，沒有任何設限，各種學術能否獲得傳布，都端視其是否具有吸引人的社會條件，而不在其思想處身於齊國的政治正確與否。稷下學宮的存在，對於其他諸侯國的君主來說是心理的莫大威脅，因為富國強兵的成效就奠立在士人的支持與否，如果士人競相奔齊，則自己的國家豈不危殆？因此各國君主紛紛仿照稷下設立學宮，譬如梁惠王就仿效齊威王任用鄒忌為相，任用宋人惠施為相，冀圖藉此號召學者雲集於魏國，《史記·魏世家》記說：「惠王數被於軍旅，卑禮厚幣以招賢者。鄒衍、淳于髡、孟軻皆至梁。」〔註2〕惠施做為宋人，本來就繼承著商人崇尚上帝的傳統，其會架構出重視真理的名辨思想自有脈絡可循，而梁惠王會任用真理純度更高的惠施，恐怕就戰術層面來說有與齊學較量的意思。

　　《呂氏春秋·淫辭》說：「惠子為魏惠王為法，為法已成，以示諸民人，民人皆善之。獻之惠王，惠王善之，以示翟翦，翟翦曰：『善也。』惠王曰：『可行邪？』翟翦曰：『不可。』惠王曰：『善而不可行，何故？』翟翦對曰：『今舉大木者，前乎邪許，後亦應之，此其於舉大木者善矣。豈無鄭衛之音哉？然不若此其宜也。夫國亦木之大者也。』」這裡可看出梁惠王任用惠施，受到魏國舊臣的反彈，翟翦是魏文侯大臣翟璜的後裔，他認為惠施訂的制度已經很完美了，然而卻無法實踐，對於魏國的政局來說，譬如眾人在舉大木，大家只需要同心協作的嘿休吶喊即可，卻不需要在舉大木時聆聽糜爛的鄭衛音樂，採納惠施的政見根本沒有對應到魏國的實際處境。這裡不只是兩種不同類型的人的衝突，還可看出現實極度功利的晉學與惠施這種重視真理的觀點的矛盾性，惠施能擔任相職，由真理觀出發去架構魏國的政局，這是來自惠王對稷下學宮的複製，然而受限於魏國的民情風俗，這種複製過程顯然沒有稷下本身來得績效卓著。接著是燕昭王，他看見齊威王與齊宣王如此獎掖稷下，而使齊國臻於富強，因此頗想如法炮製，他接納士人郭隗的建議，特別替他築宮，師事郭隗，藉此號召士人，使得好幾位本在齊國的士人改來燕

〔註2〕見《史記會注考證》卷四十四，〈魏世家〉第十四，頁715。

國，《史記·燕召公世家》說：「燕昭王於破燕之後即位，卑身厚幣以招賢者，謂郭隗曰：『齊因孤之國亂，而襲破燕，孤極知燕小力少，不足以報，然誠得賢士以共國，以雪先王之恥，孤之願也。先生視可者，得身事之。』郭隗曰：『王必欲致士，先從隗始，況賢於隗者，豈遠千里哉？』」〔註3〕

　　《史記·燕召公世家》接著說：「於是昭王為隗改築宮而師事之，樂毅自魏往，鄒衍自齊往，劇辛自趙往，士爭趨燕。」《史記·孟子荀卿列傳》還紀錄燕昭王如何尊重特別來燕國的鄒衍：「如燕昭王擁彗先驅，請列弟子之座，而受業築碣石宮，身親往師之。」顯然因為稷下的成功案例，燕國與齊國展開挖角的無煙硝戰爭，人材留在哪裡，就表示誰的國家強盛，士人在這種競爭處境裡地位倍顯尊隆無比。再來為楚國，春申君邀請齊國的祭酒荀子來楚國的蘭陵，仿照稷下的制度設立宮室講學，稱做蘭台，《文心雕龍·時序》說：「齊開庄衢之第，楚廣蘭台之宮，孟軻賓館，荀卿宰邑，故稷下扇其清風，蘭陵郁其茂俗。」這裡很清晰在把稷下與蘭台拿來做對比，《史記·孟子荀卿列傳》則說：「齊人或讒荀卿，荀卿乃適楚，而春申君以為蘭陵令，春申君死，而荀卿廢，因家蘭陵。李斯嘗為弟子，已而相秦，荀卿嫉濁世之政，亡國亂君相屬，不遂大道而盈於巫祝，信機祥，鄙儒小拘如莊周等，又滑稽亂俗，於是推儒墨道德之行事興壞，序列數萬言而卒，因葬蘭陵。」〔註4〕因此荀子

〔註3〕　見《史記會注考證》卷三十四，〈燕昭公世家〉第四，頁584。
〔註4〕　見《史記會注考證》卷七十四，〈孟子荀卿列傳〉第十四，頁946。關於「齊人或讒荀卿」的內容，筆者揣測：雖然荀子對秦國不重儒者深感不滿，然其曾經到過秦國，且發表過對秦國實屬各國裡最有古風的盛讚，認為秦國只要選用端誠信全的君子來議政，則能王天下。這種言論很容易讓齊人反感與起疑，認為其政治忠誠有問題，這應該是荀子會受謗離開的根本原因（更何況他曾經批評過君王后），其後其弟子李斯會去秦國，且貴為丞相，未嘗不可說是在實踐其師願望。關於荀子對秦國的高度評價，詳可見於《荀子·彊國》記荀子說：「今秦南乃有沙羨與俱，是乃江南也。北與胡貉為鄰，西有巴戎，東在楚者乃界於齊，在韓者踰常山乃有臨慮，在魏者乃據圉津──即去大梁百有二十里耳！其在趙者剡然有苓而據松柏之塞，負西海而固常山，是地遍天下也。威動海內，彊殆中國，然而憂患不可勝校也，諰諰然常恐天下之一合而軋己也；此所謂廣大乎舜禹也。然則奈何？曰：節威反文，案用夫端誠信全之君子治天下焉，因與之參國政，正是非，治曲直，聽咸陽，順者錯之，不順者而後誅之。若是，則兵不復出於塞外，而令行於天下矣。」還有：「應侯問孫卿子曰：入秦何見？孫卿子曰：『其固塞險，形埶便，山林川谷美，天材之利多，是形勝也。入境，觀其風俗，其百姓樸，其聲樂不流汙，其服不挑，甚畏有司而順，古之民也。及都邑官府，其百吏肅然，莫不恭儉、敦敬、忠信而不楛，古之吏也。入其國，觀其士大夫，出於其門，入於公門；出於

擔任的蘭陵令，應該不是個地方首長，而是如同稷下學宮的學術最高領袖，而後來襄贊秦王政統一六國的丞相李斯，年輕時都曾來蘭陵向荀子學習，雖然後來春申君死去，荀子受到楚人的排擠而被廢，然而荀子就居住在蘭陵著書立說直至死去，由此可知這個蘭陵學術全面在繼承稷下學術，透過荀子的這段因緣，當西元一九九三年在湖北省荊門市的郭店村的無名楚墓裡發現大批的戰國竹簡，裡面留有大量的儒家典籍就一點都不奇怪了。〔註5〕

再來說趙國，趙國的平原君本來很善待公孫龍，結果因為鄒衍至趙國講論陰陽五行學說，竟然就使得平原君罷黜公孫龍，《史記・平原君虞卿列傳》記說：「平原君厚待公孫龍，公孫龍善為堅白之辯，及鄒衍過趙言至道，乃黜公孫龍。」關於鄒衍對平原君的諫告內容，《史記集解》曾引劉向《別錄》記說：「齊使鄒衍過趙，平原君見公孫龍及其徒綦毋子之屬，論『白馬非馬』之辯，以問鄒子。鄒子曰：『不可。彼天下之辯有五勝三至，而辭正為下。辯者，別殊類使不相害，序異端使不相亂，杼意通指，明其所謂，使人與知焉，不務相迷也。故勝者不失其所守，不勝者得其所求。若是，故辯可為也。及至煩文以相假，飾辭以相惇，巧譬以相移，引人聲使不得及其意，如此，害大道。夫繳紛爭言而競後息，不能無害君子。』坐皆稱善。」這裡可看出主張陰陽五行學說的鄒衍，其受歡迎的程度遠勝過主張形名思想的公孫龍，這兩

<hr>

公門，歸於其家，無有私事也；不比周，不朋黨，偶然莫不明通而公也，古之士大夫也。觀其朝廷，其朝閒，聽決百事不留，恬然如無治者，古之朝也。故四世有勝，非幸也，數也。是所見也。故曰：佚而治，約而詳，不煩而功，治之至也，秦類之矣。雖然，則有其諰矣。兼是數具者而盡有之，然而縣之以王者之功名，則倜倜然其不及遠矣！是何也？則其殆無儒邪！故曰粹而王，駁而霸，無一焉而亡。』」或問荀子寫《荀子》當在去楚國的蘭陵後，然荀子的這些觀點，理應當在寫書前即已透過講學而流傳。見《荀子集解》第十一卷，〈彊國篇〉第十六，頁201～203。

〔註5〕　雖然郭店楚簡出土的儒家典籍多屬思孟學派的著作，然而我們尚須更細緻檢視這些典籍與荀子的關係，見龐樸主編《郭店楚簡與早期儒學》第二章〈郭店楚簡研究的參考座標〉（姜廣輝），三「文獻類別的參考座標」，西元2002年，頁17。學者姜廣輝先生在這裡說：「我們研讀郭店楚簡的儒家文獻，有一重要發現，就是《荀子・非十二子》批評子思、孟子的許多話，句句藏鋒芒，不是無的放矢的。依筆者的淺見，《郭店楚墓竹簡》中至少有三篇曾是《荀子・非十二子》所指涉和批評的內容，即《唐虞之道》、《緇衣》和《五行》。」筆者揣測，《荀子》書裡對思孟學派的批評，或許反向醞釀思孟學派的傳播機會。很有可能該學派的典籍或即由荀子攜來南傳，荀子在楚國著書，不能無的放矢，帶來思孟學派的典籍做研究與書寫依據，其後使其書流傳實屬自然。

人的思想都有齊學的背景，都具有真理觀的意蘊（雖然內容不同），其學術地位的交替並不涉及哪個文化的消長，而都反映著齊學對各國的影響。荀子同樣曾回過趙國，謁見過趙孝成王，在孝成王面前與臨武君議論兵學，《荀子·議兵》就是這個學術交流的紀錄。荀子還曾經到過秦國考察，接受秦國王室的招待，他發覺秦國的重大缺點在於沒有文化，尤其沒有大儒，然而他卻已經預見秦國終將統一天下，然而他憂慮靠著軍事武裝統一天下容易，要統一文化與思想卻很困難，秦國因不行全用儒道的王道，亦不行雜用儒道的霸道，終將不免於滅亡，這些看法都收錄在《荀子·彊國》裡。

秦王政時期，相國呂不韋號召門下食客集體編撰《呂氏春秋》，由於書內保存著大量稷下學者的著作與思想，錢穆先生認為這可看出其門下食客想將來自東方的學術全部移植西土，儘管軍事上齊國不如秦國，然而文化上則是齊國遠高於秦國，即使其門人食客同樣有這種想法。〔註6〕學者王德敏與莊春波兩位先生則認為當有很多稷下學者尤其鄒衍在燕齊兩國的後學雲集秦國，這同樣顯示出齊學對秦國學術有某種程度的深刻影響，〔註7〕雖然秦國對其學術的吸收與消化常有工具化的傾向，只在意立即的效果，並沒有在心裡意識層面做真誠的學習。

就齊學對政治層面的影響來說，最值得注意者莫過於鄒衍的陰陽五行說，這套學說成為戰國晚期的顯學，各國君臣莫不趨之若鶩，競相想由五行推演的過程裡（意即鄒衍「五德轉移」的說法）覓出個人與國家的前程。《史記·孟子荀卿列傳》記諸侯與權臣風靡鄒衍的程度說：「王侯大人，初見其術，懼然顧化，其後不能行之，是以騶子重於齊。適梁，惠王郊迎執賓主之禮；適趙，平原君側行撇席；如燕，昭王擁彗先驅，請列弟子之座而受業，築碣石宮身親往師之，作主運，其游諸侯見尊禮如此，豈與仲尼菜色陳蔡，孟軻困於齊梁同乎哉？」〔註8〕這種受尊禮的程度，恐怕已經遠遠超過士人的規格了，王公大人想探知藏在鄒衍心裡而他們無法得知的新學問，而這個學問實

〔註6〕 錢穆先生說：「至呂不韋乃欲將東方學術文化大傳統，移植西土。其願力固宏，其成績亦殊可觀。即今傳呂氏春秋一書，便是其成績之結晶石也。然當時呂氏賓客，雖居秦土，彼等觀念上，亦並不尊秦，似仍抱其以東方文化輕傲秦土之素習。」見其《秦漢史》第一章〈秦人一統之局〉，第二節「文化之西漸」，頁7～10。錢穆先生認為這是當時東西文化事實高下應有的正常現象。

〔註7〕 見王德敏與莊春波《齊文化與中國傳統文化》第三章〈稷下之學與中國傳統學術思想文化〉，第三節「齊學的交流、傳播和影響」，頁108～109。

〔註8〕 見《史記會注考證》卷七十四，〈孟子荀卿列傳〉第十四，頁945。

關乎他們個人一生的成敗興衰，因此纔會隆寵鄒衍至此，這豈是純任正道的孔孟能比擬？《史記・封禪書》還說：「形解銷化，依於鬼神之事，鄒衍以陰陽主運顯於諸侯，而燕齊海上之方士，傳其術不能通。然則怪迂阿諛苟合之徒自此興，不可勝數也。」〔註9〕這顯示鄒衍的學說主要在燕齊兩國傳布，透過鄒衍在燕齊兩國的弟子的宣講，陰陽五行成爲影響中國文化與政治至深且鉅的學問，並與其他學問尤其儒學交互融合，成爲兩漢儒學內含的思想底蘊。

　　陰陽五行說，實在是齊學影響當時與後世最重要的眞理觀了。

　　荀子的兩個弟子李斯與韓非後來都與秦國的壯大有重要關係，《史記・孟子荀卿列傳》說：「李斯嘗爲弟子，已而相秦。」《史記・李斯列傳》則對此說得更清晰：「乃從荀卿學帝王之術，學已成，度楚王不足事，而六國皆弱，無可爲建功者，欲西入秦，辭於荀卿曰：『斯聞得時無怠，今萬乘方爭時，游者主事，今秦王欲吞天下，稱帝而治。此布衣馳騖之時，而游說者之秋也。處卑賤之位，而計不爲者，此禽鹿視肉，人面而能彊行者耳。』」〔註10〕李斯在仕秦後同樣還曾問道於荀卿，《荀子・議兵》曾說：「李斯問孫卿子曰：『秦四世有勝，兵強海內，威行諸侯，非以仁義爲之也，以便從事而已！』孫卿子曰：『非女所知也，女所謂便者，不便之便也。吾所謂仁義者，大便之便也。彼仁義者，所以脩政者也，政脩則民親其上，樂其君，而輕爲之死。』」〔註11〕這顯示他們師生後來對於如何強秦有路線的歧異。韓非同樣曾就學於荀子，其同學李斯自認不如韓非，《史記・老子韓非列傳》記說：「非爲人口吃不能道說，而善著書，與李斯俱事荀卿，斯自以爲不如非。」〔註12〕還說：「於是韓非疾治國不務脩明其法制，執勢以御其臣下，富國彊兵，而以求人任賢，反舉浮淫之蠹，而加之於攻實之上，以爲儒者用文亂法，而俠者以武犯禁。」荀子兩大弟子後來都成爲反對儒者的法家，這對於崇尚儒術的荀子究竟具有什麼意義，是否荀子自身的思想，就有著能接引其弟子開出法家的脈絡呢？

〔註9〕　見《史記會注考證》卷二十八，〈封禪書〉第六，頁502。

〔註10〕　見《史記會注考證》卷八十七，〈李斯列傳〉第二十七，頁1034～1035。李斯在這裡還說：「故詬莫大於卑賤，而悲莫甚於窮困。久處卑賤之地，困苦之地，非世而惡利，自託於無爲，此非士之情也。故斯將西說秦王矣！」由此可見，李斯是個極度重視現實利害的人，他覺得自己的人生沒有出路，還要議論世間自認清高，完全不沾染利益，那是不顧人情。這樣生命型態的人，會害死同窗韓非的確有其脈絡可循。

〔註11〕　見《荀子集解》卷十，〈議兵篇〉第十五，頁186。

〔註12〕　見《史記會注考證》卷六十三，〈老子韓非列傳〉第三，頁856。

筆者私想由法制的角度來富國強兵應該是使得李斯與韓非幡然易幟的主軸，這正是荀子認同的觀點，雖然內涵稍有不同。

李斯與韓非雖然向荀子學儒術，卻沒有繼承儒家思想，卻吸收荀子法制層面的思想，轉而替君主專制的強國路徑提供理論的張本，由荀子至韓非子，法制的觀點已經有很大的差異，前者有客觀眞理的意蘊，後者則已內含人治的思維，然而如果沒有荀子透過齊學的脈絡闡發出法制的觀點，恐怕亦很難激起韓非子對法制思想的再省思，在世變日亟的情境裡，雖然主張眞理意識實在有些不合實效，然而眞理觀並不完全被韓非子棄置，韓非子能整合商子、申子與愼子的思想，商子主張的「法」固然有專制法的意蘊，申子主張的「術」同樣有權謀的意蘊，然而愼子同樣來自齊國，筆者曾經指出荀子的思想其實頗有取法於愼子者，〔註 13〕愼子主張的「勢」其實是在思索取得政權的客觀條件，然而韓非子對四人思想的統合（包括其老師荀子），自然得要有個能貫通解釋四人思想的邏輯，否則很難不會限於自相矛盾，這個邏輯就還是來自眞理觀的運作。因此，如果說秦國的強盛與統一六國頗有賴於韓非子的思想，則齊學對秦國的大業實有著間接的裨益，這個裨益就是韓非子學得自荀子的眞理觀，儘管這只是用眞理觀架構出一套完整的政府制度，而並未在眞理觀自身做深度的琢磨。〔註 14〕

第二節 戰國齊學對秦漢的影響

戰國齊學的思想裡，鄒衍的陰陽五行學說對秦漢政治的影響最爲直接。當秦統一六國後，不僅在政治層面實施法家的專制統治，在思想層面同樣實施專制統治，箝制人民的自由思考，纔會有「焚書坑儒」的政治象徵舉措，

〔註 13〕見陳復《愼子的思想》第十章〈結語〉，第一節「荀子對愼子思想的吸收與轉化」，頁 281～288。

〔註 14〕錢穆先生說：「余考晚周學術，大抵鄒衍呂不韋爲一派，荀卿韓非爲一派。鄒衍呂不韋取徑寬，主兼容並包，有渾涵之勢。荀卿韓非取徑狹，主定於一是，有肅殺之氣。秦人於東土文化，始終未能近受，特借以爲吞噬摶攫之用。不韋既見殺，而始皇得讀韓非書，見其所謂『明主之國，無書簡之文，以法爲教，無先王之語，以吏爲師』一類之語，宜其深喜之。其卒於凶殺非，與其始之深慕非者，其實本於同一心理。要之秦人之視東土之文教及學者，僅等於一種工具。使其無所用，或且爲我害，則摧殘毀滅之不少惜。決不如東方人對自己文化，有歷史傳統之觀感，與深厚之愛護也。」見其《秦漢史》第一章〈秦人一統之局〉，第二節「文化之西漸」，頁 11。

故而結束「百家爭鳴」的歷史。然而，除法家的思想外，獨有陰陽五行學說不僅沒有被秦朝禁絕，反而因秦始皇求個人長生與帝業長保的傾向而跟著通行無阻，《史記‧封禪書》記說：「秦始皇既并天下而帝，或曰：『黃帝得土德，黃龍地螾見。夏得木德，青龍止於郊，草木暢茂。殷得金德，銀自山溢。周得火德，有赤鳥之符。今秦變周，水德之時。昔秦文公出獵，獲黑龍，此其水德之瑞。』於是秦更命河曰『德水』，以冬十月為年首，色上黑，度以六為名，音上大呂，事統上法。」〔註15〕這整套看法，都來自鄒衍五行生克運用至政治的說法，五帝因黃帝為首，四傳至於舜為止，而黃帝為土德，後起的夏為木德，因此木克土；接著商為金德，因此商朝滅夏朝為金克木；接著周為火德，因此周朝滅商朝為火克金；秦始皇認為自己能取替周朝統一六國，自當為克火的水德，《史記‧秦始皇本紀》說：「始皇推終始五德之傳，以為周得火德，秦代周，德從所不勝。」〔註16〕秦始皇接觸陰陽五行說，要晚至他大一統而稱帝後，因此他在稱帝前是個純任法家的人，稱帝後整個人心境就發生變化，他想要永遠享有這種富貴，而開始注意五德終始的變化，《史記‧封禪書》說：「自齊威、宣之時，騶子之徒論著終始五德之運，及秦帝而齊人奏之，故始皇采用之。而宋毋忌、正伯僑、充尚、羨門高最後皆燕人，為方僊道，形解銷化，依於鬼神之事。騶衍以陰陽主運顯於諸侯，而燕齊海上之方士傳其術不能通，然則怪迂阿諛苟合之徒自此興，不可勝數也。」〔註17〕

　　水德在季節屬冬天，顏色尚黑，循環的位數為六，音律屬陰，主刑殺。冀圖與水德相應，秦朝就拿冬天十月做一年的歲首，拿黑色做正色，拿數字六做度量單位，拿大呂做正音，思想會主刻薄寡恩的法家自屬恰當至極，《史記‧秦始皇本紀》對此說的更清晰：「方今水德之始，改年始朝賀，皆自十月朔，衣服旄旌節旗皆上黑，數以六為紀，符法冠皆六寸，而輿六尺，六尺為步，乘六馬，更名河曰德水，以為水德之始，剛毅戾深，事皆決於法，刻削毋仁恩和義，然後合五德之數，於是急法，久者不赦。」〔註18〕秦會接受法家思想，實屬累世君王的國策，早在戰國早期的商鞅變法即已如此，其事當在秦始皇認識戰國晚期的陰陽五行學說前，因此秦朝主水德當自有其根據，而秦始皇會看重陰陽五

〔註15〕見《史記會注考證》卷二十八，〈封禪書〉第六，頁500～501。
〔註16〕見《史記會注考證》卷六，〈秦始皇本紀〉第六，頁116。
〔註17〕見《史記會注考證》卷二十八，〈封禪書〉第六，頁501～502。
〔註18〕見《史記會注考證》卷六，〈秦始皇本紀〉第六，頁116～117。

行學說，當與其能回饋出王朝統治的需要有關，日本學者島田鈞一先生則表示，水主陰，陰主刑殺，秦朝取替講德治的漢朝，而會拿嚴酷的法治做國策，其實有這層思想的原因，因爲這樣做符合新的行德。〔註 19〕這是秦始皇把自己會採納法家思想賦予合理化解釋的作法。不過，我們要知道，沒有通過秦始皇的採納，鄒衍的陰陽五行學說不會在秦朝獲得如此大的政治影響，因爲在他前面的秦國君主，雖然有祭祀上帝的習慣，而且有使用五行觀念，卻沒有系統化的生剋與方位觀念，顧頡剛先生就曾指出秦文公在鹿衍祭白帝，秦宣公在渭南祭青帝，秦靈公在吳陽祭黃帝和炎帝，這都是隨時隨地建立，並沒有顧慮到五行的方位。〔註 20〕而且，秦國歷任君王沒有統一出屬於秦國的五德屬性，這都能顯示出鄒衍的陰陽五行學說當時還沒有流傳到那裡。由此可知，自秦始皇纔開始明確議訂五德終始的屬性，而這就是齊學對秦朝政治的影響了。

漢朝滅掉秦朝，同樣對於五德終始的屬性甚爲看重，劉邦起兵立業，就抬出火德做號召，並創造出「赤帝斬白蛇」的傳說流傳於民間，來增強其取替秦朝的合法性，《史記·高祖本紀》記說：「高祖被酒夜徑澤中，令一人行前，行前者還報曰：『前有大蛇當徑，願還。』高祖醉曰：『壯士行，何畏？』乃前，拔劍擊斬蛇。蛇遂分爲兩，徑開。行數里，醉因臥。後人來至蛇所，有一老嫗夜哭，人問何哭？嫗曰：『人殺吾子，故哭之。』人曰：『嫗子何爲見殺？』嫗曰：『吾子白帝子也。化爲蛇當道。今爲赤帝子斬之，故哭。』人乃以嫗爲不誠，欲告之，嫗因忽不見。後人至，高祖覺。後人告高祖。高祖乃心獨喜自負，諸從者日益畏之。」〔註 21〕因此，劉邦最早認爲自己屬於火

〔註 19〕見其〈齊學的起源及其沿革〉，路英勇譯，《外國論文卷》，《齊文化叢書》，第十二冊，西元 1997 年，頁 22。

〔註 20〕見其《秦漢的方士與儒生》第十八章〈祀典的改定和月令的實行〉，西元 1995年，頁 113～114。對此學者趙瀟先生有完全相反的説法，他説：「再從四時所處的方位看，秦襄公所立祠白帝的西時，在隴西郡的西縣。文公所立祠白帝的鹿時，在開水、渭水之間的鹿衍，位於秦西部。祠青帝的密時設於渭南，位於秦東部。祠黃帝和炎帝的上時、下時設於吳陽，位於秦中部。若以祠黃帝的上時爲中，則祠炎帝的下時偏南。這樣，秦四帝色彩和方位的配備與後來鄒衍的五行說完全一致。」見其〈論五德終始說在秦的作用和影響〉，頁 55。如果這個説法成立，那就能證實秦國早在春秋時期（秦襄公是秦國封爲諸侯後的首位國君）已經有方位觀念，然而晚至秦始皇前都還是沒有秦國屬德的生剋觀念，因此，趙瀟先生在其文內還表示鄒衍五德終始說的學術來源起於秦人的文化，這顯然有錯誤。

〔註 21〕見《史記會注考證》卷八，〈高祖本紀〉第八，頁 163。

德。這個故事恐怕是由還不瞭解實情的劉邦，基於對內凝聚隨同他出征的同志而杜撰，如果認真思考，赤帝殺白帝，意味著秦朝的行德屬於金德，纔會被火德的劉邦消滅，然而，秦朝並未自稱金德，幸好劉邦同樣沒有堅持自己屬於火德，老實說，出身草莽的劉邦並沒有對五德終始說表現出任何深刻的信仰，他的信仰常配合著當時的政治需要，因此，當他擊滅項籍回師入關，發現秦朝的上帝祠只有祭祀白青黃赤四帝獨沒有黑帝，他就認為這是在等著他稱帝，因此改認為自己是居於水德的黑帝，而不管秦始皇早就認為秦朝屬於水德，沒有祭祀黑帝，那正是因為秦朝的皇帝本身就是黑帝，不宜再行祭祀，《史記‧封禪書》如此記說：「二年，東擊項籍而還入關，問：『故秦時上帝祠何帝也？』對曰：『四帝，有白青黃赤帝之祠。』高祖曰：『吾聞天有五帝，而有四，何也？』莫知其說。於是高祖曰：『吾知之矣，乃待我而具五也。』乃立黑帝祠。」沒有文化素養的劉邦這樣隨性攪和，五德就失去實質意義了。

　　東晉的應劭就表示，由秦至漢的五德其實都亂了，不只是漢高祖，早在秦始皇開始，他們都只是憑藉著政治判斷來推論終始，忽略終始自身的規律，其推論就難免會不準了。他認為秦國的行德本來屬於金德，這是在襄公至獻公時期獲得確認的行德，因此，本來赤帝斬白帝，由火德取替金德，並不是沒有道理（儘管這是劉邦的誤打誤撞），後來說秦朝屬於水德而漢朝屬於土德，這都是嚴重的錯誤，這個問題直到東漢光武帝在位纔獲得更正，《史記集解》引應劭如此說：「應劭曰：『秦襄公自以居西戎，主少昊之神，作西畤，祠白帝。至獻公時櫟陽雨金，以為瑞，又作畦畤，祠白帝。少昊，金德也。赤帝堯後，謂漢也。殺之者，明漢當滅秦也。秦自謂水，漢初自謂土，皆失之。至光武乃改定。』」這裡顯示出秦漢兩君的屬性何德，確實隨著當時的政治需要而不斷在更改。不過，應劭的說法同樣不見得正確，襄公至獻公時期認為秦國屬於火德，並不意味著改秦國為秦朝的秦始皇就要跟著認為秦朝屬於火德，而且，如果周朝就屬於火德，我們如何不能說早在襄公至獻公時期，秦國的君主就已經基於政治需要，而自行憑藉著私意議立出行德，那只是要跟周朝使用相同的火德，來顯示自己的出身高尚？火德，就東周時期想做諸侯霸主（其權柄還不能取替周天子）的君主來說，這只是個政治正確的想法而已。

　　秦始皇因自認自己就是活的黑帝，不需要再立祠祭祀，結果劉邦道聽塗說耆老巷議，就立即判斷自己纔是黑帝，與秦始皇的考慮完全相反，他覺得應該要立個祠來祭祀此帝德（秦始皇是神人一體，他則是奉天神而有人德），

這就使得五德的生克認知越發混亂，這並不是說鄒衍的五德終始說有問題，而是「政治干預學術」使得失靈的判斷釀就真相的日益模糊，漢朝究竟屬於何德，由於秦朝的行德就已經有疑義，而跟著無法被釐清，而秦朝的行德，這跟要拿未設新朝前的「秦國」做立場來思考，還是直接拿已設新朝的「秦朝」做立場來思考有關，如果拿秦國來思考，其對應著紛亂的六國，生克關係會自有一套脈絡；如果拿秦朝來思考，其對應著往日的周朝，生克關係會有完全不同的脈絡，政治的複雜性，使得鄒衍的理論恐怕在學術層面就會有各說各話的機會，更何況鄒衍死後，其弟子徹底明瞭陰陽五行運化而成為大師能有幾人？在江湖術士大量陽說五德陰取富貴的局面裡，行德的議題就越發困難被釐清了。學問深厚的賈誼率先指出，漢朝按規律應該為土德，《史記‧屈原賈生列傳》記說：「賈生以為漢興至孝文二十餘年，天下和洽，而固當改正朔，易服色，法制度，定官名，興禮樂，乃悉草具其事儀法，色尚黃，數用五，為官名，悉更秦之法。孝文帝初即位，謙讓未遑也，諸律令所更定，及列侯悉就國，其說皆自賈生發之。」〔註22〕然而，賈誼的看法並未被眾大臣接受，競相抨擊，使得文帝謙辭，賈誼不得不出國就長沙王太傅。眾大臣多認為秦朝不是正溯，漢朝直接繼承周朝，因此主張漢朝依然為水德，這個意見由好律曆的丞相張蒼為首，《漢書‧郊祀志》記說：「時丞相張蒼好律曆，以為漢乃水德之時，河決金隄，其符也，年始冬十月，色外黑內赤，與德相應。」〔註23〕

這個意見不是沒有遭遇反對的意見，還是有人支持賈誼的觀點，《史記‧孝文本紀》記說：「是時北平侯張蒼為丞相，方明律曆。魯人公孫臣上書，陳終始傳五德事，言方今土德時，土德應，黃龍見，當改正朔服色制度。天子下其事與丞相議，丞相推以為今水德始明，正十月，上黑事，以為其言非是，請罷之。」〔註24〕公孫臣的意見還是秦朝為水德，漢朝繼承秦朝，則應該改為土德，服色尚黃，丞相張蒼不滿意他的看法，請文帝把他罷免（由此看出屬性議題的嚴肅性），後來在成紀的天上看見黃龍，文帝再度徵召公孫臣擔任博士，請他帶領與諸儒共同議論思考漢德屬性的議題，他再度提出土德的看法，終於獲得文帝的接納，因此《史記‧封禪書》說：「魯人公孫臣上書曰：『始秦得水德，今漢受

〔註22〕見《史記會注考證》卷八十四，〈屈原賈生列傳〉第二十四，頁1014。

〔註23〕見《漢書》卷二十五，〈郊祀志〉第五，第二冊，頁1212。

〔註24〕見《史記會注考證》卷十，〈孝文本紀〉第十，頁201。

之，推終始傳，則漢當土德，土德之應黃龍見，宜改正朔，易服色，色上黃。』是時丞相張蒼好律曆，以為漢乃水德之始，故河決金隄，其符也，年始冬十月，色外黑內赤，與德相應。如公孫臣言，非也，罷之。後三歲，黃龍見成紀，文帝乃召公孫臣，拜為博士，與諸生草改曆服色事。其夏，下詔曰：『異物之神見于成紀，無害於民，歲以有年，朕祈郊上帝諸神，禮官議，無諱以勞朕。』有司皆曰：『古者天子夏親郊，祀上帝於郊，故曰郊。』於是夏四月，文帝始郊見雍五時祠，衣皆赤。」〔註25〕關於漢朝的屬性，〈封禪書〉這裡說的較保留，只說「與諸生草改曆服色事」，〈郊祀志〉在這件事情紀錄的文字大抵相同，唯在文帝拜公孫臣為博士的後面說：「與諸生申明土德，草改曆服色事。」〔註26〕可見文帝已經決心要改德了，至此漢朝為土德或水德的爭論完全告一段落，漢朝屬於土德已經獲得確認，而改德這件事情會有如此大的政治牽動效應，就可看出五德終始說對漢朝野影響的深度。

　　相對於漢武帝對儒學的尊崇，漢朝立國剛開始的前六十餘年，推崇著黃老陰柔無為的治術，藉此來安頓經歷七國兼併與楚漢爭霸大亂後凋蔽殆盡的全國民生，關於漢初民生頹圮的淒涼景況，《漢書‧功臣表》說：「時大城名都民人散亡，戶口可得而數裁什二三，是以大侯不過萬家，小者五六百戶。」《漢書‧食貨志》則說：「漢興，接秦之敝，諸侯並起，民失作業，而大饑饉。凡米石五千，人相食，死者過半。高祖乃令民得賣子，就食蜀漢。天下既定，民亡蓋臧，自天子不能具醇駟，而將相或乘牛車。上於是約法省禁，輕田租，什五而稅一，量吏祿，度官用，以賦於民。而山川園池市肆租稅之入，自天子以至封君湯沐邑，皆各為私奉養，不領於天子之經費。漕轉關東粟以給中都官，歲不過數十萬石。」〔註27〕天子的馬隊馬匹顏色都無法覓得整齊，而將相出外都得乘牛車，連馬匹都沒有，就可見漢朝開國時民生凋蔽的嚴重程度了。因此，自漢惠帝開始，政府不再生事有任何大開大闔的作為，完全讓人民休養生息，藉此穩固政局與發展經濟，這就成為國家最根本的國策，因此，會往昔日在稷下為發展主流的黃老思想與治術靠攏，實在是客觀歷史條件的成全，並不僅是統治階層個人的提倡而已，因為黃老思想比較適合當日發展經濟的需要，《史記‧呂后本紀》就記說：「太史公曰：『孝惠皇帝、高后之時，黎民得離戰國之苦，君臣俱欲休

〔註25〕見《史記會注考證》卷二十八，〈封禪書〉第六，頁506。
〔註26〕見《漢書》卷十六，〈高惠高后文功臣表〉第四，第一冊，頁527。
〔註27〕見《漢書》卷二十四，〈食貨志〉第四，第二冊，頁1127。

息乎無爲，故惠帝垂拱，高后女主稱制，政不出房戶，天下晏然，刑罰罕用，罪人是希，民務稼穡，衣食滋殖。』」〔註28〕這個指導出國策的無爲意識型態，確實使得漢朝的人口繁衍增加，各層面的經濟都獲得大幅成長。因此，漢朝早期的君臣喜好黃老的象徵性人物相當大量，就連深敬孔子的儒者都沾染著黃老氣息，譬如史家司馬遷即是如此。

司馬遷後來會被班固批評，他在《漢書・司馬遷傳》說：「其是非頗繆於聖人，論大道則先黃老而後六經，序遊俠則退處士而進姦雄，述貨殖則崇勢利而羞賤貧，此其所蔽也。」〔註29〕這種批評是拿純粹儒家的觀點去批評雜染黃老與儒家的思想，殊不知他們兩人身處的時空有異，司馬遷身在武帝發佈「獨尊儒術」的國策前後，思想自然雜染兩家，不如身在淨染儒化的班固純粹，他懷著無爲的視野寬視人間的有爲，故而纔能平等檢索與紀錄社會各層面的動態，如此獨樹其幟見解不同流俗的偉大史家，同不能免於黃老，可見當日此思潮影響世人的深刻性，確實不容藐覷。

漢朝的黃老思想深受戰國齊學的影響，舉個最明確的例證來說，喜好黃老的相國曹參，就是拜蓋公爲師，而蓋公就是齊學的傳人，《史記・曹相國世家》記說：「孝惠帝元年，除諸侯相國法，更以參爲齊丞相。參之相齊，齊七十城，天下初定，悼惠王富於春秋，參盡召長老諸生，問所以安集百姓，如齊故諸儒以百數，言人人殊，參未知所定。聞膠西有蓋公，善治黃老言，使人厚幣請之。既見蓋公，蓋公爲言治道貴清靜而民自定，推此類具言之。參於是避正堂，舍蓋公焉。其治要用黃老術，故相齊九年，齊國安集，大稱賢相。」〔註30〕這個蓋公師承自居住於齊國的樂毅後人樂臣公，他善持黃老的言論，齊國未滅時就得享盛名，人人稱道他是個「賢師」，《史記・樂毅列傳》記說：「樂臣公學黃帝老子，其本師號曰河上丈人，不知其所出。河上丈人教安期生，安期生教毛翕公，毛翕公教樂瑕公，樂瑕公教樂臣公，樂臣公教蓋公，蓋公教於齊高密、膠西，爲曹相國師。」〔註31〕同樣還說：「其後二十餘年，高帝過趙，問：『樂毅有後世乎？』對曰：『有樂叔。』高帝封之樂卿，號曰華成君。華成君，樂毅之孫也。而樂氏之族有樂瑕公、樂臣公，趙且爲秦所滅，亡之齊高密。樂臣公善

〔註28〕見《史記會注考證》卷九，〈呂后本紀〉第九，頁192。
〔註29〕見《漢書》卷六十二，〈司馬遷傳〉第三十二，第四冊，頁2737。
〔註30〕見《史記會注考證》卷五十四，〈曹相國世家〉第二十四，頁800。
〔註31〕見《史記會注考證》卷八十，〈樂毅列傳〉第二十，頁989。

修黃帝老子之言，顯聞於齊，稱賢師。」由河上丈人至安期生至毛翕公至樂瑕公至樂臣公至蓋公，最後再由蓋公教授曹參，這個齊學黃老思想的「傳道系譜」有很清晰的脈絡，曹參後來貴爲漢朝丞相，對漢朝國策的影響不言可喻，而曹參會被人美稱做「賢相」，實與他推崇並實踐黃老的治術有重大關係，有名的成語「蕭規曹隨」就是實踐黃老思想的結果，《史記・曹相國世家》記說：「參始微時，與蕭何善。及爲將相有卻。至何且死，所推賢唯參，參代何爲漢相國，舉事無所變更，一遵蕭何約束。」〔註32〕

　　經過六十餘年的休養生息，至漢武帝時國家再度臻於繁榮的景象，武帝本是個希望積極生事不耐虛寂的人，雖然剛即位時上有竇太皇太后拿著黃老思想在把持局面，使他無法大展鴻圖，然而他確實一直在等待時機。崇尚黃老的竇太皇太后深厭儒學，當她在景帝時，就曾與儒者轅固生言語失和，怒而把他推往豬圈殺豬，幸得景帝賜兵器而脫困，《史記・儒林列傳》記說：「竇太后好老子書，召轅固生問老子書。固曰：『此是家人言耳。』太后怒曰：『安得司空城旦書乎？』乃使固入圈刺豕。景帝知太后怒而固直言無罪，乃假固利兵，下圈刺豕，正中其心，一刺，豕應手而倒。太后默然，無以復罪，罷之。居頃之，景帝以固爲廉直，拜爲清河王太傅。久之，病免。」」〔註33〕景帝雖然看重轅固生的正直，卻不看重他信仰的儒學，轅固生曾與崇尚黃老的黃生議論湯武是否爲受天命的事，因黃生認爲湯武居臣子而革命實屬大逆不道，轅固生反問如此說來是否漢高祖取替秦朝同樣有誤，使得景帝下令此事不得再論，《史記・儒林列傳》記說：「清河王太傅轅固生者，齊人也。以治詩，孝景時爲博士。與黃生爭論景帝前。黃生曰：『湯武非受命，乃弒也。』轅固生曰：『不然。夫桀紂虐亂，天下之心皆歸湯武，湯武與天下之心而誅桀紂，桀紂之民不爲之使而歸湯武，湯武不得已而立，非受命爲何？』黃生曰：『冠雖敝，必加於首；履雖新，必關於足。何者，上下之分也。今桀紂雖失道，然君上也；湯武雖聖，臣下也。夫主有失行，臣下不能正言匡過以尊天子，反因過而誅之，代立踐南面，非弒而何也？』轅固生曰：『必若所云，是高帝代秦即天子之位，非邪？』於是景帝曰：『食肉不食馬肝，不爲不知味；言學者無言湯武受命，不爲愚。』遂罷。是後學者莫敢明受命放殺者。」

　　景帝表示食馬肉不吃有毒的馬肝，這不能說沒有體會馬肉的味道，議論學

〔註32〕見《史記會注考證》卷五十四，〈曹相國世家〉第二十四，頁801。
〔註33〕見《史記會注考證》卷一百二十一，〈儒林列傳〉第六十一，頁1289。

術不議論湯武是否受天命的議題，這不能說學者就不能變得通透於事理，他的拒絕議論，只是因為轅固生的說法面臨著政治不正確的衝擊，景帝心懷保全，不想挑釁自己奉行的黃老無為與民休息的國策，故而不願意申論此事的究竟，畢竟會引發爭議的事端都該儘量避免去擾人心神。回到武帝與竇太皇太后來說，當武帝開始想親政，儒者王臧與趙綰都向武帝表示不宜國政大事都再委諸請示於竇太皇太后，結果再引發竇太皇太后的不悅，下令他們自殺，關於這件事，張守節《史記正義》在《史記‧孝武本紀》這裡記說：「孝武帝二年，御史大夫趙綰坐請無奏事太皇太后，及郎中令王臧皆下獄，自殺。應劭云：『王臧儒者，欲立明堂、辟雍，太后素好黃老術，非薄五經，因故絕奏事太后，太后怒，故令殺。』」〔註34〕明堂是在祭祀歷朝皇帝的太廟設立議政的地點，辟雍則是在中央設立教育儒生的高等學校，《漢書‧武帝紀》則說：「應劭曰：『禮，婦人不豫政事，時帝已自躬省萬機。王臧儒者，欲立明堂辟雍。太后素好黃老術，非薄五經。因欲絕奏事太后，太后怒，故殺之。』」〔註35〕然而，等到竇太皇太后崩殂，漢武帝就開始大幅變革國政，大尊儒家思想，《史記‧儒林列傳》記說：「及今上即位，趙綰、王臧之屬明儒學，而上亦鄉之，於是招方正賢良文學之士。自是之後，言詩於魯則申培公，於齊則轅固生，於燕則韓太傅。言尚書自濟南伏生，言禮自魯高堂生，言易自菑川田生，言春秋於齊魯自胡毋生，於趙自董仲舒。及竇太后崩，武安侯田蚡為丞相，絀黃老、刑名百家之言，延文學儒者數百人，而公孫弘以春秋白衣為天子三公，封以平津侯。天下之學士靡然鄉風矣。」〔註36〕

漢武帝聘用的儒學博士，多數背景出自齊學，譬如詩學為轅固生；尚書學為伏生；易學為田生；春秋學為胡毋生；而出自燕國的韓太傅同樣屬於廣義的齊學範疇；即使本籍趙國的董仲舒，其學術根柢同樣來自齊學（包括學法陰陽五行的鄒衍），這使我們不得不認真思索：齊學的儒學究竟具有什麼不同於魯學的儒學特徵呢？筆者私想，齊學的最大特徵，莫過於喜談具有神秘性的生命議題了，或者說，好把內在感受與外在知識結合，這使得漢朝的儒學，瀰漫著本來魯學的儒學沒有的濃厚天人感應思想，當日稱做「讖緯」。胡適先生曾表示，西元前四世紀與前三世紀間，思想大混合的傾向已經很明顯，

〔註34〕見《史記會注考證》卷十二，〈孝武本紀〉第十二，頁 211～212。
〔註35〕見《漢書》卷六，〈武帝紀〉第六，第一冊，頁 157。
〔註36〕見《史記會注考證》卷一百二十一，〈儒林列傳〉第六十一，頁 1286～1287。

當日東方海上起來一個更偉大的思想大混合，此思潮既總集合古代民間和智識階級的思想信仰，再打開後來兩千年中國思想的變局，這個大混合的思想集團，向來被人稱做「陰陽家」，我們還可稱做「齊學」。〔註37〕他還說，齊地的民族有迂緩闊達而好議論的風氣，有足智的長處，又有夸大虛詐的短處，足智而好議論，故其人勇於思想，勇於想像，能發新奇的議論，迂遠而夸大，故他們的想像往往不受理智的制裁，遂容易造成許多怪異而不近情實的議論，這便是齊學的民族的背景。〔註38〕再者，齊人有天地日月陰陽四時兵這個稱做「八神將」的系統信仰，其中主神為「天齊」，這是臨淄的一個泉水，民間認為這是天的臍眼，因此尊為「天臍」，這顯示初民的迷信狀態，拜天的臍眼，和拜「陰主，陽主」，同屬於初民崇拜生殖器的迷信。由男女進而推想到天地日月，以天配地，以日配月，都成男女夫婦的關係，再由男女的關係推想出陰陽這兩種勢能，陰陽的信仰起於齊民族，後來經過齊魯儒生和燕齊方士的改變和宣傳，就出現中國中古思想的一個中心思想。

　　胡適先生的看法確實有道理，不過請容筆者做個補充，雖說齊人的想像不受理性的制裁，如何齊人同時還能開展出最具特色的真理觀思維呢？真理觀不就是來自理性的架構嗎？這正是人類思維裡有著矛盾共存的傾向，而且常越矛盾就越能共存，越有著不受束縛的想像，就越有著強大的理性需要去對想像做現實的調整，這就是真理觀會出現的背景因素。

　　齊學的儒學，既有魯學的儒學尚不夠清晰的真理觀，更有魯學的儒學在盡量避談的神鬼觀，當然這在齊學來說都出自商文化的系統，本來就是同一件事，因此，當我們在討論鄒衍的陰陽五行學說，我們就很難避開方僊道這個層面，而能獨立探索陰陽五行的原理對時人的影響。而漢朝儒學的最大特徵，就是將儒學給神學化，這不僅表現出天人感應的兩漢獨特思想（後來的儒學都沒有如此強烈的感應思維），更創造出「經學」這種儒家義理被獨尊的典範教育，影響後世兩千餘年的時間。「經學」這個詞彙始見於《漢書‧兒寬傳》，兒寬跟漢武帝說經學的內容，而出現經學這個詞彙：「異日，湯見上，問曰：『前奏非俗吏所及，誰為之者？』湯言兒寬。上曰：『吾固聞之久矣。』」湯由是鄉學，以寬為奏讞掾，以古法義決疑獄，甚重之。及湯為御史大夫，以寬為掾，舉侍御史。見上，語經學，上說之，從問《尚書》一篇，擢為中

〔註37〕見《中國中古思想史長編》（上），第一章〈齊學〉，頁84。
〔註38〕見同上，頁86～88。

大夫，遷左內史。」〔註39〕當然，文字的記錄不見得反映其真正出現的時間，時間或還要再稍早些，當漢文帝首立五經博士，經學的概念應該就已經出現了。〔註40〕經學的源頭，通常被推溯至子夏與荀子，而這兩人有著極複雜的師承關係，荀子在前面已有論說，至於子夏，《後漢書・徐防傳》記徐防如此說：「臣聞詩書禮樂，定自孔子；發明章句，始於子夏，其後諸家分析，各有異說。」〔註41〕由於荀子與孟子長年在齊國生活與論學，他們對齊儒學的影響確實很大，雖然我們這裡並不將孟子列做齊學（主因與其思想較沒有真理觀的特徵），然而，如果說孟子完全沒有沾染齊學的風格，這恐怕同樣未盡符實，因為孟子滔滔不絕與人論難的言詞，與魯儒注重經文訓詁的特徵有些歧異，反而極有齊人誇誇而談的氣質。

王德敏與莊春波兩先生表示，西漢初期的儒學，其著名大師多半出於荀子的門下，譬如張蒼、賈誼、浮丘伯、魯穆生、白生、申公與韓嬰這些人，他們或為弟子，或為再傳弟子，不同於魯學有「守經」的特點，齊學最大的特點就是「趨時」，長於發揮「微言大義」，貼靠著現實政治，因此從政的人數頗大量，這就開啟漢朝的今文經學。〔註42〕今文經學對西漢政治影響最大者莫過於《春秋公羊傳》，《公羊傳》傳自齊人公羊高，現在的《公羊傳疏》裡徐彥引戴宏的〈序〉說：「子夏傳于公羊高，高傳于子平，平傳于子地，地傳于子敢，敢傳于子壽。至漢景帝時壽乃與齊人胡母子都著于竹帛。」由此可知《公羊傳》本來是流傳於齊國的家學，至漢朝纔開始做顯學，董仲舒與齊人公孫弘都因治《公羊春秋》而顯名，董仲舒尤其發揮《公羊傳》的微言大義，融會陰陽五行的真理觀，再加上「刑名」的思想，寫出《春秋繁露》這部書，提倡君主受命於天，大臣需對君主折服，然而君主行事需注意是否有違於德性，自否則會受到天的懲戒，這種「天人感應」的思想，應該是齊人極負創造與想像的極大化表現，此點前面已有詳細討論，這裡就不再贅言。

〔註39〕見《漢書》卷五十八，〈兒寬傳〉第二十八，第三冊，頁 2629。

〔註40〕漢文帝設立五經博士出自《後漢書・翟酺傳》記翟酺言：「孝文皇帝始置一經博士，武帝大合天下之書，而孝宣論六經於石渠，學者滋盛，弟子萬數。」然而這個說法受到質疑，其註說：「武帝建元五年始置五經博士，文帝之時未遑庠序之事，酺之此言，不知何據。」見《後漢書》卷四十八，〈翟酺傳〉第三十八，第三冊，頁 1606。

〔註41〕見《後漢書》卷四十四，〈徐防傳〉第三十四，第三冊，頁 1500。

〔註42〕見《齊文化與中國傳統文化》第三章〈稷下之學與中國傳統學術思想文化〉，第三節「齊學的交流、傳播和影響」，頁 111～114。

第三節　戰國齊學對漢後的影響

　　這裡想綜合性的探索齊學對漢朝而降兩千餘年中華文化的影響，標題會特稱做「漢後」實因學者通認兩漢時期奠立中華文化的傳統，而我們想探索齊學如何架構出中華文化的整體面貌。我們此刻說的「齊學」有廣狹兩層意思：狹義是指齊國的學術，尤其是指齊學的真理觀；廣義是指齊國的文化，這就不僅包括學術層面，各種專屬於齊國特有的文化特徵，譬如齊國的宗教、齊國的政治、齊國的工商、齊國的軍事與齊國的科技，它們如何影響後世的中華文化，醞就傳統不可割裂的組成要素？真理觀其實是廣義的齊學的核心思維，然而透過各項具體層面認識其與中華文化的關係，當能更清晰瞭解真理觀深藏的意蘊。因此，現在就由廣義來探索齊學對中華文化的影響。

　　方仙道由齊國推廣出來，進而盛行全國，影響整個中國的宗教，尤其是道教的信仰型態。神仙方術的源頭來自遠古時期的巫術，巫術與夷文化有極重要關係，這點在前面章節都已做過詳盡討論，王德敏與莊春波兩位先生指出《漢書‧地理志》記載西漢時期曾派朱贛做過全國民俗的調查，發現齊國、陳國與楚國這三國受巫術傳統的影響最大，他們並指出楚國如同齊國同屬由東夷少昊部落聯盟遷移過去的夷人，《國語‧楚語下》記觀射夫解釋楚國風俗的形成：「及少昊之衰也，九黎亂德，民神雜糅，不可方物，夫人作享，家為巫史。」〔註43〕巫術原來是部落裡的大事，家族由氏族部落裡分化出來，加上部落聯盟分裂動亂，因此促使每家各自有巫史之風，這與前面章節說過的齊國女巫家祀之風相同。陳國的祖先同樣出自東夷，這由陳國首都建於「太昊之虛」可知，太昊屬於東夷，而「虛」就是廢而不用的城墟，因此會稱做「宛丘」，《漢書‧地理志》如此記說：「婦人尊貴，好祭祀，用史巫，故其俗巫鬼。《陳詩》曰：『坎其擊鼓，宛丘之下，亡冬亡夏，值其鷺羽。』又曰：『東門之枌，宛丘之栩，子仲之子，婆娑其下』此其風也。」〔註44〕這種「婦人尊貴」的遺風，不管春夏秋冬都忙於祭祀的巫術傳統，反映出夷文化的特徵。〔註45〕因此，當陳國公子田完奔齊，子孫並取替姜齊建立田齊政權，或許可解讀做夷文化在齊國的「復辟」（其能平安「政權移轉」而沒有遭遇反抗，或

〔註43〕見《國語‧楚語下》卷第十八，頁562。

〔註44〕見《漢書》卷二十八，〈地理志〉第八，第二冊，頁1653。

〔註45〕見《齊文化與中國傳統文化》第六章〈神仙方術與傳統政治文化〉，第一節「齊地神仙方士文化的形成與發展」，頁172～173。

同樣靠著這個心理因素取得同屬夷裔的國人的支持），不同於姜齊某種程度還具有周文化的某種特徵，儘管事實上齊文化已經是商周文化交融的新文化。

　　齊國這種巫術傳統，對中華文化有什麼影響呢？讓我們由歷史的眼光來探索這個問題。齊國如果有很濃厚的巫術信仰，如何還能發展出真理觀呢？這個矛盾的問題，或許可由「巫的知識化」與「士的巫術化」在互滲交流取得解釋。齊國的方士就是由巫師群體裡歧化出來，朝著知識化路向演變的巫師，這種發展情況早在春秋末期即已展開，譬如《黃帝內經・素問・至真要大論》說：「余錫以方士，而方士用之尚未能十全。」王德敏與莊春波兩位先生指出這段話表示方士已經在指運用方劑醫療疾病的醫生。〔註46〕《漢書・藝文志》則說：「方技者，皆生生之具，王官之一守也。太古有岐伯、俞拊，中世有扁鵲、醫和。」〔註47〕前面曾指出扁鵲總結醫療實踐經驗的「六不治」，其中就有「信巫不信醫」這條，意指相信巫師不相信醫生，則人將無法救治，由此可知巫術已經因其知識化而產生質變。戰國時期出現「百家言黃帝」的學術思潮，各種專業知識的學說都歸於黃帝這個夷人先祖，並相互滲透融合，此時只要巫術經過知識化的領域都被含括在裡面，正因為深受巫術影響，掌握巫術的人希望能架構出精確解釋各種問題的知識系統，因此纔會有這種「巫術知識化」的現象，而這種現象就促使巫術探索的理性化，理性化就萌芽出真理觀。反過來說，由於齊國君主基於對自身利益的掛懷而相信巫術，自然使得士階層競相架構與早期巫術掛勾的思想體系，藉此博取君主的注意，鄒衍的陰陽五行學說就是在這種大背景裡蹦發出的思想，當然認識這個問題不宜僅如此簡化，士階層的巫術化其實還與齊文化自身的特質有關。

　　因此，這個問題有著糾結性，齊文化自身就具有巫術的特質，使得「巫的知識化」與「士的巫術化」本來就有相互影響演化的狀況，我們只就齊國的宗教對後世的影響來說，巫術信仰產生「天人合一」的觀念，不同於其他周文化濃厚的現實關注，這個觀念影響深至中華文化各種層面，譬如在政治層面「皇帝」制度的蘊生就來自這個觀念，意即君權來自天的授與，皇帝制度雖然首出於秦始皇的規劃，然而如果沒有齊國的「黃帝」觀念，恐怕無法完成這個稱謂。按照王德敏與莊春波兩位先生的看法，「黃帝」這個詞彙的實質觀念最早出自殷商甲骨卜辭，本來稱「黃示」或「黃宗」，尚未具有崇高的

〔註46〕見同上，頁174。
〔註47〕見《漢書》卷三十，〈藝文志〉第十，第二冊，頁1780。

地位，然而至田氏篡齊纔開始神話黃帝的輿論宣傳，《陳侯因齊敦銘》記齊威王宣傳自己是黃帝嫡系：「其唯因齊，揚皇考昭統，高祖黃帝，邇嗣桓文，朝問諸侯，合揚厥德。」這就有抬高黃帝的意蘊，來成就自己稱霸天下的願望，其「因齊」就意味著自己取得齊國的正統地位，這是目前可見「黃」與「帝」最早被聯繫稱謂的文獻。齊威王後，黃帝傳說的內容繼續發生變化，《大戴禮記‧五帝德》：「（黃帝）治五氣，蓺五種，撫萬民，度四方，教熊羆貔貅貙虎，以與炎帝戰于阪泉之野。三戰，然後得行其志。」這段話同樣見於《淮南子‧兵略訓》。關於炎帝，《左傳‧哀公九年》記說：「炎帝為火師，姜姓其後也。」〔註48〕學者表示炎黃聯盟戰勝蚩尤的傳說至戰國時期已被改變做黃帝戰勝炎帝，創造這個神話的目的無疑在跟世人暗示田氏取替姜齊的政權如同黃帝戰勝炎帝般理所當然。〔註49〕

　　文化本身就具有人想像意識裡的建構性，意即當人自覺並標舉自己屬於某種文化，就意味著其對於相反於這種文化的對抗性，因此，當田齊政權標舉著自己的正統性的同時，還意味著內在潛意識裡夷商文化對夏周文化的反抗，彰顯齊文化裡夷商文化營養的先進性，這種心理需要，正因陰陽五行學說的適時出現，更進而獲得認知的強化，對當時的天下領導階層具有極大的誘惑，各國君主無不運作此系統展開其稱帝的實踐，此時，齊國再創造出黃帝戰勝諸帝的傳說，強化其對世人終將一統的心理印象，竹書本的《孫子兵法》有個〈黃帝伐赤帝〉殘篇，裡面說黃帝戰勝東的青帝、南的赤帝、西的白帝與北的黑帝，最後說其「已勝四帝，大有天下」，這在當日或在替齊國的終將統一製造心理暗示，然而其真正的影響，卻使得日後在中華文化裡有著共同推尊黃帝為「始祖」的傾向，加上黃色在五行裡居中，更與中國的文化觀念最為相合。至晚在戰國中期成書的《黃帝四經‧十大經‧立命》裡，黃帝已經被塑造出半人半神的形象，開始給人有後世「皇帝」的感覺：「昔者黃宗，質始好信，作自為象，方四面，傅一心，四達自中，前參後參，左參右參，踐立（位）履參，是以能為天下宗。」還說：「吾受命於天，定立（位）於地，成名於人。唯余一人（德）乃肥（配）天，乃立王、三公，立國置君、

〔註48〕見《春秋左傳注疏‧哀公九年》卷第五十八，頁1014。

〔註49〕見王德敏與莊春波《齊文化與中國傳統文化》第六章〈神仙方術與傳統政治文化〉，第二節「經學的讖緯化與早期道教的形成」，頁181～183。他們聯合認為「黃」與「帝」兩字被聯繫在一起首出於齊威王的《陳侯因齊敦銘》。這只能說是目前文獻能得知的最早紀錄。

三卿。數日、曆（曆）月、計歲，以當日月之行。允地廣裕，吾類天大明。」
〔註50〕這個「參」據王德敏與莊春波先生表示爲一種封禪典禮的參拜儀軌，
象徵著天地人三者的合一，替神性的能量行使在人間的權柄。

　　這種理性與神性結合統治人間的觀念，替秦朝的皇帝制度釀就先聲。在
這個皇權神化的潮流裡，特別值得討論者爲泰山封禪祭典，這是影響後世至
深且鉅的政治，驗證皇權獲自天統的關鍵性儀軌。這個儀軌出自齊儒的渲染，
成書時間難論的《尚書・堯典》就曾說帝舜繼承堯位後曾舉行泰山封禪：「正
月上日，受終於文祖。在璇璣玉衡，以齊七政，肆類于上帝，禋於六宗，望
于山川，遍于群神。」還說：「歲二月，東巡守，至于岱宗，柴；望秩于山川。」
這恐怕是在按著戰國時人的觀念來改造齊國古老的風俗，齊國君主的信仰狀
態我們不得而知，然而封禪顯然不是諸侯能做的事情，得要有天子的尊貴纔
能擁有封禪的資格，這使得即使「九合諸侯，一匡天下」的齊桓公都不能封
禪，而受著管仲的勸阻，此事見《史記・封禪書》：「齊桓公既霸，會諸侯於
葵丘，而欲封禪。管仲曰：『古者封泰山禪梁父者七十二家，而夷吾所記者十
有二焉。昔無懷氏封泰山，禪云云；處羲封泰山，禪云云；神農封泰山，禪
云云；炎帝封泰山，禪云云；黃帝封泰山，禪亭亭；顓頊封泰山，禪云云；
帝封泰山，禪云云；堯封泰山，禪云云；舜封泰山，禪云云；禹封泰山，禪
會稽；湯封泰山，禪云云；周成王封泰山，禪社首：皆受命然後得封禪。』
桓公曰：『寡人北伐山戎，過孤竹；西伐大夏，涉流沙，束馬懸車，上卑耳之
山；南伐至召陵，登熊耳山以望江漢。兵車之會三，而乘車之會六，九合諸
侯，一匡天下，諸侯莫違我。昔三代受命，亦何以異乎？』」〔註51〕齊桓公自
認德業已經如同天子，當然可行封禪大典。

　　然而卻不如此簡單，他不具有天子的名器，封禪只會毀掉自己好不容易
累積的信望，因此管仲回答：「於是管仲睹桓公不可窮以辭，因設之以事，曰：
『古之封禪，鄗上之黍，北里之禾，所以爲盛；江淮之閒，一茅三脊，所以
爲藉也。東海致比目之魚，西海致比翼之鳥，然后物有不召而自至者十有五
焉。今鳳皇麒麟不來，嘉穀不生，而蓬蒿藜莠茂，鴟梟數至，而欲封禪，毋
乃不可乎？』於是桓公乃止。」封禪大典是否果眞有管仲訴說的這些源流已
不可考，不論如何，起碼我們可瞭解有封禪的觀念早在春秋末葉即已存在，

〔註50〕見《黃帝四經今註今譯・十大經・立命》第一，頁254。
〔註51〕見《史記會注考證》卷二十八，〈封禪書〉第六，頁499。

而且這種對泰山的信仰並不限於齊國，後來秦始皇就根據齊魯儒生的建議首度封禪，《史記・封禪書》說：「即帝位三年，東巡郡縣，祠騶嶧山，頌秦功業。於是徵從齊魯之儒生博士七十人，至乎泰山下。諸儒生或議曰：『古者封禪爲蒲車，惡傷山之土石草木；埽地而祭，席用菹楷，言其易遵也。』始皇聞此議各乖異，難施用，由此絀儒生，而遂除車道，上自泰山陽至巓，立石頌秦始皇帝德，明其得封也。從陰道下，禪於梁父。其禮頗采太祝之祀雍上帝所用，而封藏皆祕之，世不得而記也。」〔註52〕由前面《尚書》至現在《史記》的記載裡，我們都能看見在後世道教興起前，泰山主祀地位最尊貴的上帝，透過上帝信仰來完成人間統治的合法性，這是封禪大典會舉辦的心理基礎，而且秦始皇還特地去趁此機會去祭祀齊國的「八神主」，更是抬高齊國宗教的地位了。早期道教的精神內涵，很大層面就來自齊文化的營養，泰山長期就被視作道教仙境「天庭」的駐地，這點頗值得注意。〔註53〕

　　就齊國的政治來說，其對中國歷朝後世政治影響最大者，莫過於博士官這個職位的設立。錢穆先生即說齊國的稷下先生爲秦朝博士制度的依據，前面已說過他引《續漢志》說：「博士掌教弟子，國有疑事，掌承問對。」意即博士官如同稷下先生同樣負責教育弟子，稷下先生並不專掌六藝，秦朝的博士同樣如此，且尙有占夢博士，漢文帝則有諸子博士與傳記博士，至漢武帝始罷諸子與傳記，專立五經博士，而博士員額常設七十人，其制度本身同樣襲自稷下先生，且持續傳承至清朝。而歷來中國外朝的「六部」設置，意即吏戶禮兵刑工這六種執掌規劃，都來自於《周禮》這部書首倡的概念，《周禮》出自稷下先生的手筆，這點前面已經討論過。筆者查閱學者楊志玖先生主編《中國古代官制講座》裡有關〈戰國七雄中央官職一覽表〉，發現齊國有幾種官職屬獨創，卻被後世承襲者，如「軍師」，這恐與齊國特重軍事策略佈局，而常設此官職做戰略徵詢有關；如「掌書」與「尙書」，這是政府文書的紀錄官，秦國同樣有尙書乙職，然按照秦國文化後進於六國的處境，秦國尙書恐

〔註52〕見《史記會注考證》卷二十八，〈封禪書〉第六，頁501。
〔註53〕顧頡剛先生表示：「春秋戰國之世，齊和魯是文化的中心，泰山是這兩國的界牆。他們遊歷不遠，眼界不廣，把泰山看做了全世界最高的山，設想人間最高的帝王應當到最高的山頭去祭天上最高的上帝，於是把這侯國之望擴大爲帝國之望，定其祭名爲『封禪』：封是泰山上的祭，禪是泰山下小山的祭。」見《秦漢的方士與儒生》第二章〈封禪說〉，頁6。道教會把泰山當作天庭駐地，應該同樣受到這種對泰山的嚮往與由此產生的封禪觀念的影響。

承襲著齊國的制度；如「士師」與「執法」，兩個都是司法官，士師尤其是最高階的司法官員，而齊國特重法律規範，因此司法制度大興當不難理解，執法則同樣僅見於秦簡；如「太傅」，這種教育王室儲君的官員，後來歷朝都沿用此稱呼；如「工師」，這是管理手工業的官員，同樣僅見於秦簡。〔註54〕由上面列出的官職裡有三項都只見於秦簡與齊國的文獻，我們略知秦國在變法改革吸取六國的政治經驗裡，除三晉外，還局部受齊國的影響。

再就齊國的工商來說，殷人本來就善賈，各地考古都證實其早有利用海貝做原始貨幣的習慣，而這種善賈的傳統在齊國被傳承，使得「賢」的本意就有善於管理財富的意思，這應該就出自於齊國的生活實況，只不過由於工商活動較屬有時間性的範疇，要看出這對後世的影響本不容易。而且我們會發覺，齊國這種獎勵工商發展，給予工人與商人（尤其後者）相應的社會地位的作法，並沒有獲得後世的有效繼承。然而，我們如果由工商的精神意識的眼光來探索，或許就能看見這對於中華文化的影響。首先說工業，這裡呈現著敬業的態度，當管仲下令工業氏族得聚族而居，如此子弟在生活裡耳濡目染，能使父兄不教而自然能工，工藝就因子孫世世相傳而獲得保存。再來，因齊國聚集大量士人，他們看見齊國的工藝發展，總結其生產經驗，拿文字整理出科技文獻，使得技術更獲得保存與擴散，其中《考工記》就是這類工作發展的高峰，譬如其詳盡記載制車技術的每一個環節，對照世界其他地區的文明因沒有車這種運輸工具，而社會因此停滯發展來說，更顯見其重要性。《考工記》有很精確的量的概念，譬如青銅器的冶煉過程裡，該書很精確記載不同性質的青銅器該置放的原料比例，而且對於測量工具的運用已很複雜，譬如光是車輪配件的質量檢驗，就有「規萬水懸量權」這六種工具，這種工具思維都已影響齊人的思想，在思考跟大道有關的問題都會去思索實踐的手段，因此喜言「規矩」，並把規矩與「禮儀」劃上等號，認為人能守禮如同物件符合規矩，這同樣是齊國的工業對中華文化的影響。

齊人追求財富的慾望很強烈，且由民間百姓至政府高層，無不站在這種角度去思考各種問題，甚至會覺得人與人只有金錢作為實質的關係，然而這種精神是否有被後世的中華文化繼承，則讓我們覺得很懷疑。司馬遷在《史記・貨殖列傳》如此總結著齊人的生命價值觀：「故君子富而好其德，小人富以適其力，

〔註54〕見楊志玖主編《中國古代官制講座》第四章〈戰國時期的中央與地方職官〉（彭邦炯著），「戰國七雄中央職官一覽表」，西元 1997 年，頁 64～69。

淵深而魚生之，山深而獸往之，人富而仁義附焉。富者得勢益彰，失勢則客無所之，以而不樂，夷狄益甚。諺曰：『千金之子，不死於市』，此非空言也。故曰：『天下熙熙，皆爲利來，天下壤壤，皆爲利往。』夫千乘之王，萬家之侯，百室之君，尚猶患貧，而況匹夫編戶之民乎？」〔註55〕齊人把商人的消費釀就的奢侈淫靡當作理所當然的生活態度，在《管子‧侈靡》裡說：「商人於國，非用人也，不擇鄉而處，不擇君而使。出則從利，入則不守。國之山林也，則而利之，市塵之所及，二依其本，故上侈而下靡。」甚至還把商業視作「本事」，認爲只有大量消費纔能刺激市場活絡，如此國家纔能強盛，完全不同於其他農業國家視務農爲本：「國貧而鄙富，苴美於朝市國；國富而鄙貧，莫盡如市。市也者，勸也，勸者所以起本，善而末事起，不侈，本事不得立。」〔註56〕然而，雖然商業思維與理性思維的開展具有互爲因果關係，意即齊人的眞理觀與齊人由經商產生的現實主義傾向有極重要關係，然而重商在中華文化裡畢竟不是主流，如果要討論商業思維對後世產生什麼積極影響，我們只能就管子學派建立的古典經濟理論來認識其對商品流通過程的創見，這就是「輕重」學說。

輕重學說依舊奠立在承認農業爲整個民生經濟的基石上，因此糧食的價格穩健與否，是所有物質漲跌的依據，儘管有時糧食的賺賠會影響黃金的輕重，反過來說，黃金的輕重同樣會影響糧食的賺賠，管子學派主張「穀本位」，意即看重穀類的買賣，《管子‧輕重甲》說：「粟重黃金輕，黃金重而粟輕，兩者不衡立，故善者重粟之賈。」〔註57〕《管子‧乘馬數》同樣說：「管子對曰：『布織財物，皆立其貲，財物之貲，與幣高下，穀獨貴獨賤。』桓公曰：『何謂獨貴獨賤。』管子對曰：『穀重而萬物輕，穀輕而萬物重。』」〔註58〕輕重學說還有針對國家財政收支做整體調節，採取「按類徵稅」而不「按戶徵稅」的辦法，使得人民樂於向政府繳稅，《管子‧國蓄》說：「五穀食米，民之司命也；黃金刀幣，民之通施也。故善者執其通施，以御其司命，故民力可得而盡也。夫民者親信而死利，海內皆然，民予則喜，奪則怒，民情皆然，先王知其然，故見予之形，不見奪之理。故民愛可洽於上也。租籍者，所以彊求也。租稅者，所慮而請也。王霸之君，去其所以彊求，廢其所慮而請，故天下樂從也。」〔註59〕

〔註55〕見《史記會注考證》卷一百二十九，〈貨殖列傳〉第六十九，頁1354～1355。
〔註56〕見《管子今註今譯‧侈靡》第三十五，上冊，頁598。
〔註57〕見《管子今註今譯‧輕重甲》第八十，上冊，頁1134。
〔註58〕見《管子今註今譯‧乘馬數》第六十九，下冊，頁994。
〔註59〕見《管子今註今譯‧國蓄》第七十三，下冊，頁1013。

前者是純粹的人頭稅，政府抽稅則人民易有怨言，後者是各種買賣政府都抽營業稅，人民貨品買賣有利可圖，因此樂於繳稅，政府簡中抽點利潤，藉此充實國庫。這種觀點相當具有先進性，實屬國家與人民兩利的作法，輕重學說側重收稅技術面的改善，並擴張原本被隱蔽的經濟利益，比起如同搾取收保護費般要人民繳交人頭稅，更容易被人民接受。

再來說齊國的軍事，齊國的兵書對後世的中國軍事思想影響甚大，唐朝後有世稱「武經七書」的著作，歷來武科舉都奉爲測驗教材，其中只有《尉繚子》屬於戰國時期的魏國，《黃石公三略》屬於漢朝，《李衛公問對》屬於唐朝，其他則如《六韜》、《孫子》、《吳子》與《司馬法》都屬於齊學的著作，由此我們就能看出齊兵學影響後世的幅度，這其中最有名者莫過於《孫子》，中國歷史裡凡名將莫不熟讀此書，隨手就能徵引，歷來註釋者無可勝數，甚至現在歐美軍事院校都特別重視，視作傳統戰爭裡依循的經典原則，譬如美國兩度對伊拉克開戰，都依循著孫子兵法的原則，這點已是人盡皆知，無庸再贅言。不過，後世對於齊兵學的繼承往往著重於戰術層面，而忽視戰略層面，這使得同爲齊人的孫臏，其特別重視「義戰」的戰略主張不容易獲得關注，這與齊學的眞理觀重視現實效益而輕忽道義價值不無關係，我們會在這三十餘年來纔由出土文獻重新得知孫臏的兵書細節，由思想脈絡來看實在其來有自。最後，我們需認識齊國的科技對中華文化的影響。齊國的農業科學發達，農學家最早就開始在鑑別土壤，對於不同植被、產物與地理的土壤做出歸類，計有「上土」、「中土」與「下土」這三大類，再把每大類畫出六類，共計十八類，每一類再按照紅、青、白、黑與黃五色畫出五種土種，共有九十種土壤，並指出不同質地的土壤適合生長的植物都不同，只有掌握這種規律，纔能避免盲目犯錯，這些內容詳可見於《管子‧地員》，這種深刻的認識，在先秦時期著實再無第二。

這種對農業的深刻觀察，只有通過詳細的地理實察纔能明白。齊文化積累出認識眞理的風氣，使得數百年後的北魏（南北朝）時期，原齊國地區竟還有賈思勰這個山東益都人寫出《齊民要術》這部十二萬字的巨著，詳細記錄住在山東的先秦齊民的農業知識，內容包括耕田、收種、栽培、蔬果、林木、養桑、蓄禽與釀酒這些跟農業生產有關的事情，堪稱農業百科全書。我們幾乎能如此說，只要世上有實用性的知識，齊人全都開其先河，並給後世莫大啓發。因此，齊人同樣精於天文曆法，對於星辰的觀測與紀錄很詳盡，

前面已經說過，齊國測星的科學家甘德就已精確得知一百二十顆恆星在赤道的座標，甘德還測知恆星有一百一十八座，共計五百一十一顆，其恆星記錄是世界最古老的恆星表。〔註60〕前面曾說過，早在大汶口文化的新石器時期，山東的東夷人就已發明山頭記曆法，而在春秋戰國時期，二十四節氣的觀念已經開始流通，不過齊國根據本身的環境特點，採取與二十四節氣不同的一套時令系統，共計三十個節氣，每個節氣十二天，三十個節氣共計三百六十天，其中五至六天的過年不計在內，這雖然沒有被後世繼承，卻可看出齊國對曆法的創發性。〔註61〕齊國的物理學知識相當豐富，這與各種工藝製品的應用需要有關，譬如《考工記·國有六職》就記錄車輛各種應用的原理，如車輪滾動時的摩擦能量與接觸面積成反比，而滾動時的摩擦能量與輪子的半徑成反比。〔註62〕根據數學家李儼先生的統計，《管子》書內最早保存九九乘法的歌訣七條，《考工記·冶氏》還記錄勾股原理應用的最早實例。〔註63〕

　　齊國的科技對整個中華文化的影響，尚須通過更綿密的歷史脈絡的勾畫，這裡僅能列出幾個人類文化咸認重要的科學發現，來讓讀者瞭解齊學的真理觀對齊國的科技能如此發展確實有著巨大的影響，我們再反觀春秋戰國同時期的諸侯各國並沒有如此大量的重要發現，即可得知齊學真理觀的「效益」。

〔註60〕《齊文化大觀》這本書還說：「關於水，金，火，土，木五大行星的知識，甘德、石申又深化一步。其前，人們認為五大行星只有順行，而無逆行。甘德、石申經過長期觀測，卻發現了火星、金星的逆行現象。而且都描繪出了『巳』字形的行星逆型圖像。行星在天空星座的背景上自西往東走，叫順行；反之，叫逆行。順行時間多，逆行時間少，如果不作長期細心的觀測，是難以發現行星逆行現象的。甘德、石申還測定了金星和木星的會合週期長度，並定火星的恆星週期為一點九年；木星為十二年。」見《齊文化大觀》第七篇〈科技之花〉，第二章「天文地理與曆法」，頁610～611。

〔註61〕見同上，頁612。

〔註62〕見《齊文化大觀》第七篇〈科技之花〉，第三章「物理學和數學」，頁613。

〔註63〕《齊文化大觀》這本書還說：「其實，這樣的數學人才在齊國多得很。早在齊桓公時期，齊人就有獻九九之術者。九九之術既可用來推算人事，又是一種籌算或策算法。此術已失傳，阮元《疇人傳》載，後漢東萊人徐岳著《數術紀遺》一卷，敘述了十四種算法。」該書還說：「九九之術可能與河圖洛書、九宮算法有關。《數術紀遺》的作者是東萊人，即齊國舊地。由此可知，九九之術與齊文化有密切關係。」見《齊文化大觀》第七篇〈科技之花〉，第二章「天文地理與曆法」，頁616～617。

第四節　戰國齊學對當前的影響

　　筆者會探索戰國齊學，來自對中華文化的關注。華人常愛誇耀說中華文化「博大精深」，然而，這究竟是如何的博大精深？眾人常說不明白，沒有任何精確性的指稱，或只能由某些局部的學術領域的探索，來說個「管中窺天」的見解。筆者常在想，當我們在說「中華文化」的時候，我們究竟希望指稱著什麼樣的實質內容呢？這究竟是某個「民族」的文化，還是全人類的文化？如果只是前者，則姑不論民族的虛擬性，即使這是個被現在華人認知的觀念，面對全球化的浪潮，其還有未來性嗎？「民族」英譯即是「國家」（nation），這個概念本來就來自西歐民族國家在十四世紀興起，按著語言風俗、國家政權與天然疆域的同一性給出每些特定範圍的人的指稱，國家是一個政治和疆域的概念，而民族則是一個文化和族群概念。民族與國家這個概念顯示出兩者在地理範圍上的重疊，它其實本就是一個「想像的共同體」（imagined communities），意即其成員或許無法互相認識，卻有著對該民族與國家的抽象認同。然而，當我們由這個概念去說「中華民族」，真會得出某種「同一性」的特徵嗎？中國的疆域在不同時期都在變化，且不說盛唐時期的疆域與南宋時期的疆域就大有不同，我們能由現在統治大陸的「中華人民共和國」的政治疆域，去認識在這個範圍裡生活的人，有個所謂「中華民族」做為意識主體的歷史事實嗎？應該會很困難。一個在西藏生活的藏族人的歷史經驗，與在中原生活的漢族人的歷史經驗肯定大有不同，即使同樣身做漢人，各省在語言風俗與地理環境的差異性，使得文化表現出的「現象」都有明顯的差異，果真如此，我們如若要探索何謂中華文化，如果不粗暴的只由中原王朝的政治史做主軸來論斷文化，恐怕只會得出極為支離破碎的各地區生活經驗吧？有沒有其他的可能性，架構出對中華文化具有學術性的精確語意，而對其做出更細緻的義理探索呢？這是筆者長年關注的問題意識。

　　生活在台灣的中國人，相信都會很詭異的發現，文化自始就不斷受著政治的牽攪，不同的政治主張，影響不同時期某些文化被特別抬高，或被壓抑。我們正不斷面臨著「中華文化」在台灣被解構的政治現實，而台灣自身做主體的「本土文化」其思潮與實踐正日盛，這使得中華文化與台灣文化究竟具有如何的對應位置，就更加具有討論的需要性。他們是屬於「中央」對比「邊陲」的文化，還是屬於「精神」對比「物質」的文化？如果是前者，這就難怪大量支持本土的學者要在觀念層面展開「瓦解」中華文化的工程了，因為

這不利於台灣主體意識的架構。如果是後者，意即中華文化只是某種「精神」（包括理想、思維與情感這幾個傾向的精神），而台灣文化則是這種精神在某個地理環境的現實呈現，則或許兩者就不具有相同對應位置的利害的衝突性。我們不得不承認，如果沒有個堅強的論點，能支撐著我們誠意相信中華文化對世人的心靈與視野具有未來性，如此中華文化在台灣將不再有實踐價值。然而，這種論點如果只是由後面一種不具眞理元素的武斷，來打擊前面一種不具眞理元素的武斷，或者思維的過程裡完全不具有眞理意識，其結果都無法擺脫文化受著政治牽擾的事實，如此則學術發展會受到相當嚴重的傷害，相信這都不被關注台灣文化與中華文化的人樂見。

　　按著本書寫作把握住的相對客觀態度，這裡且不說中華文化的理想性格，意即按著儒家觀點主張的「內聖外王」來認識中華文化的理想在現實層面的呈現，〔註64〕我們很大量就在生活實際處境裡發現，絕大多數的華人，或說平日在使用中文的人，其思維習慣常有某幾種線性傾向（這裡說的「線性」包括具有跳躍性的線性），這些傾向包括如說話常愛用典故或譬喻；很感情用事去判斷事情；不問眞相只問關係親疏；因爲害怕人言而不得不在表面安於倫理秩序；重視現實利害勝過理想公益；喜歡說教對人指點人生；常顧左右而言它來藉此閃避私人問題；對人家的讚美習慣自然就表示謙虛的意思……，然而，我們對於這些很熟悉的生活現象，幾乎沒有例外全都發現有「反證」，這並不意味著這些現象的不存在，而正意味著這些現象表現出的思維傾向，華人都在這幾種思維裡打轉，因此或是服從或是背叛，都離不開這幾種傾向。

　　筆者長年都在思索，華人的思維傳統究竟有什麼源頭？華人不可能憑空就習慣於如此說話，相較於一個來自歐美的人，常有這幾種傾向：說話常直接了當表達自己的意見；由個人主義出發去思考現實問題；對於重大的難關都會就教於神父或祈禱於上帝；面對他人的眞實讚美常毫不謙虛的表示欣然

〔註64〕張富群先生在〈齊魯文化綜論〉裡表示：「中國文化是以漢文化爲主體的複合型文化，古代又稱『華夏文化』。按照傳統的解釋，『夏』的意思是雅、正，係指『中國（中原）之人』，所以中國西北地區稱西夏，東方齊魯稱東夏，合稱諸夏；『華』的本意爲繁榮的『榮』，又含有赤的意思，因周朝尚赤，所以遵從周禮的地區稱華，與夏合稱華夏，成爲中國文化的正統。」見《中國論文卷》，頁221。張富群先生這裡的說明就已經指出中華文化的理想性格，「華夏」意即因雅正而繁榮，至於「中」字的本意與中華文化與「內聖外王」的關係，詳見陳復《心學工夫論》引論〈心學工夫論：實踐儒學的生命路徑〉，第七節「心學的契機與復育」，西元2005年，頁105～106。

接受；習慣於就理性觀點跟人就事論事的說話；日常討論的社交話題常不脫物質性的比較；與人做利益交換時常表現得坦白而不含蓄……，顯然，中西生活舉止的差異各都應有著深層的文化原因。既然如此，何者為影響華人思維的源頭？筆者長期的探索發現，商周交替時期文化重大的裂變，實為型塑華人整體思維的核心點，按著商文化與周文化各自的路向，或獨立發展或相互交流釀就的先秦諸子百家思想，實為架構華人心靈意識的源頭，而先秦諸子百家各有其不同地域的文化歸屬與學術傾向，譬如遍佈長江流域的楚學，融合商文化與南蠻地區性文化，釀就對真理本質就無法探索的混沌觀（然而這還是一種真理觀），正因如此，發散出極多元的自然物崇拜，對人生抱持浪漫感懷的心理，文學作品極豐富且潑灑出濃厚的個人情緒波瀾，這種作品最極致的表現莫過於《楚辭》，楚國詩人屈原無法排解愁緒憤而投江自盡，而老子與莊子開展出的道家思想尤其為楚學的巨擘。

還有同屬周文化，發展出偏重現實與偏重理想兩種學術傾向。在河北、山西與陝西這幾個平原與高原裡開展出的晉學，本屬於周朝王室的發祥地，戰國時期政治歸屬於韓國、趙國與魏國，然因地理上毫無天然屏障，往西有秦國，往北有狄人，往南有楚國，往東有齊國，各國戰爭開打都很容易就牽扯這三國，〔註 65〕人在生命毫無保障的生活環境裡，思維觀念傾向於現實，重視利害遠甚過理想，在不得不政治實施嚴格中央集權的狀態裡，學術並沒有自由發展的機會，因此居住在這裡的學者就開展出替君王服務的統治術思想，正因如此，晉學就沒有任何真理觀，只有因人設法的便宜行事，在只有活著為最高指導原則的處境裡，就產生對人性黑暗面有極銳利的觀察，卻同時極度壓抑人性的法家思想，商鞅、申不害與韓非都屬其中頂尖的思想家，文學作品同樣帶著濃厚的現實關注，蘊含著對現實不滿的批判精神，卻不容易看見深層的精神想望，尤其沒有楚學的幻想層面，這其中《詩經》的作品尤屬大宗。同屬於周文化，卻還有在東方立國的魯國，因為相對承平，且屬周公封國後裔，產生出的魯學就深具理想性，對於道德原則有著強烈的堅持，對於現實的陰暗面抱著打擊除惡的態度，對文化的保存與教育的推廣深懷信念，這就產生孔子為始祖，孟子繼承闡發的儒家，魯學對於家族倫理特別重

〔註65〕三晉諸國習慣於戰爭，這種環境養就人民的習性，譬如《史記・樂毅列傳》記說：「樂閒曰：『趙，四戰之國也。其民習兵，伐之不可。』」見《史記會注考證》卷八十，〈樂毅列傳〉第二十，頁 988。

視，視社會的秩序爲家族倫理的擴大，然而正因如此，對於宗法制度的曲意維護，易使社會趨向保守，不鼓勵更張變革，儒家在魯學的思維裡激盪而生，既有維護道德銳意革新的企圖，卻同時深受魯學的制約。

　　最後，就是我們這裡著墨甚深的齊學了。相較於前三者，齊學顯然對眞理有著強烈的「信仰」，雖然不若西洋文化對上帝的信仰如此純粹，卻因此使得中國萌芽出理性的思維，而開展出中國早期各種科技領域的成就。如果按照純科學的研究方法來說，筆者假設中華文化實由這四種學術傾向釀就的元素交織而出，而認爲在中華文化圈裡生活的人，都受著這四種文化元素在影響著日常思維（尤其處事態度），我們徵諸生活現象裡，華人各種錯綜複雜彼此矛盾的處事態度，確實都受著這四種文化元素不同程度的影響，譬如有人在家裡很孝順父母愛護妻兒，出外做事卻要詐鬥狠極盡心機，這就受著魯學與晉學的雙重影響，或者有人面對事情會採取就事論事的客觀態度，毫不夾帶個人的成見，然而在面對親情包圍卻自然而然就會曲意成全，不問對錯只問情感，這就受著齊學與楚學的雙重影響，而且後者可能還帶著魯學重視倫理的因素。在華人的社會裡，有時人的年紀決定人與人的對錯，使得倫理比眞理來得重要，有時現實利害又跨過年紀的影響，誰的實際能量強（譬如社會地位），誰就取得論斷對錯的合法性。然而，當人與人各種階層的論較都顯得旗鼓相當時，這時誰站在純粹的眞理，誰就取得贏面，雖然眞理還是人現實利害的籌碼。華人說話的語言常無法由表面看出其邏輯性，甚至矛盾的語言邏輯裡正因內蘊複雜縝密的思維，譬如當前台灣政治裡有著強烈反對中華文化的浪潮，相當數量的人認爲支持中華文化當會妨礙台灣主體意識的架構，因此極度抨擊中華文化的各種負面現象，殊不知這種夾帶政治態度的反對論點或正來自晉學的權謀思考，冀圖瓦解中華文化存在的正當性（其實其主要想瓦解的對象只是魯學的「保守心態」），來彰顯台灣作爲思維的主體，這其實依舊未掙脫本質層面的中華文化的思想傾向，結果變做具有中華文化的晉學思維的人，反對在語言稱謂上自稱做中國人，並聲稱強烈反對中華文化。這背後的脈絡或眞是太過於複雜，有時會使得識者質疑：一個異國人士如不在中文的語境裡，如何能瞭解中華文化的複雜性？

　　戰國四種學術傾向的產生，本來就不完全是地理環境的因素，主要與商周二元文化的矛盾與融合有關，在秦始皇統一中國後就更跨越地理疆域，開始交互擴散影響，持續至今變做華人心理意識的共同文化資產，這本書僅在

由真理觀出發，處理戰國齊學由此輻射出的數個議題，尚不能完全驗證前面這個大假設（尤其這個影響的過程確實值得細細著墨），然而通過我們如此巨幅的討論，應該能看出齊學的思維核心確實端在對真理的信仰，而這個信仰確實創造出中華文化輝煌的物質成就與各種具實用性的理性觀念（譬如法治觀念）。要瞭解齊學的真理觀如何影響當前的華人社會，就得先瞭解我們為何要指出「齊學的真理觀」，意即如果真理不因文化而有差異，為何還需要說「齊學的真理觀」呢？此因華人如果有人具真理觀的傾向，常都會放在實用層面去思考，意即真理議題如果無法對人生有任何具體的裨益，則華人並不容易引發思索的熱忱，這種具有獨特文化特徵的真理觀，我們發現齊學實為其源頭。這種真理觀引發的利弊各半，長期不能獲得解決，實在關乎中華文化發展的前景。就正面來說，齊學的真理觀使得任何抽象思維如果對人生有利，就會獲得大量應用，譬如當前任何尖端科技研發出的成果，只要有龐大的經濟利益可圖，就會獲得兩岸民間甚至政府的大規模投資，去繼續做更細部的研發，俾使能獲得更龐大的利益；就負面來說，只要尖端科技的研發無關於經濟利益，不論民間或政府都不會有投資探索的熱情，這顯然就是來自某種集體的思想傾向，而這種傾向使得各種科學領域裡的基礎學門都不易獲得華人重視，使得科學要真在社會紮根有著根本性的困難。

這一百五十餘年來的中國社會，長期在面對西化議題的時候，普遍常把西化簡化做「現代化」（modernization），而這種現代化常只在學習西洋物質文化的具體成果，卻從來未曾動搖過華人這四種思想傾向，「中學為體，西學為用」這種說法雖然常被學者反駁其被實踐的可能性，某個角度來說的確是個事實，因為華人會願意向西洋物質文化學習，就是由於現實的強弱因素，而不是信仰，使得學習的內容常只是西洋物質文化的表面。這裡被稱謂的「物質文化」其實包羅甚廣，各種可被精確量化的觀念或現象，都是我們在指的範圍，譬如法治觀念就需要對被數量有精確的認識。西洋文化本質就建立在主體對客體的精確認識上，這種特徵我們從來就不曾有過認真學習，或許有學者就指出，很可能中文的使用本身就限制住這種思想傾向。中國由學習西洋的兵械，至學習西洋的法治，都並未掙脫心態的功利性，因此，西洋文化裡重視法治的精神，我們只能學其由法律角度思考如何架構公民社會，各種生活議題都希望能建立法律的規範，然而在思想傾向裡，法律的設立與否，或該如何設立，立法者常依舊習慣思考如何做纔會「對我有利」，

或者常視對「大多數人」有利的法律就是符合正義的法律，而不能超然於「人」外，釀就對「理」的純粹探索，致使絕對客觀的法律根本無法產生。而且這種大多數人的認知常能通過媒體的塑造，使得輿論或共識本身就具有虛擬性。如果就後現代主義的角度來說，只要是面對人的議題，「絕對客觀」這種事情或許本來就不存在，這究竟是真理的限制，還是齊學的真理觀的限制呢？

　　如果真理的觀念本身有限制，則我們就無法再繼續討論了。然而，齊學的真理觀確實既提供華人思考真理需要的介面，也制約住真理繼續往前推展的可能性，它是華人長期通過生活經驗累積出的思想傾向，在華人四種思想傾向裡交互運作，其實能使華人的思想自鑄奇特的體系，供給判斷事理的基本間架，不同於西洋純真理的思想傾向。但，如果我們要談架構一個符合西洋理性精神的公民社會，光就台灣實施民主政治的經驗如此崎嶇困頓，就能知道這實在是思想傾向被制約住的結果，意即華人沒有真正出自公益的思考習慣，這個公益甚至不關乎任何具體的「人」，而就是抽象的真理！認識齊學的真理觀，帶給我們對當前華人社會的文化前景的瞭解，莫過於此。

　　現在，我們面臨著兩條路的抉擇：首先，我們或真該仔細想想，如何能真正的「全盤西化」，徹底跳脫出這四種思想傾向的制約，如此纔能使探索純真理的精神在我們的生活裡就獲得落實，並在知識層面不斷深化與拓展，如果要落實這個路向，筆者認為其最關鍵的辦法，就是停止「中文的使用」，採取拼音系統創發出新的中文，或者乾脆改採英文或其他任何西歐強國的拼音文字做我們日常書寫的文字，如此或能與這四種思想傾向徹底「撇清」，再不受其絲毫影響，這點由五四至今一直有學者在主張，然而成效不彰，長期無法獲得兩岸政府的採納，或許著實有實踐的困難，或者華人四種思想傾向在決策者的腦海裡運作，就使得這種純真理的思維無法被接納。再者，如果前路不通，我們或就真該認真想想，如何讓四種思想傾向繼續深化與發展，鑄就出具有中華文化特徵的現代化，這條現代化的主路線，筆者認為有兩點：第一，重魯學而輕晉學，晉學看重人事的權謀鬥爭思考，對於架設一個讓人民安和樂利生活的社會不利，如果人人只側重心機的運作，社會就不容易落實正義原則，雖然權謀鬥爭本來禁無可禁，然而提倡魯學裡的儒學，當能讓心術的運用受著心性的規範（克己），讓禮節維繫人與人的應對進退，而由教育層面重新提倡做聖人的理想，並鼓舞人能把這個理想投注於生命實踐，這

容易使社會風氣歸於純樸厚道，〔註66〕這正就是孔子在《論語・顏淵》裡說：「克己復禮爲仁，一日克己復禮，天下歸仁焉。」〔註67〕；第二，重齊學而輕楚學，楚學的混沌觀其實極可能對於宇宙的本質有更清晰的洞見，然而齊學的眞理觀卻較能透過知識的攝取來把握，且裨益於華人架設一個符合秩序的社會，如同宋儒常在談的「無極」與「太極」，沒有無極，焉有太極能說？然而，沒有太極，則無極根本無法把握。我們該懷著負責的態度去立法設事，使得社會有公正的機制，讓人人能合理的獲得利益，齊學正基於眞理觀而能使華人有較符合於客觀的理性思維，這是華人能邁向現代化的基石。因此具有中華文化特徵的現代化，當站在齊學眞理觀的基石上闡發魯學的聖人觀，意即社會在法治的機制裡運作（其法治的設計來自於智性與其知識），而人人心懷聖人的德性（求仁），在中央有著如聖人的領袖按著法規治理國家，這種在中央統治權由「法治」與「人治」結合，在民間的規範來說由法律與禮節並重，其本質則是德性與智性，完善人格與攝取知識兼顧的思想，〔註68〕相

〔註66〕吾師韋政通先生認爲魯學對眞理議題有不同於齊學的知識性發展，意即其代表的儒家發展出「主體性即眞理」的觀念，他說：「從『主體性即眞理』一主旨出發，儒家所說的『仁者，人也』，不是對人下定義，也不是要對人從事知識性的探討，而是從現實庸碌的人生中豁醒眞我，『仁』就代表眞我，代表生命的眞我、眞宰。人不能以認知的態度去把握仁，仁要從『配義與道』的行爲中去體認，這就是孟子所以要說『由仁義行，非行仁義』的緣故。因爲儒家對主體性這一點把握得很眞切，因此在道德問題方面，多半是從正面宣說：如果你是或希望成爲一個仁者，那麼就如何如何。」見其《中國思想傳統的現代反思》，附錄三〈從『疏離』問題看中國哲人的智慧〉，西元 1990 年，頁 200～201。他還說：「『仁學』有它的獨立意義。不過仁學的獨立性，與科學的獨立性又不同，科學的目的純粹是爲追求知識，它的對象是客觀的自然。仁學雖也代表一套知識，它是屬於人文的知識，不是自然的知識，人文的知識永遠不能完全脫離人的生存或人的活動而有其意義，所以仁學的知識，也永遠不能完全脫離德性人格的創造而有其意義，仁學的系統的建立，是爲了幫助更多的人對仁有廣泛的了解，但在儒家，了解的目的不只是爲了『了解』，是爲了實踐。」見同書第八章〈仁的哲學的時代意義〉，第一節「仁是人類的基本特質」，頁 132。

〔註67〕見《論語注疏・顏淵》卷第十二，頁 106。

〔註68〕其實，德性與智性兼顧並不是不可能，而且我們應該奮勉發掘前聖思想裡兼顧德性與智性的觀念，那就是兼顧「行」與「言」，譬如說孔子，吾師陳啓雲先生就曾經表示：「西方學者認爲孔子在《論語》中的言談特別注重『行』，而輕視『言』；再加上傾向王陽明『心學』的新儒家強調『知行合一』和『體驗力行』，從現代行爲主義的立場來看，是把『知』（knowing how）和『言』（speech act）都合併作爲『行爲』的一部份。在西方哲學傳統中，『行爲』主

信對於開創文化的盛世，當能產生具體有益的貢獻！

要講究道德修養和實踐後效；只有『語言』才内涵著思想（Thought，不是
Thinking）、知識和真理。因此很多西方學者認為在孔子模塑出來的儒家學說
影響之下，中國文化傳統只注重德性修養和行為效果，而忽視了由語言所代
表的思想内涵的真理價值。」他還説：「在《論語》中，孔子討論『言』和『行』
或『言』和『德』時，大多強調『德性』和『力行』的重要性，這是事實。
但孔子是否因此忽略了『語言』所代表的知性真理價值？這是在二十世紀語
言分析哲學衝擊之下，對孔子思想的新詮釋要特別注意分析的問題。」最後，
他説：「孔子討論『言』和『行』的對比，是認為『言』有其本身的内含和獨
立的價值。在『言』、『行』對比之下，孔子常教誨弟子們注意力行和『慎言』。
但這並不表示孔子只重視『行』而不重視『言』；孔子強調『慎言』，可能因
為他認為『言』的問題，困難度比較嚴重，所以要特別慎重去對待。從《論
語》裡關於『言』的種種討論，可以大概看出孔子思想裡有一『語言危機』
命題。這命題在今天需要有進一步的分析詮釋。」見其《中國古代思想文化
的歷史論析》陸〈孔子的正名論、真理觀和語言哲學〉，二「現代語言哲學家
對於孔子『正名論』和儒家『語言觀』的理解」與三「孔子的『真理觀』和
『語言觀』」，頁 137～142。陳啓雲先生這段話，提醒我們帶著「知識的真理
觀」並不會妨礙「涵養的工夫論」，這兩者本來就不是會相互衝突的命題，甚
至能相互輔翼，只是後世學者率由德性角度來論前聖思想，而不禁偏廢智性
角度，由孔子的兼顧「言」與「行」可知這兩者本來就可「各自獨立」與「相
輔相成」，且學者可由這條路徑開出認識中國思想文化史的新視野。

參考書目

按出版年度與書名首字排序

一、古籍註釋

1. 《愼子校正》，王斯睿著，上海，商務印書館，1935 年。
2. 《逸周書集訓校釋》，朱又曾編，《國學基本叢書》，台北，台灣商務印書館，1968 年。
3. 《愼子》，錢熙祚著，台北，世界書局，1970 年。
4. 《今本竹書紀年疏證》，王國維著，《學書叢編》（五），台北，藝文印書館，1971 年。
5. 《說文通訓定聲》，朱駿聲著，台北，藝文印書館，1975 年。
6. 《藝文類聚》，《類書薈編》第一輯，全五冊，台北，文光出版社，1977 年。
7. 《論衡校釋》，黃暉著，台北，台灣商務印書館，1978 年。
8. 《孟子正義》，焦循著，台北，台灣中華書局，1979 年。
9. 《商君書解詁定本》朱師轍撰，台北，鼎文書局，1979 年。
10. 《先秦諸子考佚》，阮廷焯撰輯，台北，鼎文書局，1980 年。
11. 《國語》，上海師範大學古籍整理組，台北，里仁書局，1981 年。
12. 《十一家注孫子》（附竹簡兵法），曹操等著，台北，里仁書局，1982 年。
13. 《山海經校注》，袁珂著，台北，里仁書局，1982 年。
14. 《韓非子今註今譯》，邵增樺註譯，台北，台灣商務印書館，1982 年。
15. 《大戴禮記今註今譯》，高明註譯，台北，台灣商務印書館，1984 年。
16. 《先秦名學七書》，伍非百著，台北，洪氏出版社，1984 年。

17. 《春秋繁露今註今譯》，賴炎元註譯，台北，台灣商務印書館，1984 年。

18. 《孫臏兵法校理》，張震澤著，台北，明文書局，1985 年。

19. 《司馬法今註今譯》，劉仲平註譯，台北，台灣商務印書館，1986 年。

20. 《史記會注考證》，瀧川龜太郎著，台北，洪氏出版社，1986 年。

21. 《尉繚子今註今譯》，劉仲平註譯，台北，台灣商務印書館，1987 年。

22. 《通典》，（唐）杜佑著，北京，中華書局，1988 年。

23. 《管子今註今譯》，李勉註譯，全二冊，台北，台灣商務印書館，1988 年。

24. 《文選》，（梁）昭明太子編，台北，藝文印書館，1989 年。

25. 《水經注疏》，酈道元著，楊守敬與熊會貞疏，全三冊，南京，江蘇古籍出版社，1989 年。

26. 《晏子春秋今註今譯》，王更生註譯，台北，台灣商務印書館，1989 年。

27. 《呂氏春秋今註今譯》，林品石註譯，台北，台灣商務印書館，1990 年。

28. 《淮南子譯注》，陳廣忠注譯，長春，吉林文史出版社，1990 年。

29. 《戰國策》，全兩冊，台北，里仁書局，1990 年。

30. 《公孫龍子今註今譯》，陳癸淼註譯，台北，台灣商務印書館，1991 年。

31. 《荀子集解》，王先謙著，台北，世界書局，1991 年。

32. 《新序今註今譯》，盧元駿註譯，台北，台灣商務印書館，1991 年。

33. 《說文解字注》，漢許慎撰，清段玉裁注，台北，黎明文化公司，1992 年。

34. 《韓詩外傳今註今譯》，賴炎元註譯，台北，台灣商務印書館，1992 年。

35. 《鹽鐵論校注》，王利器校注，全二冊，北京，中華書局，1992 年。

36. 《太公六韜今註今譯》，徐培根註譯，台北，台灣商務印書館，1993 年。

37. 《莊子纂箋》，錢穆著，台北，東大圖書公司，1993 年。

38. 《隋書》，《新校本隋書附索引》，楊家駱主編，全二冊，台北，鼎文書局，1993 年。

39. 《楚辭注釋》，馬茂元主編，台北，文津出版社，1993 年。

40. 《魏書》，《新校本魏書附西魏書》，全四冊，楊家駱主編，台北，鼎文書局，1993 年。

41. 《後漢書》，《新校本後漢書並附編十三種》，楊家駱主編，全六冊，台北，鼎文書局，1994 年。

42. 《漢書》，《新校本漢書並附編二種》，楊家駱主編，全五冊，台北，鼎文書局，1994 年。

43. 《十三經注疏》，彙編本，全八冊，台北，藍燈文化出版公司，1995 年。

第一冊：《周易正義》；《尚書正義》

第二冊：《毛詩正義》

第三冊：《周禮注疏》

第四冊：《儀禮注疏》

第五冊：《禮記注疏》

第六冊：《春秋左傳正義》

第七冊：《春秋公羊傳注疏》；《春秋穀梁傳注疏》

第八冊：《論語注疏》；《孝經注疏》；《爾雅注疏》；《孟子注疏》

44. 《晉書》，《新校本晉書並附編六種》，楊家駱主編，全六冊，台北，鼎文書局，1995 年。

45. 《黃帝四經今註今譯：馬王堆漢墓出土帛書》，陳鼓應註譯，台北，台灣商務印書館，1995 年。

46. 《墨子閒詁》，孫詒讓著，台北，華正書局，1995 年。

47. 《說苑讀本》，羅少卿註譯，台北，三民書局，1996 年。

48. 《老子今註今譯》，陳鼓應註譯，台北，台灣商務印書館，2000 年。

49. 《世本》，《古籍叢殘彙編》，鍾肇鵬編，第七冊，全七冊，北京，北京圖書館出版社，2001 年。

二、研究專著

1. 《慎子集說》，蔡汝坤著，上海，商務印書館，1940 年。

2. 《中國思想通史》，侯外廬編，第一卷，北京，人民出版社，1957 年。

3. 《諸子考索》，羅根澤著，北京，人民出版社，1958 年。

4. 《鄒衍遺說考》，王夢鷗著，台北，台灣商務印書館，1966 年。

5. 《縱橫家研究》，顧念先著，台北，中國學術著作獎助委員會，1969 年。

6. 《稷下派之研究》，金受申著，台北，台灣商務印書館，1971 年。

7. 《先秦諸子導讀》，徐文珊著，台北，幼獅書店，1972 年。

8. 《慎子校注及其學說研究》，徐漢昌著，台北，嘉新水泥公司文化基金會，1976 年。

9. 《中國上古史論文選集》，杜正勝編，台北，華世書局，1979 年。

10. 《中國政治思想史》，蕭公權著，台北，華崗出版公司，1977 年。

11. 《中國哲學史》，任繼愈編，第一冊，北京，人民出版社，1979 年。

12. 《中國邏輯思想史》，汪奠基著，上海，人民出版社，1979 年。

13. 《周代城邦》，杜正勝著，台北，聯經出版公司，1979 年。

14. 《周秦漢魏諸子知見書目》，嚴靈峰編，台北，正中書局，1979 年。

15. THE SHEN TEU FRAGMENTS（中譯名爲《愼子逸文》），P.M.Thompson, Oxford: Oxford University, 1979 年。

16. 《先秦政治思想史》，梁啓超著，台北，東大圖書公司，1980 年。

17. 《傅斯年全集》，傅斯年著，全七冊，台北，聯經出版公司，1980 年。

18. 《中國青銅時代》，張光直著，台北，聯經出版公司，1983 年。

19. 《中國哲學發展史》（先秦），任繼愈編，北京，人民出版社，1983 年。

20. 《中醫基礎理論》，印會河主編，高等醫藥院校教材，上海，華陀醫藥雜誌社，1983 年。

21. 《先秦名學史》（The Development of the Logical Method in Ancient China），胡適著，先秦名學史翻譯組，上海，學林出版社，1983 年。

22. 《公孫龍子與名家》，蕭登福著，台北，文津出版社，1984 年。

23. 《續僞書通考》，鄭良樹編，台北，台灣學生書局，1984 年。

24. 《中國法家概論》，陳啓天著，台北，台灣中華書局，1985 年。

25. 《黃老之學通論》，吳光著，杭州，浙江人民出版社，1985 年。

26. 《中國古代哲學史》，胡適著，《胡適作品集》，第三十一冊，台北，遠流出版公司，1986 年。

27. 《秦史稿》，林劍鳴著，台北，谷風出版社，1986 年。

28. 《說儒》，胡適著，《胡適作品集》，第十五冊，台北，遠流出版公司，1986 年。

29. 《秦漢史論稿》，邢義田著，台北，東大圖書公司，1987 年。

30. 《黃帝》，錢穆著，台北，東大圖書公司，1987 年。

31. 《中國中古思想史長編》（上），胡適著，《胡適作品集》，第二十一冊，台北，遠流出版公司，1988 年。

32. 《東夷古國史研究》（第一輯），劉敦願與逄振鎬主編，山東古國史研究會編，西安，三秦出版社，1988 年。

33. 《膠縣三里河》，中國社會科學院考古研究所編著，《中國田野考古報告集‧考古學專刊》，丁種第三十二號，北京，文物出版社，1988 年。

34. 《稷下學宮資料彙編》，趙蔚芝主編，濟南，山東教育出版社，1989 年。

35. 《中國思想傳統的現代反思》，韋政通著，台北，桂冠圖書公司，1990 年。

36. 《先秦諸子繫年》，錢穆著，台北，東大圖書公司，1990 年。

37. 《考工記導讀圖譯》，聞人軍著，台北，明文書局，1990 年。

38. 《東夷古國史研究》（第二輯），劉敦願與逄振鎬主編，山東古國史研究

會編，西安，三秦出版社，1990 年。

39. 《鬼谷子研究》，蕭登福著，台北，文津出版社，1990 年。

40. 《楚文化研究》，文崇一著，台北，東大圖書公司，1990 年。

41. 《編戶齊民》，杜正勝著，台北，聯經出版公司，1990 年。

42. 《中國哲學史新編》（一）（二），馮友蘭著，台北，藍燈文化公司，1991 年。

43. 《中國經濟思想通史》，趙靖主編，北京，北京大學出版社，1991 年。

44. 《先秦法家思想史論》，王曉波著，台北，聯經出版公司，1991 年。

45. 《西漢前期思想與法家的關係》，林聰舜著，台北，大安出版社，1991 年。

46. 《帛書老子校注析》，黃釗著，台北，台灣學生書局，1991 年。

47. 《法家哲學》，姚蒸民著，台北，東大圖書公司，1991 年。

48. 《國史大綱》（修訂本），錢穆著，上冊，台北，台灣商務印書館，1991 年。

49. 《莊老通辨》，錢穆著，台北，東大圖書公司，1991 年。

50. 《新編中國哲學史》（一），勞思光著，台北，三民書局，1991 年。

51. 《諸子通考》，蔣伯潛著，台北，正中書局，1991 年。

52. 《稷下鉤沉》，張秉南著，上海，古籍出版社，1991 年。

53. 《戰國時期的黃老思想》，陳麗桂著，台北，聯經出版公司，1991 年。

54. 《中國古代政治思想史》，劉澤華編，天津，南開大學出版社，1992 年。

55. 《中國思想史》，錢穆著，台北，台灣學生書局，1992 年。

56. 《中國哲學原論》（原道篇），唐君毅著，第一卷，台北，台灣學生書局，1992 年。

57. 《中國認識論思想史稿》，夏甄陶著，上卷，北京，中國人民大學出版社，1992 年。

58. 《古代社會與國家》，杜正勝著，台北，允晨文化公司，1992 年。

59. 《先秦名家『名實』思想探析》，李賢中著，台北，文史哲出版社，1992 年。

60. 《先秦齊學考》，林麗娥著，台北，台灣商務印書館，1992 年。

61. 《荀子與古代哲學》，韋政通著，台北，台灣商務印書館，1992 年。

62. 《秦漢史》，錢穆著，台灣，台北，東大圖書公司，1992 年。

63. 《歷史與思想》，余英時著，台北，聯經出版公司，1992 年。

64. 《齊文化大觀》，李新泰主編，北京，中共中央黨校出版社，1992 年。

65. 《中國文化史導論》，錢穆著，台北，台灣商務印書館，1993 年。

66. 《中國民本思想史》，金耀基著，台北，台灣商務印書館，1993 年。

67. 《中國思想史》，韋政通著，上冊，台北，水牛出版社，1993 年。

68. 《中國哲學原論》（原道篇），唐君毅著，第二卷，台北，台灣學生書局，1993 年。

69. 《中國哲學原論》（導論篇），唐君毅著，台北，台灣學生書局，1993 年。

70. 《古史辨》，顧頡剛主編，全七冊，台北，藍燈文化公司，1993 年。

71. 《走向語言之途》（Unterwegs zur Sprache），海德格（Martin Heidegger）著，孫周興譯，台北，時報文化公司，1993 年。

72. 《兩漢思想史》，徐復觀著，第一卷與第二卷，台北，台灣學生書局，1993 年。

73. 《齊文化概論》，王志民主編，濟南，山東人民出版社，1993 年。

74. 《道家文化研究》，陳鼓應主編，第三輯，上海，古籍出版社，1993 年。

75. 《中國人性論史》（先秦篇），徐復觀著，台北，台灣商務印書館，1994 年。

76. 《中國哲學史》（增訂本，上冊），馮友蘭著，台北，台灣商務印書館，1994 年。

77. 《中國歷史上氣候之變遷》，劉昭民著，台北，台灣商務印書館，1994 年。

78. 《古史編》，許倬雲著，台北，聯經出版公司，1994 年。

79. 《名家與荀子》，牟宗三著，台北，台灣學生書局，1994 年。

80. 《知識論》，孫振青著，台北，五南圖書公司，1994 年。

81. 《眞理——科學探索的目標》，梁慶寅與黃華新著，台北，淑馨出版社，1994 年。

82. 《簡帛佚籍與學術史》，李學勤著，台北，時報文化公司，1994 年。

83. The Art of Rulership:A Study of Ancient Chinese Political Thought，Roger T. Ames（安樂哲），New York：State University of New York，1994 年。

84. 《中國考古學論文集》，張光直著，台北，聯經出版公司，1995 年。

85. 《主術——中國古代政治藝術之研究》，安樂哲著，滕復譯，北京，北京大學出版社，1995 年。

86. 《知識論》，Roderick M. Chishplm 著，何秀煌譯，台北，三民書局，1995 年。

87. 《秦漢的方士與儒生》，顧頡剛著，台北，里仁書局，1995 年。

88. 《商鞅評傳》，陳啓天著，台北，商務印書館，1995 年。

89. 《管子新探》，胡家聰著，北京，中國社會科學出版社，1995 年。

90. The Propensity of Things：Toward A History of Efficacy in China，Francois Jullien，translated by Janet Lloyd，New York：Zone Books，1995 年。

91. 《十批判書》，郭沫若著，北京，東方出版社，1996 年。

92. 《先秦史研究概要》，朱鳳瀚與徐勇著，天津，天津教育出版社，1996 年。

93. 《中國古代文明──從商朝甲骨刻辭看中國上古史》，（義大利）安東尼奧‧阿馬薩里（英譯不詳）著，劉儒庭、王天清與齊明譯，北京，社會科學文獻出版社，1997 年。

94. 《中國古代官制講座》，楊志玖主編，台北，萬卷樓圖書公司，1997 年。

95. 《申子的思想》，陳復著，台北，唐山出版社，1997 年。

96. 《華夏邊緣：歷史記憶與族群認同》，王明珂著，台北，允晨文化公司，1997 年。

97. 《秦漢時期的黃老思想》，陳麗桂著，台北，文津出版社，1997 年。

98. 《齊文化叢書總目》，齊文化叢書編輯委員會，濟南，齊魯書社，1997 年。

第一卷：《管子簡釋》

第二卷：《荀子匯校匯注》

第三卷：《晏子春秋注解》；《春秋公羊傳解詁》

第四卷：《秦漢齊博士論議集》；《七緯》

第五卷：《鄭玄集》（上）

第六卷：《鄭玄集》（下）

第七卷：《齊兵書》；《稷下七子捃逸》

第八卷：《齊黃老書》

第九卷：《姜齊卷》；《田齊卷》；《秦漢卷》

第十卷：《考古卷》

第十一卷：《中國論文卷》

第十二卷：《外國論文卷》

第十三卷：《先齊文化源流》；《齊史稿》

第十四卷：《齊國政治史》；《齊國經濟史》

第十五卷：《齊國軍事史》；《齊國科技史》

第十六卷：《齊國學術思想史》；《齊文學藝術史》

第十七卷：《齊國社會生活史》；《齊宗教研究》

第十八卷：《齊都臨淄城》；《古齊地理》

第十九卷：《齊文化與魯文化》；《秦漢齊學》

第二十卷：《齊文化與中國傳統文化》；《齊文化與現代化》

第二十一卷：《名君評傳》；《名臣評傳》

第二十二卷：《名將評傳》；《名士評傳》

99. 《儒家與現代化》，韋政通著，台北，水牛出版社，1997 年。

100. 《戰國史繫年輯證》，繆文遠著，成都，巴蜀書社，1997 年。

101. 《詮釋現象心理學》，余德慧著，台北，會形文化公司，1998 年。

102. 《稷下學研究：中國古代的思想自由與百家爭鳴》，白奚著，北京，三聯書店，1998 年。

103. 《稷下爭鳴與黃老新學》，胡家聰著，北京，中國社會科學出版社，1998 年。

104. 《戰國史》，楊寬著，台北，台灣商務印書館，1998 年。

105. 《西周史》，楊寬著，台北，台灣商務印書館，1999 年。

106. 《郭店楚簡研究》，姜廣輝主編，瀋陽，遼寧教育出版社，1999 年。

107. 《中國古代思想文化的歷史論析》，陳啓雲著，北京，北京大學出版社，2001 年。

108. 《民主與資本主義：財產、共同體和現代社會思想的矛盾》（Democracy and Capitalism: Property, Community, and the Contradictions of Modern Social Thought），鮑爾斯（Samuel Bowles）與金蒂斯（Herbert Gintis）著，韓水法譯，台北，桂冠圖書公司，2001 年。

109. 《慎子的思想》，陳復著，台北，唐山出版社，2001 年。

110. 《古史集林》，王玉哲著，《南開史學家論叢》，北京，中華書局，2002 年。

111. 《考古學》，張光直著，瀋陽，遼寧教育出版社，2002 年。

112. 《郭店楚簡與早期儒學》，龐樸主編，台北，台灣古籍出版公司，2002 年。

113. 《戰國史料編年輯證》，楊寬著，台北，台灣商務印書館，2002 年。

114. 《中華遠古史》，王玉哲著，上海，上海人民出版社，2003 年。

115. 《中國古史的傳說時代》，徐旭生著，廣西，桂林，廣西師範大學，2003 年。

116. 《管子四篇詮釋：稷下道家代表作》，陳鼓應著，台北，三民書局，2003 年。

117. 《東亞儒學史的新視野》，黃俊傑著，台北，台大出版中心，2004 年。

118. 《追尋一己之福：中國古代的信仰世界》，蒲慕州著，台北，麥田出版公司，2004 年。

119. 《德法之治與齊國政權研究》，宮源海主編，濟南，齊魯書社，2004 年。

120. 《心學工夫論》，陳復著，台北，洪葉出版公司，2005 年。

121. 《舉賢尚功：齊國官制與用人思想研究》，齊秀生主編，濟南，齊魯書社，2005 年。

122. 《論法的精神》（De L'esprit Des Lois），孟德斯鳩（Montesquieu）著，張雁深譯，台北，商務印書館，2006 年。

123. 《齊文化研究》，郭墨蘭與呂世忠著，濟南，齊魯書社，2006 年。

124. 《齊文化與中華文明》，邱文山著，濟南，齊魯書社，2006 年。

125. 《偽書通考》（修訂版），張心澂編，香港，友聯出版社，日期不詳。

126. 《甲骨文字集釋》，李孝定編述，第十卷，中央研究院歷史語言研究所專刊之五十，日期不詳。

三、學位論文與期刊論文（期刊號數相同者按頁次排序）

1. 〈說渾沌與諸子經傳之言大象〉（上）（下），羅夢冊作，《東方文化》，香港大學亞洲研究中心，第九卷第一期與第二期，香港，香港大學出版社，頁 15～56 與頁 230～305，1971 年。

2. 〈齊國建立的時期及其特殊的文化〉，沈剛伯作，原載於《中華文化復興月刊》，第七卷第九期（1974），《中國上古史論文選集》，台北，華世出版社，頁 1215～1232，1979 年。

3. 《漢代齊魯之學研究》，王成章著，香港，珠海大學中文研究所碩士論文，指導教授：何敬群，1982 年。

4. 〈戰國商品經濟的飛躍發展〉，黃中業作，《齊魯學刊》西元一九八二年第四期（總計第四十九期），曲阜，曲阜師範大學主編，七月十五日，頁 37～41，1982 年。

《齊魯學刊》專題：稷下學研究（一）

1. 〈稷下學概述〉，劉蔚華作，《齊魯學刊》，西元 1983 年第一期（總計第五十二期），曲阜，曲阜師範大學主編，1 月 15 日，頁 21～24，1983 年。

2. 〈試論稷下學宮的地理位置和政治性質〉，董治安與王志民作，《齊魯學刊》，西元 1983 年第一期（總計第五十二期），曲阜，曲阜師範大學主編，1 月 15 日，頁 24～26，1983 年。

3. 〈論稷下學宮的性質〉，蔡德貴作，《齊魯學刊》，西元 1983 年第一期（總計第五十二期），曲阜，曲阜師範大學主編，1 月 15 日，頁 26～29，1983

年。

4. 〈關於稷下學宮昌盛的緣由〉，張福信作，《齊魯學刊》，西元 1983 年第一期（總計第五十二期），曲阜，曲阜師範大學主編，1 月 15 日，頁 29～31，1983 年。

5. 〈秦漢時期山東紡織手工業的發展〉，逄振鎬作，《齊魯學刊》，西元 1983 年第一期（總計第五十二期），曲阜，曲阜師範大學主編，1 月 15 日，頁 51～56，1983 年。

《齊魯學刊》專題：稷下學研究（三）

1. 〈孟子與稷下學宮的關係〉，孫開泰，《齊魯學刊》，西元 1983 年第三期（總計第五十四期），曲阜，曲阜師範大學主編，5 月 15 日，頁 21～23，1983 年。

2. 〈論尹文〉，謝祥皓，《齊魯學刊》，西元 1983 年第三期（總計第五十四期），曲阜，曲阜師範大學主編，5 月 15 日，頁 24～26，頁 24～26，1983 年。

3. 〈環淵考辨〉，周立升，《齊魯學刊》，西元 1983 年第三期（總計第五十四期），曲阜，曲阜師範大學主編，5 月 15 日，頁 27～29，1983 年。

4. 〈稷下大師荀子〉，趙宗正，《齊魯學刊》，，西元 1983 年第三期（總計第五十四期），曲阜，曲阜師範大學主編，5 月 15 日，頁 30～33，1983 年。

5. 〈稷下名辯思潮與名家〉，劉捷宸，《齊魯學刊》，西元 1983 年第三期（總計第五十四期），曲阜，曲阜師範大學主編，5 月 15 日，頁 33～36，1983 年。

6. 《齊文化研究：臨淄城制和齊學風》，陳茂進著，台北，文化大學歷史研究所博士論文，指導教授：勞榦與宋晞，1983 年。

《齊魯學刊》專題：山東東部古國史研究

1. 〈有關莒國史的幾個問題〉，郭克煜作，《齊魯學刊》，西元 1984 年第一期（總計第五十八期），曲阜，曲阜師範大學主編，1 月 15 日，頁 63～67，1984 年。

2. 〈東夷與東夷文化〉，王汝濤作，《齊魯學刊》，西元 1984 年第一期（總計第五十八期），曲阜，曲阜師範大學主編，1 月 15 日，頁 67～71，1984 年。

3. 〈紀、萁、萊爲一國說〉，王恩田作，《齊魯學刊》，西元 1984 年第一期（總計第五十八期），曲阜，曲阜師範大學主編，1 月 15 日，頁 71～77，1984 年。

4. 〈萊國姓氏與地望考〉，周昌富作，《齊魯學刊》，西元 1984 年第一期（總

計第五十八期），曲阜，曲阜師範大學主編，1 月 15 日，頁 77～80，1984
年。

5. 〈古萊國初探〉，遲克儉作，《齊魯學刊》，西元 1984 年第一期（總計第
五十八期），曲阜，曲阜師範大學主編，1 月 15 日，，頁 81～83，1984
年。

《齊魯學刊》專題：稷下學研究（四）

1. 〈稷下道家三辨〉，吳光作，《齊魯學刊》，西元 1984 年第二期（總計第五
十九期），曲阜，曲阜師範大學主編，3 月 15 日，頁 31～36，1984 年。

2. 〈田齊法家法制理論的主要特點〉，胡家聰作，《齊魯學刊》，西元 1984
年第二期（總計第五十九期），曲阜，曲阜師範大學主編，頁 36～40，
1984 年。

3. 〈山東棲霞楊家圈遺址發掘簡報〉，山東省文物考古研究所與北京大學考
古實習隊作，《史前研究》（季刊），第三期（總計第五期），西安，西安
半坡博物館，7 月 20 日，頁 91～99，1984 年。

4. 〈再論環淵：答吳光同志〉，周立升作，《齊魯學刊》，西元 1985 年第一
期（總計第六十四期），曲阜，曲阜師範大學主編，1 月 15 日，頁 51～
55，1985 年。

5. 〈稷下先生内有無墨者〉，龔維英作，《齊魯學刊》，西元 1985 年第一期
（總計第六十四期），曲阜，曲阜師範大學主編，1 月 15 日，頁 56～58，
1985 年。

6. 〈鄒衍及其學說簡論〉，趙玉瑾作，《齊魯學刊》，西元 1985 年第一期（總
計第六十四期），曲阜，曲阜師範大學主編，1 月 15 日，頁 59～63，1985。

7. 〈田駢述論〉，苗潤田作，《齊魯學刊》，西元 1985 年第一期（總計第六
十四期），曲阜，曲阜師範大學主編，1 月 15 日，頁 64～68，1985 年。

8. 〈試論荀子和淳于髡的師承關係〉，蔡德貴作，《齊魯學刊》，西元 1985
年第一期（總計第六十四期），曲阜，曲阜師範大學主編，1 月 15 日，
頁 69～72，1985 年。

9. 〈淳于髡著《晏子春秋》考〉，呂斌作，《齊魯學刊》，西元 1985 年第一
期（總計第六十四期），曲阜，曲阜師範大學主編，1 月 15 日，頁 73～
76，1985 年。

10. 〈孟子對墨子思想的吸收與改造〉，孫以楷作，《齊魯學刊》，西元 1985
年第二期（總計第六十五期），曲阜，曲阜師範大學主編，3 月 15 日，
頁 41～46，1985 年。

11. 〈《管子》方法論思想初探〉，楊國榮作，《齊魯學刊》，西元 1985 年第四
期（總計第六十七期），曲阜，曲阜師範大學主編，7 月 15 日，頁 65～
69，1985 年。

12. 〈山東長島北莊遺址發掘簡報〉，北京大學考古實習隊、煙台地區文管會與長島縣博物館作，《考古月刊》，西元 1987 年第五期（總計第二三六期），北京，中國社會科學院考古研究所主辦，科學出版社，5 月 25 日，頁 385～428，1987 年。

13. 〈山東鄒平縣苑城早期新石器文化遺址調查〉，山東大學歷史系考古專業作，《考古月刊》，西元 1989 年第六期（總計期數不詳），北京，中國社會科學院考古研究所主辦，科學出版社，6 月 25 日，頁 489～563，1989 年。

14. 〈稷下荀學體系（上）〉，劉蔚華作，《齊魯學刊》，西元 1991 年第一期（總計第一○○期），曲阜，曲阜師範大學主編，1 月 15 日，頁 16～28，1991 年。

15. 〈稷下荀學體系（下）〉，劉蔚華作，《齊魯學刊》，西元 1991 年第二期（總計第一○一期），曲阜，曲阜師範大學主編，3 月 15 日，頁 98～101，1991 年。

16. 〈管仲對荀子的影響〉，于孔寶作，《齊魯學刊》，西元 1991 年第五期（總計第一○四期），曲阜，曲阜師範大學主編，9 月 15 日，頁 33～38，1991 年。

17. 〈太公與齊文化〉，王德敏作，《齊魯學刊》，西元 1992 年第一期（總計第一○六期），曲阜，曲阜師範大學主編，1 月 15 日，頁 88～93，年。

18. 〈尹文子《大道》篇思想之解析〉，陳復作，《中國文化月刊》，第一七六期，台北，中國文化月刊雜誌社，民國 83 年 6 月，頁 42～58，1994 年。

19. 〈說『齊氣』與『魯氣』：從《詩經》有關齊、魯諸篇看齊魯文化之不同特徵〉，姜楠作，《齊魯文化》，西元 1994 年第二期（總計第一一九期），曲阜，曲阜師範大學主編，3 月 15 日，頁 67～70，1994 年。

20. 〈山東臨淄後李遺址第三、四次發掘簡報〉，濟清公路文物考古隊作，《考古月刊》，西元 1994 年第二期（總計第三一七期），北京，中國社會科學院考古研究所主辦，科學出版社，2 月 25 日，頁 97～112，1994 年。

21. 〈姜太公輔周治齊及其謀略智慧〉，于孔寶作，《齊魯學刊》，西元 1994 年第五期（總計第一二二期），曲阜，曲阜師範大學主編，9 月 15 日，頁 82～87，1994 年。

22. 〈論五德終始說在秦的作用和影響〉，趙瀟作，《齊魯學刊》，西元 1994 年第二期（總計第一一九期），曲阜，曲阜師範大學主編，3 月 15 日，頁 55～61，1994 年。

23. 〈先秦齊文化與古希臘雅典文化中開放精神的比較研究〉，陳德正作，《齊魯文化》，西元 1995 年第二期（總計第一二五期），曲阜，曲阜師範大學主編，3 月 15 日，頁 52～57，1995 年。

24. 〈黃老造說盛起於稷下學宮之蠡測：兼論「黃老之學」〉，鍾宗憲作，台

北,《輔大中研所學刊》,第六期,民國 85 年 6 月,頁 105～124,1996年。

25. 〈論慎到的法律思想〉,王威宣作,《齊魯學刊》,西元 1996 年第四期(總計第一三三期),曲阜,曲阜師範大學主編,頁 62～65,1996 年。

26. 〈智者樂水,仁者樂山:論齊魯兩種文化的不同氛圍和特點〉,蔡德貴與劉宗賢作,《哲學與文化月刊》,第二十四卷第一期(總計第二七二期),台北,輔仁大學哲學與文化月刊雜誌社主編,民國 86 年 1 月,頁 47～52,1997 年。

27. 〈「管子」中黃老道家的人學思想〉,袁信愛作,《哲學與文化月刊》,第二十四卷第十二期(總計第二八三期),台北,輔仁大學哲學與文化月刊雜誌社主編,民國 86 年 12 月,頁 1130～1140,1997 年。

28. 《黃帝研究:黃帝神話傳說之嬗變與有關黃帝學術源流問題之辨正》,鍾宗憲著,台北,輔仁大學中文系博士論文,指導教授:王孝廉,1998 年。

29. 〈黃老與齊學(1):治國〉,陳麗桂作,《中國學術年刊》,第二十三期,台北,國立台灣師範大學國文系主編,民國 91 年 6 月,頁 117～155,2002 年。

附錄：概論齊國政治孕育黃老思潮的崛起

摘　要

　　本文首先探索各學者對「黃老」這個概念的歧異論點，通過釐訂而同意並沒有「黃帝學」的實際內容，並澄清黃老學的實際意涵，就是高舉黃帝符碼，用客觀法則對老子思想展開轉化，並吸收其他能與這觀點結合的各家學說，繼而往宇宙至人生各層面去解釋與實踐。黃老學與老子學的根本歧異在宇宙論，前者的真理觀與後者的混沌觀，影響兩者在人生各種層面都有不同的觀點。然而，黃老學的孕育，還是得藉由老子思想做主軸纔能產生，這符合「相反而相成」的老子思想基調。在齊國，老子學或有可能通過陳公子完與范蠡在不同時間點來齊國而獲得傳播，其中范蠡有可能是首先轉化老子學為黃老學的人，不過，黃老學的發展，與齊國的政治需要有高度關聯，田齊政權由原來面對國內「鞏固統治」的政治需要，到面對國外「統一六國」的政治需要，這其間的變化對於黃老學的義理本身產生極大的影響，加上後來黃老學往齊國境外擴展，更使得黃老思潮有各種不同的面貌，甚至有些思想表面都背離黃老主張的客觀法則，內裡則自有其合理（或悖理）的原因。本文希望能藉由對黃老概念的澄清，消除過去常見的盲點，有益於黃老學研究的精確化。

　　關鍵詞：

　　黃老學（黃老思潮），老子學（老子思想），黃帝符碼，真理觀，混沌觀

第一節　概念釐清：何謂「黃老」？

　　黃老思潮起自於春秋末葉，大盛於整個戰國時期，最終結束於漢武帝「罷黜百家，獨尊儒術」，而兩漢的儒學，都深受其影響，卻因爲政治對學術的劇烈干預，致使這條思潮的主線被長期隱沒，終至於失傳，直至這三十餘年來，由於《黃帝四經》的重新出土，而再度被學者注意，並開始做出概念的釐清。這三十餘年來釐清的過程，引發兩種歧異的論點，筆者對此各有不同的意見，需要在這裡做個檢視。

　　首先，丁原明先生表示，所謂的黃老學，從狹義面來說，就是指託名於黃帝而推行老子道家某些思想的那一派；從廣義面來說，則是指在老莊道家外興起拿道做中心思想與指導思想，而兼取百家學說的道家思潮。他認爲漢朝初年人提出的「黃老」稱謂，就是由狹義著眼，而司馬談在其《論六家要旨》中討論的道德家，則是指廣義的黃老學，而整個黃老學則是狹義與廣義的有機統一，其思想源頭蓋出自戰國時期。〔註1〕然而，他反對時下把先秦紀錄黃帝言行的書或託名黃帝書寫的道家著作稱作「黃帝學」（或簡稱黃學），而把黃老學視作「黃帝學」與「老子學」的一種結合，其中「黃學」的根本特點是表現在對「法」的重視，他更認爲黃老學的基本內容應當是「老」而不是「黃」，意即應當是道與其對百家思想的提取，而不是老學與黃帝學的結合。〔註2〕

　　丁原明先生反對把先秦紀錄黃帝言行的書或託名黃帝書寫的道家著作就稱作「黃帝學」，這種態度固然可避免掉對黃帝學的範圍太過於浮濫的弊端，〔註3〕卻不能因此否定掉黃老學（不是老子學）本身曾客觀存在的歷史脈絡，而說黃老學的基本內容應當是「老」而不是「黃」，這很容易使得黃老思潮的義理被

〔註1〕這裡丁原明先生是徵引牟鐘鑒先生的看法而繼續申論，見牟鐘鑒〈道家學說與流派述要〉，《道家文化研究》第一輯，陳鼓應主編，轉引自丁原明《黃老學論綱》第一章〈黃老學的產生、內涵特徵與歷史發展〉，一「黃老學的產生」，濟南，山東大學出版社，1997，頁14。

〔註2〕見其《黃老學論綱》第一章〈黃老學的產生、內涵特徵與歷史發展〉，二「黃老學的內涵特徵」，頁21～25。

〔註3〕吳光先生說：「戰國中期以後，諸子百家幾乎都言黃帝。道家如《莊子》、《鶡冠子》、《呂氏春秋》，儒家如《尸子》、《荀子》，兵家如《孫子》、《尉繚子》，陰陽家如鄒衍等，都或多或少地記載著黃帝治國之言或黃帝征伐之事。」見其《黃老之學通論》第四章〈黃老學派是怎樣出現的〉，第二節「黃帝傳說的演變與《黃帝書》辨析」，杭州，浙江人民出版社，1985，頁116。

輕易消解在老子思想內，使得黃老學就是老學的繼續發展，這無益於我們對黃老思潮的整體認識。這種就純抽象概念來解釋黃老思潮引發的問題，只有從歷史（尤其是政治史與文化史）的角度纔能獲得完整澄清，後面會再詳論。

但，在討論這個歷史角度前，我們還需針對純抽象概念本身來釐訂。丁原明先生反對黃帝學單獨存在的意義，他認爲只有老子思想對百家思想的涵納，然而，果眞順著如此看法，該如何解釋確實有一套思想，會特別徵引老子觀點，來強化其對於「法」的重視，卻不屬於《老子》書裡本來的義理脈絡？或許應該這樣說，的確沒有屬於黃帝學本身的思想內容，其標舉的「黃帝」應該被視作某種旗幟鮮明的政治符碼，而不是學術符碼，這套政治符碼套過去解釋老子思想，則釀就出黃老學（而不是黃帝學）的特有觀點，這就是「道生法」。

白奚先生則指出，雖然關於黃老學的學術內容，眾說不一，但不外是這兩個標準：其一，依托黃帝立言者，西元一九七三年馬王堆漢墓出土的《黃帝四經》就是其主要作品；其二，道法結合，拿道來論法，而兼采百家者。由於依托黃帝立言的《黃帝四經》其學術特徵同樣是道法結合，拿道來論法，而兼采百家，因此實際成爲釐訂黃老學的唯一標準。〔註4〕我們前面已同意不能把依托黃帝立言的著作就視作黃帝學（或擴張而說是黃老學），然而，我們卻覺得「道生法」這個基調應該被視作黃老思潮的主軸，這主軸完全不同於老子思想，偏離這個主軸，而言稱黃帝者，只能說是黃老思潮的餘響。而且，關於「道生法」的實質義理，都還需要繼續釐訂。

白奚先生對於何謂黃老學做出這樣的規範：這一學派高舉黃帝與老子兩面旗幟，把帝王的祖黃帝與隱者的宗老子這兩個形象揉合在一起，拿虛設假托的黃帝言改鑄老子學，從而一舉把闡發柔退不爭的隱逸學說變爲探索如何富國強兵的政治理論。〔註5〕筆者大體同意白奚先生的看法，不過，這個議題如就宇宙觀的角度來看，或能更深刻的認識：黃老學不同於老子學，在於前者有眞理觀，後者則有混沌觀，這使得不同學派的支持者面對現實人生的態度跟著因此不同，前者會發展出應變現實的客觀法則，後者則因宇宙的究竟不可知或不應知，而對人世採取順應自然的超然態度。

〔註4〕 見其《稷下學研究：中國古代的思想自由與百家爭鳴》第六章〈稷下的主流
　　　　學派黃老之學〉，一「黃老之學產生並成熟於稷下」，北京，三聯書店，1998，
　　　　頁93～94。
〔註5〕 見同上。

第二節　齊國政治演變與黃帝符碼

　　春秋末葉至戰國早期的齊國政治史，有三件事情可能影響黃老學的孕育：其一，陳公子完流亡來齊國，或是首先引進老子思想的人；其二，越國滅吳國後，范蠡去齊國，帶來並開始轉化老子思想；其三，田氏篡齊，高舉黃帝取替炎帝的歷史，並賦予其思想的意義。

　　首先，齊桓公時期，陳國發生內亂，嫡庶爭立，陳太子御寇被殺，公子完奔齊。由於齊國當時經管仲改革，採取選賢任能的政策，齊桓公因此任命陳公子完為工正，就是掌百工的官，陳氏即是田氏，其子孫從此在齊國發展起來。〔註6〕《史記》記載老子即是原來的陳國人，〔註7〕關於老子的實際生平容有各種爭議，〔註8〕不過老子學在春秋末年流行於長江中下游應該無誤，且老子學在戰國早期即已在齊國傳開，這其間有三百年的時間差，〔註9〕理應有個被傳播的橋樑，因此我們估計陳公子完逃難到齊國落腳，或有可能就帶來《老子》書，這樣的估計，還要跟後面田氏篡齊，引老子思想改變為黃老學，兩相對照來看，會更顯得有其真實性。

　　再者，則是其後范蠡去齊國。陳鼓應先生指出，范蠡可能是由老子學發展到黃老學的關鍵人。他考察《老子》、《國語‧越語下》與《黃帝四經》三書，由於《國語‧越語下》記載大量范蠡的言論與行止，其篇內容可明顯看出范蠡受老子的直接影響，尤其在「推天道來明人事」這個層面。而且，范蠡身處於其越國存亡絕續的時刻，使他將老子思想靈活運作到軍事層面，卻同時對用兵抱持謹慎的態度，並真正落實老子「功成身退」的哲理，在越國滅掉吳國的同時間離越至齊，再由現存的《管子》和《黃帝四經》轉錄很多

〔註6〕　見李玉潔《齊史稿》第四章〈姜姓齊國的滅亡〉，第五節「田氏代齊」，濟南，齊魯書社，1997，《齊文化叢書總目》，齊文化叢書編輯委員會，頁420。詳細內容可見《史記‧田敬仲完世家》，瀧川龜太郎《史記會注考證》卷四十六，〈田敬仲完世家〉第十六，台北，洪氏出版社，1986，頁730～741。

〔註7〕　司馬遷在《史記‧老子韓非列傳》說：「老子者，楚苦縣厲鄉曲仁里人也。」《史記集解》在這裡說：「地理志曰：『苦縣屬陳國。』」《史記索隱》說：「按地理志，苦縣屬陳國者誤也，苦縣本屬陳，春秋時楚滅陳，而苦又屬楚，故云楚苦縣。」見《史記會注考證》卷六十三，〈老子韓非列傳〉第三，頁853。由此可知，在陳國被滅前，苦縣都屬於陳國。

〔註8〕　錢穆先生對此有詳細考據，見其《莊老通辨》上卷，〈中國古代傳說中之博大真人老聃〉，台北，東大圖書公司，頁11～20。

〔註9〕　齊桓公即位於西元前六八五年，到田氏篡齊，在西元前三八四年被立為諸侯，就是由春秋末年到戰國早期，大略有三百年整。

范蠡的言論，可證老子思想能在齊國流傳，范蠡可能是第一個重要的傳播者，並做出轉化。〔註10〕

最後，則是田氏篡齊。田氏家族自陳完後，在齊國累世經營，自齊景公時因為參與推翻慶封的戰鬥，保護齊景公安全回內宮，已經變成大族，卻因為齊景公為首的公室貴族聚斂無度，田氏卻大量施惠於百姓，獲得齊人普遍的擁護，而在齊國越來越壯大。〔註11〕由於原來的姜齊政權的創國始祖姜太公源自炎帝的部落系統，為讓田氏篡齊產生義理的合法性，田氏家族特別高舉其源自黃帝的部落系統，並附會與利用「黃帝勝炎帝」的傳說，來替自己終將取得政權製造輿論，並做出取信於民的暗示。〔註12〕

白奚先生指出，這個舉措，極大化刺激春秋而降黃帝學在齊國的流傳與發展。〔註13〕筆者則覺得，撇開前面已說過黃帝學的實質內容為虛不談，重點更應該放在給老子學如何轉成黃老學做出個合理的解釋。筆者認為如果田氏只高舉自己出身於黃帝的血脈，並運作「黃帝勝炎帝」的傳說，那其只能取得暫時性的政治效益，或能取信於百姓，卻無法取信於士人，更無法產生黃老學。因此，田氏在取得政權後，就積極創立稷下學宮，其中當然有接納百家來這裡自由講學，藉此壯大齊國聲威的用意，更實質的用意，則有供養士人，來讓這黃帝符碼架構出具體的論理脈絡。這時候，陳公子完與范蠡曾經引進的老子思想，就獲得觀念改造來充實黃帝符碼的機會。這就是黃老學會被孕育的主因。

戰國中期的齊威王在位的時候（西元前三五六年至西元前三二○年），製作一件食器「陳侯因齊敦」（齊威王名），鑄銘七十九字，其中刻有銘曰：「唯正六月癸未，陳侯因齊曰：皇考孝武，恭哉，大謨克成。其惟因齊，揚皇考昭統，高祖黃帝，邇嗣桓文，朝問諸侯，合揚厥德。諸侯貢獻吉金，用作孝武桓公祭器敦，以蒸以嘗，保有齊邦，世萬子孫，永為典常。」〔註14〕齊威

〔註10〕詳細內容，見其《黃帝四經今註今譯》，〈先秦道家研究的新方向：從馬王堆漢墓帛書《黃帝四經》說起〉，台北，台灣商務印書館，1995，頁5～6。

〔註11〕見李玉潔《齊史稿》第四章〈姜姓齊國的滅亡〉，第五節「田氏代齊」，頁420～424。

〔註12〕見白奚《稷下學研究：中國古代的思想自由與百家爭鳴》第六章〈稷下的主流學派黃老之學〉，一「黃老之學產生並成熟於稷下」，頁94～95。

〔註13〕見同上。

〔註14〕這裡「陳侯因齊敦」的文字整理，出自吳光先生請教李學勤先生做出的訂正，見其《黃老之學通論》第四章〈黃老學派是怎樣出現的〉，第二節「黃老傳說的演變與『黃帝書』辨析」，頁114～115。

王是田齊最盛時期的開始，這是田齊政權彰顯自己做爲黃帝後裔，終將如同黃帝曾經擁有天下般，會稱霸於諸侯的歷史文獻。我們還可看出，這是繼運作黃帝符碼來創造與鞏固國內統治後，繼續運作這個符碼，來創造其能「統一六國」的輿論與暗示。

第三節　老子思想如何發展出黃老

　　值得思考的議題在於這裡：黃帝符碼的象徵意義由「鞏固統治」轉型爲「統一六國」，其實質內容爲什麼要靠轉化老子思想來孕育（或者説採納老子思想做主軸來發展出新思想），而不是採納其他思想做主軸來轉化？顯然，如果只由個人因素（如陳公子完與老子學派的地緣因素，或再由田氏家族對其祖先陳完引進老子思想的感情因素）來解釋，則理由會很不完整。

　　筆者認爲更直接的原因有兩點：

　　其一，老子思想率先講「公」，而且是最徹底的公，意即全無私意（尤其是人意）的天道，如《老子》第十六章說：「知常容，容乃公，公乃全，全乃天，天乃道，道乃久，沒身不殆。」田齊政權能取替姜齊政權，如果只是拿「血統象徵的天命」來強化，雖然運作黃帝符碼有其效益，然而還是會相對顯得薄弱，因爲田姓本不是受周王室承認的諸侯，該政權要能取得內外的承認，要有更超越於血統的象徵，筆者認爲這就是田氏會著重強調具有客觀性的天道，藉由抬高其意義並落實，來對百姓產生號召的原因。

　　其二，齊國不同於重視嚴密宗法關係的各諸侯國，本來就有著特別重視天道的傳統，這與齊國的國人血統絕大多數是東夷人有關，這天道的實質內容本來屬於神道意涵，然而，透過姜太公治理齊國的時候，落實「因其俗，簡其禮」與「尊賢上功」的政策，[註15] 而被賦予出更具體的政治意義，意即就是說尊重東夷人的風土民情，不像周公兒子伯禽治理魯國硬性打壓與改變東夷人的文化，而是順應夷風並略做簡化；任命夷人當地的賢士來幫忙齊國做事，並由其實際的績效來做賞罰的依據，不再只依靠血緣的裙帶關係。這種作法在西周時期既已是個創舉，後來並成爲齊國長期相沿的國策，這就

〔註15〕關於姜太公治理齊國的措施，詳見陳復《商周交會在齊國：齊文化與齊學術的研究》，甲編：《先秦齊文化的淵源與發展》，第二章〈姜太公封國於齊面臨的處境與應變〉，第四節「姜太公因應夷俗的改革」與第五節「統治兼顧理想與現實」，台北，花木蘭出版社，2009，頁81～89。

使得當田氏想要奪取國家權柄，強調「公」會特別有意義，當既有的姜齊政權已然不公，那就由其他能落實天道的人來取得政權，這應該對齊國的國人來說是很合理的想法。

齊國的國人，意即東夷人，本來源自於黃帝部落系統，由陳國來齊國的田氏家族，同樣源自於黃帝部落系統，這固然對於國人來說比姜齊政權更具有血統的親密感，然而，如果田氏沒有提倡自姜太公立國而降，即已深植人心的「無私意的公道」（即是天道），那恐怕還是無法取信於民。這「無私意的公道」的實質內容會是什麼呢？既有的老子思想，對政治採取相對退避的態度，沒有提供更具體的內容，田氏很難採納這種思想來治國，然而，光只是落實回姜太公原來的政策，對於一新國人視野，產生巨大的政治號召，相對顯得還不夠，田氏顯然需要有一套嶄新的政治學說，能拿來指導政治現實，這就是會由「無私意的公道」蛻變出客觀的宇宙論，藉由遵循客觀的宇宙法則，來架構客觀的社會法則，最後變為客觀的法律的原因。

這種客觀的宇宙論，就是筆者指出的真理觀，相對於老子本來對於宇宙的成因與運作採取模糊的觀點，這是黃老學不同於老子學的重大歧異。《老子》第四章說：「道沖，而用之或不盈。淵兮，似萬物之宗；湛兮，似或存。吾不知誰之子，象帝之先。」《老子》第十四章說：「視之不見，名曰夷；聽之不聞，名曰希；搏之不得，名曰微。此三者不可致詰，故混而為一。其上不皦，其下不昧，繩繩兮不可名，復歸於無物。是謂無狀之狀，無物之象，是謂惚恍。迎之不見其首，隨之不見其後。」《老子》第二十五章說：「有物渾成，先天地生。寂兮寥兮，獨立而不改，周行而不殆，可以為天下母。吾不知其名，強字之曰道。」這裡就反映出老子的混沌觀，「象帝之先」就是說有種最高的存在，在上帝被創生的前面，對於這種存在，《老子》書裡使用各種充滿模糊性的字詞來描寫，就是要指出其真實的面相，這是種主客未分化前的宇宙論，在西洋哲學傳統中，哲學的真理和宗教的信仰，上帝，具有同位性與合一性，老子的思想預設在上帝前還有個最高的存在，這就會是混沌觀，老子對這存在屬性的描寫，同樣符合尚未開化的混沌這個事實。

然而，《黃帝四經》就完全不同了。〔註16〕其《經法・道法》第一就說：「道生法。法者，引得失以繩，而明曲直者也。故執道者，生法而弗敢犯也，

〔註16〕這裡對《黃帝四經》原始文字的徵引，參考陳鼓應先生的《黃帝四經今註今譯》，而略有修葺（或依古字，或依今字），當由筆者自負文責。

－207－

法立而弗敢廢也。故能自引以繩，然後見知天下而不惑矣。」同篇還說：「見知之道，唯虛無有；虛無有，秋毫成之，必有形名；形名立，則黑白之分已。故執道者之觀於天下也，無執也，無處也，無爲也，無私也。是故天下有事，無不自爲形名聲號矣。形名已立，聲號已建，則無所逃跡匿正矣。」再者，同篇還說：「公者明，至明者有功。至正者靜，至靜者聖。無私者智，至智者爲天下稽。稱以權衡，參以天當，天下有事，必有考驗。事如直木，多如倉粟。斗石已具，尺寸已陳，則無所逃其神。」相對於本來的老子思想反對知識，有濃厚的反智傾向，黃老學則看重知識，有濃厚的主智傾向，由《黃帝四經》可看出其文字往往出自於《老子》書的段落，卻產生義理的變化。

由混沌觀轉出眞理觀，由反智轉出主智，由無生事於政治轉出客觀化的法治，這種截然相反的變化，如果沒有老子思想做主軸，同樣無法產生如此巨幅的發展。這種主智現象不只存在於《黃帝四經》，《管子》同樣有這種內容。〔註17〕這就正應了老子思想裡「相反而相成」的基調，其書第二章說：「天下皆知美之爲美，斯惡已；皆知善之爲善，斯不善已。有無相生，難易相成，長短相形，高下相盈，音聲相和，前後相隨。」就是這個道理。然而，如果沒有田齊政權實際的政治需要，加上齊國本來就有重視天道的東夷傳統，極可能無法發展出這種重視客觀的黃老學。

第四節　各國的政局與黃老的蛻變

由客觀的宇宙法則做基點，落實到人間的面向，需要有各種相應於天道的社會法則，黃老學在政治層面因此發展出客觀的法律，在修身層面則發展出心性涵養的意識與工夫（這裡面還是有客觀的涵養理路），還有應對於各種複雜人事變化需要的心術（這是後來通指的權謀，並不是指《管子·心術》那種有關掌握心性變化的辦法），這些不同的面向其內容都相互會通，只是

〔註17〕譬如《管子·內業》說：「氣道乃生，生乃思，思乃知，知乃止矣。」陳鼓應先生就曾指出：〈內業〉作者進一步論述人的可貴在於人有思考力，這是人異於禽獸之所在，人有了思想才能產生知識，『生乃思，思乃知』這提法在先秦道家文獻中極其珍貴。因爲老莊對知識的態度常偏向機心巧詐的一面，稷下道家不但糾正了老學的缺點，而且正面肯定了之思想知識的可貴。」見其《管子四篇詮釋：稷下道家代表作》第二部分《管子》四篇注譯與詮釋〉，「〈內業〉注譯與詮釋」，台北，三民書局，2003，頁100。這裡說的「稷下道家」就是黃老學的異稱，可見齊國的黃老學普遍重視知識。

不同的思想家其著重點稍有不同，其中還包括發展出具有龐大體系的養生與醫療觀念，如《黃帝內經》與各種導引術（這些觀念背後都依循著其相信的客觀法則），由於重視知識（主智），使得齊學的內容會異常豐富，在春秋戰國時期大盛於世。

如果先由齊國的政局來觀察黃老學作爲一種思潮發生義理的蛻變現象，筆者會指出田齊政權由原來面對國內「鞏固統治」的綱領，到面對國外「統一六國」的綱領，其變化對於黃老學的義理本身產生極大的影響，這影響還包括對於黃老學的義理闡發者，已由原來長期待在稷下的思想家（不見得是齊人，如本來是趙人的慎子，其思想充滿著齊學的客觀特徵），變爲待在各國的思想家，尤其是楚學與晉學的思想家，前者的作品如《鶡冠子》與《莊子》的某些內容；後者的作品如《申子》與《韓非子》（其中〈解老〉與〈喻老〉兩篇尤其重要），這固然可視作是黃老學的擴散效應，其內裡還可視作是面對齊國的強盛（尤其是學術與文化的強盛）引發各國的激盪與回應。

其中，在政治學理層面，如何會由強調客觀法律的黃老思想（過去會說齊法家），發展出強調陰謀詭計的黃老思想（過去會說晉法家，其實不僅有晉法家重視陰謀詭計），如申不害的《申子》同樣強調其出自於黃老，或如縱橫家蘇秦曾經特別看重的《黃帝陰符經》，這種現象特別值得注意，畢竟強調客觀法則與強調陰謀詭計是兩種截然對立的思想，如果由同樣是君主統治的角度來看，對這兩種思想路線的不同側重，會發展出完全不同的政治型態，前者會發展出開明統治，後者會發展出專制統治，這種根本歧異不容含糊，而且，這種路線的歧異就體現在齊國與秦國的各自統治裡，當後者真正完成「統一六國」的理想，這對於後來的中國文化總體路線發展有重大影響。

因此，黃老思潮會產生蛻變，應該由兩個層面來觀察：

其一，齊國高舉的黃帝符碼與其實際內容，對各國社會底層具有很大的號召性，甚至影響各國的士人投奔稷下實踐理想，卻對於六國的統治階層產生嚴重的心理威脅。〔註18〕就統治的合法性來看，客觀的任賢取替血緣的宗法，君王如或不賢（這種狀態很容易發生），就要面臨權柄被徹底顛覆的危機；而客觀的法律取替君王的命令，這有損於君王本來無上的權威，意即有個更高的權

〔註18〕關於各國士人投奔稷下見諸於文獻的統計，詳見林麗娥《先秦齊學考》第四章〈先秦齊國學者考〉，第二節「外來學者」，台北，台灣商務印書館，1992，頁 201～219。

威（法治）凌駕在君王本身的權威上（人治），各國（尤其是三晉諸國）的君主或士人如要抵制這種思想對統治結構的不斷侵蝕，就得要同樣高舉黃帝符碼，卻講出不同的主張，打亂這個符碼的號召性。這是種政治鬥爭的策略。這使得各國在戰國時期都在學習稷下學宮的運作（如燕國與秦國，還有除齊國孟嘗君外的三大公子），去養士來孕育自己國家需要的思想路線。

其二，晉學與楚學本來就有不同於齊學的思考或學風，這與其各自的文化背景有重要的關係。三晉地區處於政局高度緊繃的環境，生存的現實需要，遠高於生命的理想與意義，不同於齊國寬大包容的民風與相對較爲優渥的經濟條件，晉學需要有能立即富國強兵的思想，這就會滋長強化君主專制的法家思想，《商子》就是其典型作品。江淮地區（尤其是長江中下游）處於當日未開發的環境，各樣種族犬牙交錯的生活，自然會激盪出充滿想像高度的宇宙論（如屈原在《楚辭·天問》裡對宇宙無限性的探索），這裡本來就有老子的思想，其後則發展出文子的思想，最後再發展出莊子的思想，黃老思想回傳到這裡，自然要適應其本來的學術與文化，再相互影響。

因此，觀察黃老思潮在政治層面的蛻變現象（意即發展出完全歧異的政治學說），還是要由老子「相反而相成」的基調來理解。正因各國的學風有異，對於如何強國有不同的側重點，使得同樣的黃帝符碼發展出的黃老學，竟然產生完全相反的觀點。這種黃老學往外擴展發生的蛻變，最好的例證莫過於引《申子》的思想來解釋：〔註19〕《申子·大體》說：「故善爲主者，倚於愚，立於不盈，設於不敢，藏於無事，竄端匿疏，示天下無爲。」《申子·逸文》十二則說：「明君治國而晦，晦而行，行而止止。」《申子·逸文》十五則說：「獨視者謂明，獨聽者謂聰。能獨斷者，故可以爲天下主。」這裡都是強調君王本身要有陰謀詭計纔能專斷事情，然而，同樣在《申子·大體》說：「昔者堯之治天下也以名，其名正則天下治，桀之治天下也亦以名，其名倚而天下亂，是以聖人貴名之正也。主處其大，臣處其細，以其名聽之，以其名視之，以其名命之。」《申子·逸文》四則說：「天道無私，是以常正；天道常正，是以清明。」《申子·逸文》六則說：「君必有明法正義，若懸權衡以稱輕重，所以一群臣也。」《申子·逸文》七則說：「堯之治也，善明法察令而已。聖君任法而不任智，任數而不任說。黃帝之治天下，置法而不變，

─────────

〔註19〕 這裡對《申子》原始文字的徵引，參考自陳復《申子的思想》附錄二〈《申子》文句輯本〉，台北，唐山出版社，1997，頁 226～232。

使民安樂其法也。」這裡卻強調掌握天道的君主不能有私意，其既承認「數」（客觀的法則，或法律），又承認「術」（主觀的陰謀詭計），乍看起來客觀的法治與主觀的人治不相容，卻對申子來說，重視陰謀詭計的背後還是有其該依循的客觀法則（不論是宇宙法則或社會法則），重視君王權威的命令即是服膺客觀的法律，不論這是否合理（或者說是悖理），這就是申子對黃老思想的轉化。

第五節 結語：研究的盲點與新徑

本文第一節引數位學者對「黃老」這個概念的釐訂，並由此看出其認識的黃老思想。過去研究黃老的學者，很容易因為對何謂「黃老」釐訂不清，而跟著使其論說的黃老思潮變得面貌模糊。這是本文首先想要釐訂的工作。

再者，筆者認為研究黃老思潮很容易產生兩個嚴重的盲點：

其一，由於並未認識到黃老思潮的主軸在真理觀發展出的客觀法則，因此很容易只在《老子》的版本問題裡面議論，譬如由帛書《老子》甲乙本的出土，認為本來的老子主張「無為而無以為」（這是種退避自得），後來的黃老思潮反映在今本的《老子》則有「無為而無不為」的主張（這是種陰謀詭計），〔註20〕譬如熊鐵基先生就認為需按照這條政治路線來認識黃老學，他並認為黃老學的人士沒有很深的門戶成見，能擇善而從，兼採各家的優點，〔註21〕這種認識固然不錯，而如果能掌握真理觀發展出的客觀法則，並瞭解齊國的學風特徵就在

〔註20〕持這種論點的學者很多，雖然不能說是全然錯誤（畢竟陰謀詭計並不是黃老學家普遍持有的觀點），然而尚未指出黃老學與老子的根本歧異，如蕭萐父先生就說：「《老子》到底有沒有『無不為』的思想，論者多以今本三十七章『道常無為而無不為』及三十八章『上德無為而無不為』為據，論斷『無為而無不為』乃老子帝王權謀思想的一個中心。今校以帛書，甲、乙兩本均無『道常無為而無不為』這一句，而同作『道恆無名』；又三十八章兩本均作『上德無為而無以為』，而均無『下德為之而無以為』一句。上德一句中的『無以為』三字，俞樾曾據韓非《解老》所引，校改為『無不為』，諸家從之，朱謙之則據各碑本改為應作『無以為』，如據帛書，則朱說是，俞說非。此兩處『無不為』，今於帛書甲乙本均無此語，似為後人增改。或以帛書足以說明《老子》並無『無不為』的權謀法術思想；韓非《解老》，乃韓非對老學之一種詮釋耳。」見黃釗《帛書老子校注析》，〈為黃釗先生《帛書老子校注析》題辭〉，台北，學生書局，頁4。

〔註21〕見其《秦漢新道家》第一章〈從「稷下黃老」到「家人之言」：新道家問題的提出〉，一「先秦學說的分派別與黃老道家」，上海，上海人民出版社，2001，頁10～12。

於兼容並蓄，會更能明白黃老學家為何採納百家的學說融鑄於一爐，而且，陰謀詭計是黃老學的末流，〔註22〕而不是主流。

其二，由於對黃老思潮首先起於齊國還是楚國議論不決，致使很難澄清黃老學產生的根本原因。最明顯的困難就在學者常因《黃帝四經》出土於湖南長沙的馬王堆，就直接斷論這是楚學的作品（在漢朝時因流通而陪葬的作品，不能因墓主埋在湖南，就認為其書寫於戰國時期的楚國），而未能細察齊學與楚學在宇宙論的根本歧異。如丁原明先生就因此把《黃老帛書》（這是他對《黃帝四經》的異稱）放在「戰國南方黃老學的思想」這一概念來討論。〔註 23〕楚學的基本文獻，應該要拿《老子》與《楚辭》來做範本，其他有爭議的作品是否屬於楚學，都應該與這兩本書對宇宙論的思想框架做對照，如果屬性差異過大，就不宜貿然稱作楚學。丁原明先生會有這樣的看法，其實有其合理的原因，那就是老子學至齊的早期傳人，范蠡，就應該算是廣義的楚人（儘管他出身於越國），因此後來發展出的黃老學或就被人認知屬於楚學，然而，我們討論學風不能有屬地主義的概念（意即某人出生於哪裡就說其屬於什麼學風，這對於善於容納諸國菁英的齊國來說尤其會有問題），而該由其思想本身的特徵來釐訂。《管子》被公認是齊學的基本文獻，《黃帝四經》與《管子》都有相同脈絡的真理觀，因此《黃帝四經》本該屬於齊學的作品，後來流傳至楚國。如果能確認黃老學首先起於齊國，那纔能跟著澄清齊國的政治對孕育黃老思潮的崛起有著如何的影響。

本文希望政治史與文化史能共同輔翼對於黃老學的認識，這只是個概論，尚需要各種具體細節的補充。黃老學並不是種純哲理的思想，其起於具體的現實需要，理應對於產生的歷史條件做更完整的認識。譬如說，黃老學的興盛與稷下學宮的講學與著作有絕對重要的關係，其能兼容百家，就來自於稷下學宮對於各種思想的採納，這本是齊國統治階層長期的政策。因此，

〔註22〕 齊學的思想家有功利與實用取向，且這種取向發展出各種人生應用層面的書籍，譬如兵家的著作，然而，並不能因為齊學有這種取向，就簡化說是陰謀詭計的展現，這即使在齊學的功利與實用取向裡都是末流，而不是主流，譬如《孫子兵法》與《孫臏兵法》都強調兵道要掌握客觀的外在條件，而孫臏更強調出師要打「義戰」的重要性。因此，黃老學在齊國的產生，其主軸在客觀法則，其發展或可有各種變化，譬如《鬼谷子》內對於辯論法的討論，這同樣可謂是受到黃老學的影響。

〔註23〕 見其《黃老學論綱》第二章〈戰國南方黃老學的思想〉，一「《黃老帛書》的思想」，頁 90～111。

我們認識稷下學宮的發展史，只要特別掌握其中著重於客觀法則的思想，按著這主線去探索，就能認識黃老學在齊國的發展史，而且，根據筆者過去的研究成果，這應該是齊學最主要的哲理脈絡，因此，我們或可這樣說：齊學的關鍵內容就是黃老學，這黃老學的實際意涵，就是高舉黃帝符碼，用客觀法則對老子思想展開轉化，並吸收其他能與這觀點結合的各家學說，繼而往宇宙至人生各層面去解釋與實踐。

拿這實際意涵來檢視黃老，或有三層效益：其一，認識戰國中葉而降齊國境外的黃老思潮，纔不會失焦；其二，這能使得各種依托於黃帝來發言的書籍，究竟是否屬於黃老學，有個精確的標準；其三，能產生新的眼光，來檢視漢武帝「罷黜百家，獨尊儒術」前西漢的黃老思想，並觀察其在政治層面的實踐。希望本文提供的新徑，能澄清過去研究黃老思潮容易產生的盲點，並對於未來研究黃老思潮的精益求精做出貢獻。

民國九十七年五月二十日寫於風城